la TERAPIA *de* Constelaciones Familiares

La información proporcionada en este libro no debe considerarse sustitutoria del consejo médico profesional; consulta siempre a un profesional médico. El lector asume la responsabilidad por el uso que haga de la información contenida en este libro. Ni la autora ni el editor pueden ser considerados responsables de cualquier pérdida, inconveniente o daño derivado del uso o mal uso de las sugerencias realizadas, del hecho de no seguir el consejo médico o de cualquier material alojado en sitios web de terceros.

Título original: CONNECTED FATES, SEPARATE DESTINIES
Traducido del inglés por Francesc Prims Terradas
Diseño de portada: Editorial Sirio, S.A.
Maquetación: Toñi F. Castellón

www.editorialsirio.com
sirio@editorialsirio.com

I.S.B.N.: 979-13-87974-13-8
Depósito Legal: MA-503-2026

Impreso en Imagraf Impresores, S. A.
c/ Nabucco, 14 D - Pol. Alameda
29006 - Málaga

Impreso en España

Puedes seguirnos en Facebook, X, YouTube e Instagram.

Marine Sélénée

la TERAPIA de Constelaciones Familiares

Rompe los patrones repetitivos, sana las heridas heredadas y vive tu propia historia

«Con *La terapia de constelaciones familiares* Marine nos ofrece a todos un mapa para ayudarnos a orientarnos en la red de historias relativas a nuestros orígenes».

—Ruby Warrington,
autora de *Sober Curious*

«*La terapia de constelaciones familiares* es un libro poderoso, potente y mágico que te ayudará a reconocer los patrones ocultos en tu vida que marcan la mayor diferencia, para que puedas liberarte de ellos de una vez por todas y vivir con mayor paz y aceptación. Recomiendo encarecidamente este libro a todas y cada una de las personas que viven en este planeta».

—Sahara Rose,
autora del superventas *Descubre tu dharma*

«Marine Sélénée te ofrece conocimientos de gran valor y herramientas prácticas para que puedas hacer las paces con tu pasado y crear el futuro con el que sueñas a través del enfoque terapéutico de las constelaciones familiares. Ahora más que nunca, todos necesitamos enamorarnos locamente de nosotros mismos, y después de leer este libro estarás en vías de lograrlo».

—Sah D'Simone,
autor de *Spiritually Sassy* y *Meditaciones para vidas complicadas*

«Marine Sélénée tiene un verdadero don. *La terapia de constelaciones familiares* te guía con delicadeza hacia tu mejor fuente de sanación, la cual encontrarás cuando busques dentro de ti. Este libro te brinda un espejo para que puedas ver tu yo más elevado y aprendas a honrar tu linaje a través del amor, el cuidado y la reverencia».

—Rosie Acosta,
autora, profesora de yoga y meditación,
y presentadora del pódcast *Radically Loved*

«Marine ofrece una visión fascinante de las constelaciones familiares y sus estructuras energéticas ocultas dentro del sistema familiar. En resumen, explica que lo que rechazamos es lo que repetimos. Este libro es una ofrenda para tu alma que te impulsará a reescribir tu historia, aceptar a tu familia y romper el ciclo de una vez por todas. Como clienta y amiga de Marine, respaldo con entusiasmo sus enseñanzas y su guía. Presta atención a este libro porque hay mucho que aprender de él».

—Bee Bosnak,
maestra espiritual y consejera de negocios

Para los hombres de mi vida
Para Mehdi

Índice

Prólogo

En otra vida podría haber sido psicóloga o antropóloga. Desde siempre me han fascinado las personas y lo que las motiva. ¿Por qué somos como somos? De niña, buscaba la respuesta a esta pregunta en las novelas. De adolescente, la perseguía en las pistas de baile llenas de amor de los inicios de la escena *rave*. En mi carrera como periodista, escribía sobre tendencias sociales y realizaba entrevistas profundas en las que trataba de descifrar el estado interior de celebridades por la forma en que sorbían el café. Cuando más adelante conocí la astrología, por fin dispuse de un lenguaje para describir el lado espiritual, invisible e indefinible de la experiencia humana. Todo eso se funde para mí en la terapia de constelaciones familiares, una práctica que también me ha ayudado a comprender mi necesidad de comprender.

Viví mi primera constelación con Marine Sélénée en la primavera de 2014. Dos años antes me había mudado a Nueva York desde el Reino Unido, un cambio a raíz del cual me sumergí en un proceso intenso de búsqueda interior. Desarraigada de mi tierra natal y a tres mil seiscientos kilómetros de distancia de mi familia de origen, empecé a mirar hacia el otro lado del Atlántico con una nueva perspectiva sobre el lugar del que venía. En esa misma época decidí eliminar el alcohol de mi vida, y a medida que se fue disipando la niebla etílica de mis veintitantos y treinta y pocos años, otras preguntas empezaron a cobrar nitidez. ¿Por qué sentí la llamada de América? ¿Por qué me sentía más «yo» cuanto más lejos estaba de mi familia? ¿Por qué nunca había querido tener hijos propios? ¿Y por qué, a pesar de haber trabajado tanto para alcanzar todos los indicadores externos de una vida «de éxito», mi estado interior habitual era de ansiedad y melancolía?

Aquella tarde lluviosa en el barrio neoyorquino de SoHo, y a lo largo de varias sesiones posteriores con Marine, encontré algunas respuestas nuevas. Cuando pulsé el timbre de su apartamento, mi corazón latía tan rápido como el aleteo de un colibrí; no sabía en absoluto qué debía esperar. Por entonces estaba inmersa en la creación de mi plataforma de estilo de vida *now age*,* *The Numinous*, y me había lanzado de cabeza a investigar; era la británica torpe del círculo de sanación que estaba aprendiendo, entre sollozos desgarrados, que no tenía nada de malo llorar delante de una sala llena de desconocidos. Hacía poco incluso había asistido a mi primera «sesión espiritual», donde la médium psíquica que dirigía el encuentro nos guio para recibir nuestros propios mensajes del «más allá». ¿Cómo sería esa tarde con Marine en comparación?

Dentro, me presentaron a las otras dos mujeres que participarían en la constelación. No recuerdo si llegué a saber su nombre. Luego, Marine dirigió con cuidado nuestros respectivos dramas familiares, por turnos. Cuando llegó el mío, fue como si el tiempo y el espacio se disolvieran y los bordes de mi visión se desdibujaran hasta desaparecer. Marine invitó a la mujer que representaba a mi madre a girarse y mirarme de frente. En ese momento, me vi a mí

* N. del T.: *Now age* es una denominación contemporánea que alude a una reinterpretación de la espiritualidad *new age,* que es integrada con la cultura actual y el bienestar personal.

misma como la madre de mi madre, la abuela que nunca conocí, mientras el rostro de la mujer que estaba frente a mí se transformaba en el de mi madre cuando era niña: *mi hija*. Una oleada de dolor me atravesó, y volví a sollozar mientras mi cuerpo sentía plenamente nuestra pérdida compartida: tres generaciones de mujeres sin una tierra materna que nos anclase, perdidas y a la deriva.

La experiencia fue a la vez sanadora y profundamente alucinante, como una terapia con LSD, y durante los dos años siguientes mis sesiones con Marine me brindaron momentos igual de reveladores. Era una comprensión que quizá habría podido alcanzar en el plano intelectual en el contexto de una terapia conversacional, pero que se manifestaba en mi cuerpo con una claridad tan impactante que no dejaba lugar a dudas: la huella que había dejado en mí la historia de mis orígenes era inconfundible. Fue como encender las luces en un sótano oscuro y aterrador y levantar las sábanas polvorientas que cubrían secretos familiares con los que había estado tropezando toda la vida. Siempre había querido saber por qué somos como somos, y al sumergirme en el campo energético de mi linaje ancestral por fin me empezaban a encajar las piezas.

Y ahora, con *La terapia de constelaciones familiares*, Marine nos ofrece a todos un mapa para ayudarnos a orientarnos dentro de la red de historias relativas a nuestros orígenes. Mis primeros encuentros con la terapia de constelaciones familiares no necesitaron mayores explicaciones; obtuve exactamente lo que necesitaba de mi trabajo con Marine, y no me hizo falta saber cómo ni por qué había «funcionado». Lo único que importaba era que había logrado desenredar los hilos enmarañados de mi historia familiar, para poder desligarme del pasado y empezar a vivir, por fin, la vida que mis padres me habían legado. Pero la sanación es una labor constante, y conocer toda la filosofía que sustenta esta práctica ha sido igual de revelador para mí.

Por ejemplo, fue apenas unos meses antes de empezar a trabajar con los contenidos de este libro cuando descubrí que he sido la tercera «hermana» por parte paterna en buscar una nueva vida, desligada de su familia inmediata, en Estados Unidos. Mi tía Sarah, a quien idolatraba y que falleció la semana antes de que me sentara a escribir este prólogo, se había mudado a California con veinte años. Pero lo que no sabía era que además tenía una tía abuela, Ursula. También se había convertido en ciudadana estadounidense y, al igual que yo, nunca había sido madre; había seguido un camino vital *queer* que, según palabras de mi padre, hizo que fuera «borrada» de la historia familiar. ¿Cabía la posibilidad de que tanto Sarah como yo hubiéramos sido «reclutadas» por el sistema familiar para restituir el legado de Ursula? Como escribe Marine, «al reconocer a cada miembro del sistema (al otorgarle pertenencia) y permitirle ocupar su lugar legítimo (al restablecer el orden), soltamos las lealtades inconscientes que podíamos haber estado manteniendo». Al leer estas palabras, me pregunté cuánto de mi incómoda sensación de no pertenencia no me había pertenecido nunca en realidad.

Si ampliamos la mirada, podríamos preguntarnos cuánto de nuestra sensación de no pertenencia, cuánto de nuestra soledad y cuánto dolor y duelo no procesados estamos cargando en nombre de nuestros antepasados. Unos antepasados que sufrieron mucho dentro de los distintos sistemas de opresión que definieron la era del colonialismo. El libro de Marine llega además en un momento en que la herida colectiva de nuestros ancestros ocupa un lugar central en la conciencia colectiva. Es hora de hacer frente al legado de nuestra historia común marcada por la violencia y el expolio. Para sanar estas heridas tenemos que dotarnos de herramientas y prácticas que nos permitan aceptar lo que ha tenido lugar y procesar los traumas residuales que se nos han transmitido en el nivel celular. Y esto es justamente lo que ofrece *La terapia de constelaciones familiares* al poner a disposición de todo el mundo la teoría de las constelaciones familiares.

Quizá la enseñanza más importante de todas, que Marine transmite a lo largo del libro con mano firme pero amorosa, es que el pasado nunca puede deshacerse. Nuestra familia siempre será nuestra familia y nuestra historia siempre será nuestra historia. Sean cuales sean las tragedias e injusticias que vivieron quienes nos precedieron, no es nuestro deber ni nuestra responsabilidad seguir sufriendo en su nombre. «No podemos enmendar el pasado; solo podemos reconocerlo y luego intentar romper sus patrones, empezando por nosotros mismos», escribe, al tiempo que nos invita a hacer nuestro este principio: «Supongo que las cosas debían ir así, dado que solo han ido de esta manera».

En este punto, su trabajo converge con el que estoy llevando a cabo en el contexto del movimiento *sober curious* ('sobrios curiosos'). En los círculos de sobriedad, el proceso de «recuperación» se presenta como el camino hacia el redescubrimiento de la propia naturaleza interior: se trata de regresar al «yo» que siempre estuvo ahí, antes de que se le fueran superponiendo capas a modo de vendajes anuladores (el alcohol, las drogas o tal vez el trabajo, la comida o relaciones tóxicas). Este yo nació feliz y completo, pero es habitual que quede atrapado en pactos inconscientes en virtud de los cuales está cargando con el dolor de nuestros ascendientes. La base de estos pactos es la creencia equivocada de que si logramos arreglar las cosas por ellos, se restablecerá el orden y nuestro linaje recuperará el equilibrio. En muchos casos, es la abstinencia lo que permite que salgan a la luz heridas no reconocidas, y la recuperación consiste entonces, como dice la célebre oración, en encontrar «la serenidad para aceptar las cosas que no podemos cambiar y el valor para cambiar las que sí podemos cambiar».

Comprender el carácter de nuestra herencia emocional, tomar conciencia del peso que tiene en nosotros y saber manejar el espacio que ocupa en nuestra vida es un primer paso. Pero la sanación tiene lugar cuando somos capaces de llevar a cabo acciones conscientes para romper los patrones de nuestro linaje, acciones destinadas a nuestra propia liberación ante todo, pero realizadas también en nombre de quienes nos precedieron y de las generaciones futuras. Este libro nos muestra en qué consisten estas acciones.

RUBY WARRINGTON,
escritora especializada en temas de estilo de vida
e iniciadora de la tendencia *sober curious*,
Brooklyn, Nueva York

Introducción

La felicidad es un logro del alma

Como tantas personas que acuden a mi consulta, y como varios de mis amigos y parientes, estuve años, muchos años, yendo a terapia. Durante casi toda mi veintena, me sentí profundamente insatisfecha, pero la causa de mi insatisfacción era, en el mejor de los casos, confusa: un blanco al que disparaba en la oscuridad, o como mínimo en la penumbra. En terapia hablaba del divorcio de mis padres; del distanciamiento de mi padre respecto de la familia; de mi propio matrimonio imprudente e insatisfactorio, que culminó en divorcio, y, finalmente, de la sensación de ser una extraña en tierra extraña (más concretamente, era una francesa afincada en Estados Unidos). Aunque esta experiencia terapéutica tuvo su utilidad, iba avanzando hacia la persona que aspiraba a ser –y hacia la vida que deseaba tener– con una lentitud exasperante. Me parecía normal; conocía a mucha gente que llevaba toda la vida yendo a terapia. De todos modos, terminé por buscar algo más, un cambio más significativo. El gran cambio.

Entonces, en 2012, un encuentro inesperado transformó radicalmente no solo la percepción que tenía de mí misma, sino también la que tenía del lugar que ocupaba en el mundo y del mundo que me rodeaba. En un solo día obtuve el tipo de revelaciones profundas y resoluciones emocionales que antes solo había conseguido tras tres años de seguir la terapia de desensibilización y reprocesamiento por movimientos oculares (EMDR), un tipo de psicoterapia diseñada para tratar el trauma mediante una exposición segura a los recuerdos que lo desencadenaron. En aquel entonces vivía en Miami y practicaba la meditación con seriedad. Bueno, *luchaba* con la meditación con seriedad (mientras salía de fiesta con la misma seriedad; al fin y al cabo, trabajaba en el campo de las relaciones públicas). Mi maestra de meditación, Michelle Blechner, era una de las mujeres más sabias que había conocido en mi vida, así que me esforzaba por seguir adelante, deseosa de que se me impregnase algo de su claridad y serenidad.

Una tarde cualquiera, mientras tomábamos té, Michelle me habló del viaje a Nueva York del que había regresado hacía poco. Estaba tremendamente emocionada en relación con algo que acababa de conocer: un método terapéutico llamado *constelaciones familiares*. Me preguntó si querría asistir con ella a un taller esa misma semana; ya había invitado a una facilitadora, Natalie Berthold, para que dirigiera uno en su casa.

Mi desconocimiento de las constelaciones familiares era casi total; solo sabía que se realizaban en un contexto grupal, y ahora Michelle me estaba diciendo que eran demasiado vivenciales como para poder describirlas con palabras. Su entusiasmo era tan contagioso que la escuché con total atención. Yo ya era una experta en hablar sobre mi familia en terapia; ¿sería muy diferente este método? Pues sí, resultó serlo. Era algo realmente distinto, muy distinto. Mi vida estaba a punto de cambiar para siempre. En menos de dos años ya era una terapeuta certificada en constelaciones familiares, con una consulta próspera en Nueva York.

Pero ¿qué son las constelaciones familiares exactamente? ¿Y por qué deberían interesarte?

Aunque son más una filosofía que una terapia (hablaremos de ello en breve), puede decirse que las constelaciones familiares son un *enfoque terapéutico* que considera que los individuos son parte de un todo transgeneracional más amplio llamado *sistema familiar*, en lugar de ser actores aislados.

Diseñadas para sacar a la luz las dinámicas ocultas que subyacen en los sistemas familiares, las constelaciones familiares muestran cómo las vidas de quienes nos han precedido –incluidos aquellos a los que nunca conocimos– influyen activamente en la nuestra a través de los traumas que nos han dejado en herencia, de formas que rara vez nos resultan evidentes.

Por lo tanto, en lugar de centrarse en los conflictos vividos en la infancia, como hace en gran medida la terapia tradicional, las constelaciones familiares se enfocan en cómo ciertos acontecimientos del pasado –como la pérdida de un padre, un hermano o un hijo; la experiencia de la guerra, o una agresión sexual, por poner solo algunos ejemplos– reverberan a través del sistema familiar y tienen un impacto potente, a menudo no reconocido, sobre las generaciones posteriores. Desde el punto de vista de las constelaciones familiares, ante este tipo de *trauma intergeneracional* muchos de nosotros nos quedamos «enredados» en la infelicidad de quienes nos precedieron: adoptamos inconscientemente patrones familiares destructivos de ansiedad, depresión, fracaso e incluso enfermedad o adicción en un intento por «rehacer» el pasado y «arreglar» a nuestra familia.

Estas dinámicas ocultas se hacen visibles mediante la práctica de un ejercicio llamado *constelación*. Una constelación se realiza en grupo o en una sesión individual (presencial o a distancia) con un facilitador. Primero, la persona plantea un tema que desea trabajar y luego distribuye de forma intuitiva a los miembros del grupo (o a sustitutos simbólicos, como figuras) en el centro del espacio, colocándolos en relación unos con otros. Una vez que todos los participantes han sido colocados, se ve la constelación –el patrón generado por la disposición de las personas en relación entre sí, análogo al que presentan las estrellas en el cielo nocturno–, la cual refleja la naturaleza del sistema familiar y muestra las interacciones sistémicas problemáticas. Estas saltan a la vista desde el lugar en el que han sido ubicados los representantes.

El hecho de poder percibir que formamos parte de un *sistema* cambia nuestra perspectiva: pasamos de centrarnos en las acciones de individuos a hacerlo en las dinámicas familiares. Gracias a este cambio de perspectiva pasamos a gozar de una claridad de percepción tan radical como liberadora. El trabajo con las constelaciones familiares fortalece el músculo de la observación desapegada: pasamos de ser sujetos implicados a ser observadores neutrales. Esta práctica exige que dejemos de fijarnos en quién nos hizo daño para adoptar un enfoque menos apasionado y plantearnos cómo refleja ese hecho dañino un patrón perjudicial en el propio sistema familiar. De esta manera logramos liberarnos de los relatos heredados que nos mantienen atrapados en conductas y relaciones insanas. Las constelaciones familiares no son para las personas que no desean hacerse responsables de su vida y que, por tanto, se aferran a sus historias, es decir, al papel de víctimas.

Bert Hellinger, el psicoterapeuta alemán al que debemos las constelaciones familiares, manifestó que la observación desapegada del sistema –por oposición a mantenerse enfocado en el comportamiento de individuos concretos– era el fundamento de una metodología de sanación «fenomenológica». «La fenomenología es un enfoque filosófico. Para mí, significa someterme [como terapeuta] a contextos y conexiones más amplios, sin necesidad de comprenderlos. Los acepto sin intención de ayudar ni de demostrar nada», escribió.

Por muchas razones, no es sorprendente que las constelaciones familiares surgieran en las décadas posteriores a la confrontación de Alemania con su sangrienta historia reciente, tras la Segunda Guerra Mundial; una historia tan deshumanizante que tal vez era imposible de comprender según un enfoque convencional. El propio Hellinger se opuso al nazismo (su negativa a unirse a las Juventudes Hitlerianas hizo que se le considerara un «presunto enemigo del Estado»), pero acabó reclutándolo el Ejército alemán y combatió en el frente occidental antes de ser capturado por los aliados.

Después de la guerra, ingresó en la orden religiosa católica de los jesuitas y estudió filosofía y teología en la universidad como parte de su ordenación. Comenzó a formular su filosofía de las constelaciones familiares a principios de la década de 1950, mientras ejercía como sacerdote jesuita en una misión en Sudáfrica, donde vivió durante dieciséis años. Allí estuvo trabajando con los pueblos zulúes y aprendiendo de ellos, lo cual terminó por moldear profundamente su propia cosmovisión. Le impactó especialmente su visión del mundo, *ubuntu*, que suele traducirse como 'yo soy porque nosotros somos'.

Simultáneamente, desarrolló un interés por la fenomenología (dentro de la psicología, es el estudio de la experiencia subjetiva) a través de una serie de formaciones interraciales y ecuménicas sobre la dinámica de grupos, dirigidas por clérigos anglicanos. Cuando tuvo claro que las personas eran, para él, más importantes que los ideales abstractos, abandonó el sacerdocio a finales de la década de 1960 y se trasladó a Viena, donde se formó en el psicoanálisis clásico y lo practicó. En un país al que le estaba costando asumir el genocidio que había perpetrado contra sus propios ciudadanos (ciudadanos que habían sido excluidos y despojados de su humanidad debido a su identidad étnica y religiosa), Hellinger respondió intuitivamente a la llamada de quienes buscaban herramientas no solo para sanar el trauma intergeneracional, sino también para impedir que se repitiera.

La belleza del enfoque de las constelaciones familiares radica en que nos permite sanar la causa raíz de nuestro dolor, en lugar de limitarse a tratar los síntomas. Una vez que una dinámica sale a la luz, podemos romper sus patrones, desvincularnos del trauma intergeneracional y dejar de intentar controlar lo que no se puede controlar: el pasado. Al hacer esto, también reconocemos el lugar de nuestros ascendientes en el sistema y afirmamos su derecho a pertenecer, respetamos su sino y les dejamos a ellos la responsabilidad por sus actos, como debe ser. Así rompemos las cuerdas que nos mantenían unidos a sus dinámicas. Cuando dejamos de invertir nuestra energía en intentar rehacer el pasado –por más que estuviésemos haciéndolo de manera inconsciente–, contamos con libertad para soltar el peso que supone vivir al servicio de quienes nos precedieron y empezar a crear nuestro propio futuro. Somos libres para labrarnos nuestro propio destino. Las constelaciones familiares nos recuerdan que *no somos nuestros conflictos*. Comprender nuestro pasado, hacernos cargo de nuestro presente y crear nuestro futuro: he aquí la esencia de las constelaciones familiares.

Las constelaciones familiares ofrecen una perspectiva radicalmente nueva, que nos aporta una visión amplia y sistémica que saca al yo del centro en favor de una forma de ver «en red», es decir, un modo de ver que resalta nuestras interconexiones, con nuestras familias y entre nosotros. Revelan el papel que desempeñamos dentro de un sistema mayor y las maneras en que nuestros traumas y batallas se inscriben en un legado heredado. Y nos recuerdan que aunque nuestro punto de partida (nuestro sino, la mano de cartas que nos reparte el universo) está conectado al de nuestros ascendientes, nuestro porvenir (el destino entendido como la forma en que jugamos estas cartas) es independiente del de estas personas. Nuestro camino es solo nuestro.

Al comprender lo que vivieron nuestros familiares, hacemos las paces con nosotros mismos. Vemos que la clave para sanar nuestras heridas no reside tanto en nuestras propias experiencias vitales como en las de nuestros padres, abuelos e incluso bisabuelos. Al reconocer las dificultades que vivieron nuestros ascendientes, admitimos que nuestro dolor es una herida colectiva que nunca llegó a sanar. Esta integración añade una nueva dimensión al proceso de sanación; abre un camino hacia una reparación profunda. Salimos de la constelación sintiéndonos más ligeros y completos, versiones más auténticas de nosotros mismos. Como la terapia tradicional, las constelaciones familiares miran hacia el pasado. Sin embargo, en lugar de hurgar en él una y otra vez, buscan liberarnos de su influjo para que podamos dejar atrás el peso de nuestras viejas historias y escribir otras nuevas. Se trata de que seamos los únicos autores de nuestra propia vida y de que avancemos por la senda que nos llevará a hacer realidad nuestro mejor destino.

Solo había cuatro personas en mi primera constelación aquella lejana tarde de 2012. Era un grupo pequeño y privado, lo cual era un alivio para mí. Estaba nerviosa; no sabía qué esperar ni cómo debería actuar. La serenidad y la profesionalidad de la facilitadora, Natalie, no tardaron en calmar mi ansiedad. Sentados en un pequeño círculo en el salón de Michelle, comenzamos. Natalie me preguntó qué tema quería trabajar. Dije que quería atraer al amor de mi vida y entender por qué no había llegado aún. (Estaba divorciada desde hacía poco –bueno, no tan poco– y atrapada en una relación intermitente con mi exmarido, arrastrada todavía por la dramática experiencia de nuestro desastroso matrimonio).

Tras hacerme algunas preguntas sobre la historia y las dinámicas de mi familia, Natalie me propuso que eligiera a una persona como representante de mi madre y a otra como representante de mi padre. Conduje a mi «madre» hacia el centro de la sala, donde se colocó con la espalda sorprendentemente recta, ocupando de algún modo más espacio del que parecía posible. Senté a mi «padre» a su lado: lo representaba Charlie, el esposo de Michelle; tenía noventa años y sufría una demencia incipiente. Charlie era uno de los hombres más dulces que he conocido, y aunque era incapaz de recordar los hechos más recientes, fue un representante increíble. Cuando ocupó el lugar de mi padre, pude ver el alma de este a través de sus ojos. Esta conexión tan profunda me sorprendió enormemente. ¿Cómo pudo representar Charlie tan bien a mi padre sin siquiera conocerlo ni saber nada de él? ¿Cómo pudo encarnar su energía de una forma tan asombrosa? Me quedé sin palabras.

Entonces Natalie incorporó a un tercer representante al grupo: mi «hombre» anhelado. Ella (el género del representante no tiene importancia en las constelaciones familiares) fue directamente al centro de la sala, sin dudar. Estábamos en un salón pequeño (la mesa de centro había sido apartada para facilitar la constelación) y sentí el impulso irresistible de alejarme. Como mi «hombre» estaba entre la puerta y yo, avancé hasta un rincón y me di la vuelta para mirar hacia la pared. Literalmente, no quería estar cerca de mi pareja. Una oleada de pavor me erizó la piel.

Mi primera sesión de constelaciones familiares duró cuarenta minutos. Al principio, me permití sentir y estar, pero comencé a resistirme a medida que se fue evidenciando una verdad que no quería ver: tenía miedo del amor y, por tanto, de mi futura pareja. La postura sentada de mi «padre» reflejaba el desequilibrio de poder en la relación de mis progenitores: la pasividad de mi padre y la fortaleza de mi madre. En una constelación, cuando un representante se sienta, a menudo nos está diciendo que está débil; que está cansado y no puede sostenerse en pie. La fuerza de mi «madre» era tan dominante que parecía ocupar más espacio del necesario.

Como mi madre, yo también me había casado con un hombre débil (aunque su debilidad se manifestara como violencia y posesividad) e intenté que cambiase. De hecho, había tenido una serie de novios débiles, uno tras otro. Yo iba a tener éxito donde mis padres fallaron. Por supuesto, no fue así; no podía rehacer el matrimonio de mis padres ni reparar nuestro sistema familiar. Mi papel de enfermera emocional no podía hacerme feliz y, además, no podía vivir plenamente mi destino si intentaba cargar con el de mis padres. Sin embargo, cuando apareció mi hombre –que era fuerte, resuelto y no necesitaba que nadie cuidara de él– no solo salí huyendo, sino que le di la espalda, incapaz de mirarlo a la cara. No estaba preparada para una relación entre iguales, a pesar de que eso era lo que decía desear. No quería otro amante herido, pero no conocía otra forma de estar en una relación.

No obstante, cuando mi resistencia a reconocer la dinámica comenzó a ceder y acepté la realidad, empecé a sentir un alivio inmenso y un extraño optimismo que no había experimentado antes. De repente, mi ansia por encontrar al amor de mi vida y los pensamientos negativos que la acompañaban se habían desvanecido. La constelación me mostró que tenía el corazón roto y que debía repararlo antes de buscar nuevas relaciones. Tenía que trabajar en mí misma y sanar mi pasado antes de poder encontrar el amor. Esta solución era responsabilidad mía solamente, y la conciencia de ello me dio fuerza para seguir adelante.

El efecto de aquella revelación y la sensación de libertad –y de fuerza– consiguientes perduraron. Esperaba que se desvaneciesen pero permanecieron, firmes y constantes, durante días, luego semanas, luego meses, hasta volverse parte de mí. Mientras tanto, dejé de esperar nada de mi exmarido después de la constelación y me sentí en paz con la situación. Nunca antes había experimentado un cambio tan palpable y concreto.

Supongo que se podría decir que me obsesioné un poco con las constelaciones familiares. Durante un año y medio después de aquella experiencia, me involucré en constelaciones casi todas las semanas, no solo para abordar los complejos entresijos de mi propio bienestar emocional, sino también como representante en constelaciones de otras personas. El poder, la belleza, la vulnerabilidad y la profunda humanidad que presencié y experimenté me llenaron, además de una gratitud inmensa, de curiosidad. Estaba más que claro que tanto los otros participantes como yo experimentábamos cambios positivos y veíamos impulsado nuestro desarrollo personal.

Fui sintiendo cada vez con más fuerza que ya no quería seguir trabajando en el sector de la publicidad. Me sentía llamada a servir a los demás, a convertirme en facilitadora. Lo primero que hice fue cursar una formación oficial en Miami con Mark Wolynn, director del Family Constellation Institute ('instituto de la constelación familiar') y del Inherited Trauma Institute ('instituto del trauma heredado'), cofundador del Bert Hellinger Institute del norte de California, autor del libro *Este dolor no es mío: identifica y resuelve los traumas familiares heredados* y uno de los expertos y líderes más reconocidos en el campo de las constelaciones familiares. Lo segundo que hice fue renunciar a mi empleo y dar un salto de fe: dejé Miami, me fui a Nueva York para explorar con mayor profundidad las constelaciones familiares... y no volví la vista atrás.

En Nueva York encontré mi hogar. Me formé con la otra figura más reputada en este campo, una gran terapeuta: Suzi Tucker, cofundadora del Bert Hellinger Institute de Nueva York y directora editorial de Zeig, Tucker & Theisen, Publishers, la editorial que más ha difundido la obra de Bert Hellinger en inglés. Allí, protegida dentro del campo sistémico y bajo el cuidado del corazón intenso y la guía firme pero suave de Suzi, por fin pude reconocer y admitir la realidad de mi carga más dolorosa y secreta: la agresión sexual que sufrí a los trece años. Anteriormente, solo había hablado de ella con una persona, mi terapeuta, aunque me había resistido a abordarla.

Antes de trabajar con las constelaciones familiares había hecho todo lo posible por no pensar en la agresión, si bien el trauma siempre acababa alcanzándome, por mucho que tratara de huir de él. Había puesto la violación en un «compartimento» aparte, como algo aleatorio que me había pasado, que no tenía que ver con mi familia ni con los conflictos que tenía con ella. A través de las constelaciones familiares pude reconciliar las partes aparentemente incongruentes de mi identidad e integrar la agresión en mi vida: pude verla con claridad, por fin, como parte de un patrón traumático que acechaba a mi familia. También pude soltar gozosamente los síntomas más potentes del trauma, especialmente mi rabia apenas contenida e incontrolable. Pude reconciliarme con mi pasado y restablecer la paz en mi relación con el presente y conmigo misma. Y, lo más importante, pude reconciliarme con los hechos. Al aceptar la realidad (*reconocer lo que es* es un principio central dentro de las constelaciones familiares), rompí el vínculo con mi agresor, que había estado alimentando sin querer, y dejé atrás a este individuo (mental y emocionalmente, ya que no formaba parte de mi vida), como único responsable de sus actos. Con el tiempo, incluso pude reconciliarme con mi padre, de quien estaba distanciada.

Para mí, las constelaciones familiares fueron una revelación, y no han dejado de serlo desde aquel primer momento en que miré a Charlie a los ojos. En los casi ocho años que llevo practicándolas, he trabajado con más de mil clientes y he sido testigo de cómo muchos de ellos obtenían sus propias revelaciones y experimentaban transformaciones sostenidas y profundas, veían impulsado su desarrollo personal y encontraban o recuperaban la alegría. La gran mayoría llegaron a mí después de haber «intentado todo lo demás». Tenían problemas con las relaciones familiares o amorosas, o estaban insatisfechos en el terreno profesional, o no sabían cómo vencer la depresión o la ansiedad, o estaban sufriendo las secuelas de traumas personales, o tenían la sensación general de que algo no iba bien. En cualquier caso, anhelaban experimentar *el gran cambio*. Y las constelaciones familiares fueron el vehículo de este cambio en incontables ocasiones: no solo pusieron de manifiesto las dinámicas familiares invisibles que bloqueaban a estas personas, sino que también les proporcionaron las herramientas que les permitirían abandonar esas dinámicas de una vez por todas y comenzar a escribir su propia historia.

Hay clientes con los que he trabajado una sola vez, otros han acudido a mí unas cuantas veces, algunos trabajan de forma holística en un abanico de temas durante uno o dos años y otros vienen de vez en cuando para una especie de «puesta a punto»; la dinámica de la relación depende de las necesidades de cada cual. Independientemente de la cantidad de tiempo que dure la relación terapéutica, recibo correos electrónicos de clientes con regularidad; desde pocos días después de una sesión hasta meses más tarde, e incluso durante años. Me dan buenas noticias sobre cómo les va la vida después de haber trabajado con las constelaciones familiares: unos me hablan de que han cambiado de profesión y de que tienen éxito en su nuevo camino, otros de logros creativos, otros del nacimiento de un hijo, otros del final catártico de un matrimonio, otros de que están en una relación amorosa saludable que les aporta felicidad, otros de que han conseguido restablecer la relación con un padre, una madre o un hermano. Mis clientes han experimentado la reconciliación: con seres queridos, con su yo fragmentado, con el pasado, con un futuro que está en sus manos.

Aunque atiendo a muchas personas en mi consulta privada, tengo el anhelo de ayudar a muchas más. Soy una embajadora apasionada del poder de las constelaciones familiares. Quiero que individuos de todos los ámbitos (no solo los que pueden acudir a terapia) puedan beneficiarse de sus potentes y transformadoras revelaciones y de la capacidad que tienen de cambiar de forma drástica nuestras conductas y creencias, siempre para bien. Por supuesto, las constelaciones presenciales son extraordinarias, pero los principios fundamentales –y profundamente transformadores– de las constelaciones familiares se pueden conocer y aplicar más allá de los límites de este campo.

Si bien las constelaciones han motivado cambios maravillosos en mis clientes, ha sido nuestro trabajo de exploración de la filosofía y la perspectiva de las constelaciones familiares lo que ha facilitado una transformación profunda y duradera en ellos. Aunque la dinámica terapéutica tiene lugar necesariamente en el contexto de encuentros personales, ya sea de sesiones individuales o grupales, el hecho de asumir los *principios fundamentales* de las constelaciones familiares puede cambiar radicalmente la vida de una persona, aunque no haya hecho nunca una constelación ni haya pisado la consulta de un facilitador. Nadie puede «constelarse» a sí mismo, pero si incorporas la filosofía de las constelaciones familiares puedes empoderarte para reconocer la influencia que ejerce sobre ti tu sistema familiar, puedes aprender a desvincularte del destino de otros, puedes llevar las riendas de tu vida, y puedes experimentar un crecimiento transformador profundo si rechazas los relatos falsos relativos a quién eres, de dónde vienes y hacia dónde vas, y así ser libre para formular tus propios relatos en adelante.

Quiero que experimentes todo esto; esta es la razón por la que he escrito este libro. Este no es un manual del tipo «cómo constelarte en siete pasos sencillos» (si ves un libro así, sal corriendo) ni una guía exhaustiva y técnica sobre las constelaciones familiares. Prefiero pensar que es un «manual para el alma»: una guía de campo sobre la filosofía de las constelaciones familiares, sus principios fundamentales y su aplicación en la vida diaria, que espero que te proporcione herramientas muy prácticas e inspiradoras para tomar el control de tu vida.

En cada uno de los seis capítulos que siguen exploraremos juntos un concepto clave y un principio fundamental de las constelaciones familiares. Veremos cómo puedes aplicar la perspectiva sistémico-familiar a tu propia vida para que seas capaz de identificar vínculos perturbadores, liberarte del trauma intergeneracional y avanzar hacia la sanación de tu propio dolor, hasta vivir tu propio gran cambio.

Encontrarás una combinación de ejemplos de clientes y otros sacados de mi historia personal, una historia llena de secretos familiares y revelaciones tardías que han puesto a prueba varias de mis creencias más arraigadas sobre quién soy y de dónde vengo. Las constelaciones familiares me han ayudado a afrontar con (relativa) ecuanimidad estas creencias. En cada capítulo, afirmaciones cuidadosamente elaboradas y varios ejercicios te permitirán experimentar las constelaciones familiares y beneficiarte de ello, con vistas a una sanación profunda y un cambio duradero. Puedes pronunciar las afirmaciones en voz alta o mentalmente; también puedes escribirlas. Procede según lo que más resuene contigo. Confía en ti. Puedes decirlas una vez al día o varias.

Con *La terapia de constelaciones familiares* aprenderás a:

- reconocer patrones de tu sistema familiar y abandonarlos,
- sanar a tu niño o niña interior y cuidar de tu yo adulto,
- liberarte de creencias y comportamientos limitantes,
- disolver los lazos traumáticos que te atan al pasado,
- reconciliar el pasado y el presente para lograr una identidad completa e integrada,
- alcanzar tu propia paz dentro del sistema familiar, y
- crear relatos orientados al futuro que te empoderen para vivir con autenticidad.

Nuestro sistema familiar influye en los pilares de nuestra vida: la profesión, la economía, el amor y la salud. Los patrones que mostramos en cada una de estas áreas tienen que ver con la dinámica particular de nuestro sistema familiar. Cuando hubo unas necesidades no satisfechas (en nuestra vida o en la de quienes nos precedieron), en el plano subconsciente aprendimos a repetir patrones de comportamiento poco saludables para llenar esos vacíos. Cuando sanamos los cimientos de nuestro ser –es decir, nuestro sistema familiar–, sanamos todas las áreas de nuestra vida. Reconocer el dolor de nuestros ascendientes y hacer un lugar a los miembros rechazados de nuestro sistema familiar –y darles, así, visibilidad– es nuestro pasaje hacia la libertad.

Hace apenas unos días, mientras respondía correos ya de noche en mi consulta, sonó una nueva notificación. Era un mensaje de una de mis clientas, Isabelle, que me decía que iba a abrir su propio estudio de yoga.

Había conocido a Isabelle varios años antes, cuando llevaba casi una década trabajando en el sector financiero. Su carrera no avanzaba como esperaba a pesar de todos sus esfuerzos, y se sentía frustrada y cada vez más desanimada.

Isabelle había nacido en una familia adinerada: su padre gestionaba un fondo de inversión y nunca les faltó nada. Pero cuando ella tenía quince años el fondo se vino abajo. No solo ocurrió que la familia lo perdió todo sino que, además, sus padres se divorciaron: encarcelaron a su padre y salió a la luz una aventura que había tenido, junto con el hijo nacido de esa relación. Isabelle admitió que aquella experiencia había sido demoledora. Me aseguró que no estaba nada apegada a su padre (estaban distanciados) y que había entrado en el mundo de las finanzas porque realmente le interesaba... y porque quería ganar mucho dinero. Sin embargo, su carrera no despegaba y nunca era la elegida en los ascensos. Además, me dio la impresión de que había perdido la alegría de vivir. Le pregunté qué hacía por diversión, qué la hacía feliz.

Isabelle se quedó en silencio. Su lenguaje corporal cambió de un modo evidente. Separó los brazos, que hasta ese momento había mantenido cruzados sobre el pecho, a modo de defensa, y relajó los hombros.

–El yoga –respondió.

Me contó que además de practicarlo con regularidad había cursado una formación para ser profesora de yoga y que fantaseaba con convertirse en instructora.

–¿Por qué dices que es una fantasía? –le pregunté.

–No puedo ganarme la vida enseñando yoga –respondió con un tono que indicaba que le parecía preocupante que yo no percibiese tal obviedad.

Antes de su primera constelación, le pregunté qué tema quería trabajar. «Quiero tener éxito en mi carrera», respondió. Aunque a

Isabelle le asombró que la constelación revelara una conexión problemática con su padre, a mí no me sorprendió en lo más mínimo: la pérdida de la fortuna familiar había precipitado el divorcio, lo que a su vez provocó la exclusión del padre del sistema familiar. Esta conexión problemática era un intento inconsciente por parte de Isabelle de reparar el sistema y, también, de recuperar lo que había perdido. Aunque esta conexión no era reveladora en sí misma, mostraba que había asumido el sino y el propósito de su padre, que estaban en conflicto con los suyos. No podía triunfar en el ámbito financiero porque ese no era su camino. Había identificado mal el problema. A lo largo de varias sesiones, Isabelle pudo soltar las ideas que había forjado en torno al éxito y el dinero, así como reintegrar a su padre en su sistema familiar, lo que le permitió liberarse de la rabia y el miedo. Poco después de nuestra última conversación, empezó a dar clases de yoga a tiempo parcial. No mucho después, sus clases comenzaron a llenarse, y entonces pudo dejar su empleo del ámbito de las finanzas para dedicarse por completo a la enseñanza del yoga. La lectura de su último mensaje me conmovió: la «fantasía» de Isabelle se había convertido en su realidad.

Por supuesto, me encantaría que todas las personas que lean este libro vivieran una transformación como la de Isabelle, y me gustaría poder trabajar directamente con cada una de ellas para hacerlo posible. Pero me basta –y me entusiasma– saber que, gracias a las explicaciones, las técnicas y los ejercicios de este libro, podrás examinar tu sistema familiar con una mirada crítica, identificar tus verdaderos problemas y comenzar a resolverlos para efectuar tus propios grandes avances –como dejar las finanzas y dedicarte al yoga– y hacer que tus fantasías pasen a ser una realidad.

Si estás en disposición de tomar las riendas de tu vida, te prometo que este libro es para ti. No necesitas conocer especialmente tu historia familiar ni disponer de tu árbol genealógico; la eficacia del trabajo que aquí se presenta no depende de sacar a la luz secretos de familia. Puedes aprender a honrar a tus ascendientes y a soltar lealtades inconscientes y responsabilidades mal ubicadas incluso si no sabes el nombre de tus antepasados.

Basta con que reconozcamos las dificultades que afrontaron quienes vinieron antes que nosotros para tomar conciencia de que nuestro dolor es una herida colectiva que nunca llegó a sanar. Cuando mostramos nuestro reconocimiento a los miembros de nuestra familia por los traumas que vivieron, los aceptamos tal como son y les damos un lugar al que pertenecer, experimentamos una profunda sanación personal.

Lo único que necesitas para sacar el mayor provecho de este libro es el deseo de ser feliz y la voluntad de hacer el trabajo necesario para lograrlo. Bert Hellinger sostenía que la felicidad es «un logro del alma». Con eso quería decir que la verdadera felicidad es la experiencia de la plenitud, algo que solo se puede alcanzar a través del trabajo de expresar el yo auténtico, un trabajo activo que requiere fuerza y energía. «Vivimos en nuestras obras –aseguraba–, y esta felicidad es distinta de la felicidad que experimentamos en una fiesta».

El poder de las constelaciones familiares –la felicidad que tienen para ofrecernos– radica, como veremos juntos, en que nos enseñan a reconocer con claridad que formamos parte de un sistema familiar y que hay eventos en ese sistema, anteriores a nosotros, que pueden habernos llevado a actuar de formas que escapan a nuestro control consciente. Pero al liberarnos de los relatos de los traumas heredados y de las dinámicas familiares caóticas podemos empezar a contar nuestra propia historia, fieles a nosotros mismos. Experimentamos un logro del alma.

Capítulo 1

Las historias sobre nuestros orígenes

El sistema familiar

Cada uno de nosotros tiene una familia. Y cada familia existe en su propio ecosistema, que es único, ya que en él confluyen una historia, una cultura, unos sistemas de creencias y una genética. Cada familia posee una herencia que se transmite de generación en generación. Puede que compartamos el mismo apellido e incluso, a veces, el mismo nombre que nuestros familiares o antepasados, así como el mismo ADN, las mismas raíces, la misma cultura y las mismas historias. Un hilo invisible, una especie de memoria familiar interna, nos une a través del tiempo, de tal manera que la fuerza de acontecimientos del pasado puede tirar de nosotros en el presente, incluso si nunca experimentamos directamente aquello que marcó a quienes nos precedieron.

Independientemente de las características externas de la familia (puede tratarse de una familia sin madre o sin padre, o con un hijo único o adoptado, o con hijos de distintas uniones; puede ser una familia «convencional» o no) y de la relación que tengamos con ella, cada uno de nosotros se cuenta a sí mismo una historia sobre esta familia. Conocemos de memoria sus personajes y su papel; sabemos quiénes son los villanos, quién tiene razón y quién está equivocado. En el centro de esa historia está el yo: de dónde venimos, hacia dónde vamos y qué merecemos.

En el caso de algunas personas, su historia puede ser más o menos «no puedo tener intimidad con nadie porque mi madre nunca me mostró amor» o «mis padres siempre tuvieron dificultades económicas, y me siento tan culpable por la posibilidad de eclipsarlos que ello me impide tener éxito profesional». Mi historia era la de una familia que en otro tiempo estuvo unida y que primero se resquebrajó a causa del divorcio de mis padres y luego se fragmentó aún más cuando mi padre nos abandonó. A partir de ahí tuve dificultades para sentirme a gusto en el mundo, al haberse roto tanto mi corazón como mi confianza; me sentía alejada del amor y la seguridad. Como mi padre me había dejado, estaba claro que no era digna de ser amada.

Estas historias suelen ser inconscientes y, por tanto, no conocemos sus implicaciones. Nos quedamos atrapados en el relato y lo repetimos una y otra vez. Cuando tuve mi primer encuentro con las constelaciones familiares, llevaba años yendo a terapia. Como muchos de mis pacientes ahora, no era plenamente consciente del relato que había elaborado porque no lo trataba como una historia construida por mí, sino como un conjunto de hechos sobre mi vida. Examinaba estos hechos desde distintos ángulos una y otra vez para descubrir cómo me habían moldeado, con la esperanza de entender qué fallaba en mí... y a quién podía culpar. Pensaba que saber esto me ayudaría a «arreglarme», a evitar los errores que venía cometiendo en mi vida y en mis relaciones. Pero por más que busqué con todas mis fuerzas comprensión, liberación y alivio, apenas llegué a atisbarlos.

Mi historia (según la cual el abandono de mi padre demostraba que no era digna del amor masculino) me llevó a crear una historia compensatoria, igualmente equivocada. Intenté aliviar la herida con el bálsamo de mi «independencia». Al fin y al cabo, procedía de una estirpe de mujeres increíblemente fuertes; no necesitaba confiar en los hombres ni depender de ellos. Esta actitud tuvo un impacto muy negativo en mi vida amorosa; tomé muchas malas decisiones.

¿Te resulta familiar mi historia? Incluso después de años de terapia, muchos de nosotros seguimos atrapados en las mismas viejas creencias y comportamientos limitantes, o estamos avanzando muy despacio por el camino que lleva a superarlos. Pero no quiero que se me malinterprete: nunca negaría el valor de la terapia conversacional tradicional, ya sea psicodinámica, cognitivo-conductual o de otro tipo. El entorno psicoterapéutico nos ha ofrecido a muchos el primer escenario en el que nos hemos sentido libres para hablar abiertamente de nuestras emociones, lo cual puede ser útil para explorar e identificar cómo influyen en nuestros pensamientos y estados de ánimo. Los terapeutas ocupan un espacio único que la familia y los amigos no pueden (ni deben) llenar: son oyentes imparciales que están de nuestro lado (en el sentido de que quieren que gocemos de un mayor bienestar mental) y están muy capacitados para lidiar con las percepciones distorsionadas. Es muy posible que nuestra experiencia sea reconocida por primera vez, y por tanto validada, en el entorno de la terapia conversacional. Y, por supuesto, cuando alguien reconoce y valida lo que hemos vivido, sentimos que realmente se nos escucha y comprende, y eso resulta esencial para sanar.

La cuestión es que la terapia conversacional tradicional a menudo parte de la reafirmación de los relatos que hemos elaborado sobre nuestra familia, para que nos sirvan para comprendernos mejor a nosotros mismos. *Pero ¿y si nuestras historias son el problema y, por tanto, el punto de partida de la terapia es erróneo? ¿Y si nuestras historias son demasiado subjetivas? ¿Y si ni siquiera nos estamos fijando en lo que nos deberíamos fijar?*

Los seres humanos nacemos siendo narradores. La capacidad de contar historias es nuestro poder mágico. Gracias a ella imponemos orden al caos, infundimos significado a lo arbitrario y viajamos en el tiempo. Pero nuestras historias familiares no son un registro imparcial de lo que nos sucedió: son relatos que reflejan cómo nos *sentimos* respecto a lo que nos sucedió y lo que *pensamos* sobre los actores y los eventos; además, las actitudes y creencias heredadas también contribuyen a dar forma a estos relatos. Las historias que contamos sobre nuestra familia son poco fiables: giran alrededor del individuo; están ancladas en un punto de vista subjetivo.

El modelo de las constelaciones familiares rechaza con determinación este modo de contar historias. Interrumpe nuestros hábitos narrativos, es decir, nuestra tendencia a presentar a las personas que hay en nuestra vida como héroes y villanos, y nuestra insistencia en ver nuestra vida como una trama que se despliega de manera lineal, determinada por las relaciones de causa y efecto. En el terreno de las constelaciones familiares se nos desafía a afrontar nuestro pasado desde un espacio mental en el que no caben los juicios morales. En otras palabras: se nos exige que dejemos de lado la necesidad de determinar quién actuó correctamente y quién actuó incorrectamente, y qué estuvo bien y qué estuvo mal, ya que todo ello requiere efectuar interpretaciones. Debemos enfocarnos en lo que sucedió solamente, no en las razones por las que eso sucedió ni en lo que significa. Se trata de que comprendamos las fuerzas imparciales que gobiernan las relaciones de parentesco humanas y las respetemos. Estas fuerzas ordenan y rigen lo que en el ámbito de las constelaciones familiares se llama el *sistema familiar*.

Detengámonos un momento y reflexionemos sobre lo que es un sistema. Adoptando un enfoque muy básico, se podría decir que un sistema comprende un grupo de componentes individuales que conforman un todo unificado, mayor que la suma de sus partes. Estos componentes individuales dependen unos de otros para funcionar, y el sistema es impulsado por la dinámica de esta *interdependencia*. Tenemos un sistema cuando contamos con una estructura íntegra debido a que los diversos componentes están *interconectados*. Los sistemas tienen que ver con lo colectivo en contraposición a lo individual.

En el modelo de las constelaciones familiares, cada individuo nace no solo en una familia, sino en un *sistema* familiar, que es una especie de red o estructura energética compuesta por cada miembro de esa familia. Esto incluye tanto a los miembros vivos como a los fallecidos, ya que el sistema se extiende generaciones atrás. También se expande hacia el futuro. En este sistema, los miembros de la familia están interconectados a través de las generaciones por el alma familiar, por lo que Bert Hellinger llamó «el movimiento del amor». Es la fuerza vital con la que cada generación impregna a la siguiente. En un sistema familiar saludable, esta corriente de amor, de energía vital, no se ve obstaculizada y avanza en el tiempo de una generación a la próxima. Es la dinámica de la familia, y no las acciones aisladas de un individuo, lo que determina la salud del sistema.

Todos los sistemas buscan el equilibrio. En un sistema familiar, el equilibrio depende de dos principios fundamentalmente: el *orden* y la *pertenencia*. En cuanto al orden, cada miembro del sistema familiar ocupa su posición legítima en esta red, el lugar en el que encaja y desde el que interactúa con mayor naturalidad. Este orden mantiene la estructura del sistema. Aunque cada uno de nosotros ocupa un espacio único en el sistema familiar (nadie puede ocupar nuestro lugar), el orden general entre los miembros de la familia es, en cierto sentido, el mismo en todas las familias: es una cuestión de orden temporal, de quién vino primero. En una constelación, el facilitador siempre organizará inicialmente a los participantes de tal manera que el representante del padre del cliente quede ubicado detrás de él, a su derecha, mientras que el representante de la madre se colocará detrás del cliente, a su izquierda. Detrás de ambos quedarán dispuestos sus respectivos padres, abuelos y otros antepasados, siguiendo el mismo patrón. Me encanta esta imagen porque ilustra la fuerza potencial que nos otorga el sistema familiar, el apoyo que tenemos a nuestras espaldas que nos permite mirar hacia delante con confianza. Cada vez que seas presa del agobio, siéntate, cierra los ojos, respira hondo unas cuantas veces e invoca a esas generaciones anteriores. Apóyate en ellas. Confía en ellas. Siente que el sistema familiar tiende al orden. Cuando los sistemas están en orden, sentimos alivio, paz, la sensación de que las cosas marchan con fluidez.

La *pertenencia* se inscribe dentro del orden. Como he dicho, cada miembro de una familia ocupa un lugar único en ella que nadie más puede ocupar y, por lo tanto, tiene derecho a pertenecer a esa familia. El deseo de pertenecer es uno de los anhelos humanos más fundamentales. Los niños hacen casi cualquier cosa para asegurarse de que pertenecen a sus padres; experimentan una especie de amor y lealtad «locos» o ciegos, independientemente de cómo sean los padres. (A menudo, sin darnos cuenta, mantenemos esta lealtad en la edad adulta, aunque esta actitud no tenga ya ningún sentido y aunque pueda perjudicarnos). El impulso de pertenecer es parte de lo que nos une a nuestro sistema familiar y a los demás; ayuda a mantener el sistema intacto. Forma parte de la pertenencia el derecho de cada miembro a su suerte o sino (las cartas que le reparte la vida) y a su propio camino y destino (a jugar estas cartas como elija hacerlo). Esto implica que cada persona es responsable de sus actos y sus consecuencias.

Estos derechos no tienen que ver con la moral o la ética. Tienen más que ver con las leyes de la naturaleza. Cuando entra el desorden en el sistema (por ejemplo, cuando no se respeta el orden natural o cuando un niño ocupa el lugar de un progenitor), o cuando un miembro de la familia experimenta un trauma grave o es excluido y se le niega la pertenencia al sistema familiar (generalmente como resultado de un suceso traumático), o cuando no se deja el sino de una persona en sus propias manos, el sistema –la red– ya no puede funcionar correctamente.

Un sistema siempre intentará recuperar la completud, volver a ser funcional, estar en equilibrio. En un esfuerzo por reparar el daño –es decir, por restaurar la integridad de la red–, el sistema familiar buscará que miembros de las nuevas generaciones ocupen el lugar de miembros de las generaciones pasadas o mitiguen el daño que provocaron. Los nuevos miembros asumirán el sino de los miembros traumatizados, ausentes o excluidos de la familia y pretenderán arreglar lo que, por supuesto, no puede ser arreglado. Como dijo en cierta ocasión mi maestra Suzi Tucker, cada niño es «la siguiente mejor oportunidad» para restablecer la integridad del sistema familiar. Esta dinámica se denomina *implicación sistémica* o *enredo*.* Los enredos o implicaciones sistémicas (los traumas heredados que nos impulsan a repetir los patrones del pasado) son la raíz de gran parte de nuestro dolor. Recreamos dinámicas disfuncionales, como soldados movidos por una lealtad ciega reclutados por un sistema que lucha desesperadamente por corregirse. Por

* N. del T.: En esta obra, *enredo* es sinónimo de *implicación sistémica* en todos los casos.

eso, una de las lecciones clave de las constelaciones familiares que debemos tener siempre muy presente es la siguiente: *esto no empezó conmigo*.

Es fascinante el hecho de que las nuevas investigaciones que se están llevando a cabo en el campo de la epigenética estén respaldando cada vez más esta visión sistémica, según la cual nuestras dificultades individuales son la consecuencia de un legado familiar compartido más profundo, al demostrar que los traumas pueden heredarse en el ámbito celular. La epigenética es el estudio de los mecanismos que activan y desactivan los genes; en otras palabras, el estudio de los factores *ambientales* y *experienciales* que controlan la expresión génica, o qué genes están activos o inactivos. Ciertos tipos de traumas, como el hambre, pueden «desactivar» la expresión de determinados genes sin cambiar el ADN subyacente, y estas «instrucciones» pueden transmitirse de padres a hijos sin que el gen en sí sufra ninguna alteración. Sabemos que heredamos nuestros ojos marrones biológicamente y que nuestra familia también nos puede «transmitir» sus actitudes, costumbres y creencias, pero es que, además, nuestro cuerpo puede llevar el legado de lo que soportaron nuestros ascendientes.

Más de setenta años después de haber pasado hambre en el útero, el grupo de niños nacidos durante el invierno del hambre que se vivió en los Países Bajos dejó muy claro que los factores ambientales pueden tener un efecto determinante en la expresión de los genes. En septiembre de 1944, los nazis comenzaron a bloquear los suministros de alimentos a los Países Bajos ocupados como castigo por su apoyo a una campaña aliada fallida. Cuando el país fue liberado en mayo de 1945, más de veinte mil ciudadanos habían muerto de inanición. Las mujeres que dieron a luz al principio de la hambruna tuvieron bebés que nacieron con bajo peso, pero que terminaron por alcanzar un peso normal. Por otro lado, los bebés nacidos de mujeres que se quedaron embarazadas cuando el período de hambruna estaba avanzado y dieron a luz después de la guerra nacieron con un peso normal. Parecían haber escapado de los efectos perjudiciales de la desnutrición en el útero, lo cual tenía sentido, dado que los bebés ganan la mayor parte del peso en el tercer trimestre del embarazo. Sin embargo, cuando estos niños se encontraron, como adultos, en la mediana edad, la prevalencia de la obesidad fue especialmente acusada entre ellos; también presentaron unos niveles de colesterol elevados y otros problemas metabólicos. Los científicos que recogieron muestras de sangre de este grupo de personas y de sus hermanos nacidos antes y mucho después de la guerra descubrieron algo fascinante: a diferencia de sus hermanos, las personas que estuvieron en el útero durante el invierno del hambre tenían «silenciado» el mismo gen, el *PIM3*, que tiene un papel en la quema de combustible por parte del cuerpo. Aunque los fetos suelen triplicar sobradamente su peso durante el tercer trimestre del embarazo, es en el primer trimestre cuando se produce la mayor parte del desarrollo fetal y cuando tiene lugar la «programación celular». En el caso de esos niños, la experiencia de hambre de sus madres (un factor ambiental) quedó escrita en sus propias células.

En el ámbito de las constelaciones familiares, el primer objetivo es hacer visible lo invisible. Una vez que somos capaces de ver las dinámicas presentes en nuestro sistema familiar y de identificar las implicaciones sistémicas, tenemos el poder de desarticularlas y, así, no solo liberarnos a nosotros mismos de su influencia, sino liberar también de ellas a los miembros de las generaciones venideras. El segundo objetivo es la resolución: al reconocer a cada miembro del sistema (al otorgarle pertenencia) y permitirle ocupar su lugar legítimo (al restablecer el orden), soltamos las lealtades inconscientes que podíamos haber estado manteniendo. De esta manera, dejamos de cargar con responsabilidades que no son nuestras, y también soltamos los comportamientos, los pensamientos y las emociones asociados a estas responsabilidades.

El pensamiento sistémico nos pide que reconozcamos que somos parte de algo más grande que nosotros mismos, que nuestros problemas no son solo nuestros y que estamos interconectados con los demás en una red de patrones y dinámicas que reverberan. Convertirse en un «pensador sistémico»* no es fácil, pero es un regalo increíble que puedes hacerte. La mayoría de nosotros estamos enganchados a la necesidad de tener razón en lo relativo a nuestro dolor y sufrimiento. Mantenemos con firmeza la postura de ver a los demás como personajes en una historia en la que nosotros somos los protagonistas. Sin embargo, aferrarse a esta historia puede implicar aferrarse también a los pensamientos, comportamientos o sucesos negativos que usamos para justificar nuestras elecciones, comportamientos y relaciones actuales, lo cual nos impide hacernos responsables de nuestra vida. Cuando nos convertimos en pensadores sistémicos, quitamos al yo del centro para ver que todo está conectado; entonces, inevitablemente, dejamos de centrarnos en lo individual para enfocarnos en lo colectivo. Esto nos ayuda a volvernos más empáticos, no solo con los demás sino también con nosotros mismos, lo cual, a la vez, nos ayuda a reconsiderar las historias que nos contamos sobre nuestros orígenes, es decir, nuestros relatos sobre el lugar del que venimos y el lugar al que vamos. Inevitablemente, estas historias tratan sobre lo que merecemos o no merecemos, sobre nuestra valía y sobre si podemos o no ser amados.

En mi caso, cuando comencé a examinar mi sistema familiar dejando de lado mis juicios sobre las acciones de sus miembros, vi

* N. del T.: Por razones prácticas, se ha utilizado el masculino genérico en la traducción del libro. La prioridad al traducir ha sido que la lectora y el lector reciban la información de la manera más clara y directa posible.

emerger un patrón evidente de abandono a través de las generaciones. Entonces, en lugar de seguir aferrándome a la idea de que no merecía ser amada porque mi padre me había abandonado, con el tiempo pude dejar de rechazarlo y juzgarlo (de excluirlo de mi sistema familiar) y resolver la implicación sistémica. ¿Significa esto que pasé a aprobar sus acciones y que dejé de considerarlo responsable de lo que hizo? No. Significa que pasé a aceptar la realidad de lo que había hecho sin mantener mi interpretación de lo que implicaba; pude entender que su comportamiento fue una expresión de la dinámica del sistema familiar, y que no reflejaba mi valía como persona. De esta manera, puse el pasado a descansar. Cuando has puesto el pasado a descansar, ya no tienes que darle la espalda al presente y puedes afrontar el futuro como desees, sin conservar los relatos sobre el daño que hizo otra persona y lo que dice de ti su comportamiento.

Admito que la cuestión es compleja. Casi parece una contradicción imposible: para ir más allá de la familia, y más allá de las historias que albergas sobre tu familia, debes aceptar a tu familia. No tienes por qué abrazar a sus miembros, ni siquiera tienen que gustarte, pero debes aceptar que pertenecen al sistema. Este es un acto de amor, porque ayuda a restablecer la integridad del sistema. Y equilibrar el sistema permite que el movimiento del amor, de la fuerza vital, siga su curso natural, el curso deseable: hacia delante.

Nos separamos del pasado, pero no de las personas. Dejamos de estar condicionados por nuestra familia de origen no mediante el rechazo, sino mediante la aceptación; no al revisar obsesivamente el pasado, sino al elegir activamente el presente. Reconciliamos el estado actual de las cosas con lo que ocurrió para poder acceder a lo que es posible, dejando atrás la pesada carga de nuestras viejas historias y permitiéndonos escribir otras nuevas. Así somos los únicos autores de nuestra propia vida en el camino que nos conduce a materializar nuestro mejor destino.

MEDITACIÓN: Todo el mundo tiene su lugar

Esta meditación tiene como objetivo ayudarte a aprehender visceralmente qué es el orden ideal y la pertenencia dentro del sistema familiar. Me referiré a miembros de tu familia que pueden o no formar parte de tu vida; a algunos tal vez los hayas conocido, a otros no. Todas nuestras familias son únicas. Cuando mis palabras no encajen con tu experiencia, te sugiero que visualices el *arquetipo* correspondiente; por ejemplo, el arquetipo de la abuela como mujer sabia, narradora de historias y matriarca. Es especialmente importante hacer esto en relación con los padres biológicos. Muchos de nosotros tenemos padres que no son nuestros padres biológicos: tal vez fuimos adoptados; tal vez un cuidador ocupó el lugar del padre o la madre ausente; tal vez nuestros padres acudieron a la inseminación artificial o a la fecundación *in vitro*, etc. En estos casos, debemos incluir a nuestros padres biológicos, ya que son el origen de nuestra vida. [Nota: Te sugiero que leas la meditación primero y, si te parece bien, uses el teléfono u otro dispositivo para grabarte leyéndola. De esta manera, podrás escuchar la meditación y concentrarte en las visualizaciones sin tener que parar para ver lo que sigue].

Encuentra un lugar cómodo, un espacio en el que puedas sentirte a gusto y en calma. Puedes sentarte con las piernas cruzadas; si lo haces en un sofá o una silla, pon los pies en el suelo. Deja que las manos descansen sobre los muslos con las palmas hacia arriba; esta es una postura de apertura y receptividad.

Haz varias respiraciones profundas y cierra los ojos. Visualiza a tu madre e invítala a estar de pie detrás de tu hombro izquierdo. Siente su presencia. Ahora, visualiza a tu padre e invítalo a unirse a ti detrás de tu hombro derecho. Siente su presencia. Este es su lugar: detrás de ti, apoyándote, guiándote. Puedes ajustar la distancia entre tú y ellos; es importante que te sientas a gusto. En cualquier caso, ellos deben permanecer detrás de ti.

Ahora, visualiza a tus abuelos maternos. Invítalos a ocupar su lugar detrás de tu madre. Visualiza a tus abuelos paternos. Invítalos a ocupar su lugar detrás de tu padre. De nuevo, este es su sitio: detrás de tu madre y de tu padre, apoyándolos, guiándolos y queriéndolos tal como son.

Visualiza a tus bisabuelos e invítalos a ocupar su lugar detrás de tus abuelos. Detrás de ellos se encuentran tus demás antepasados. Toda tu familia está allí, extendiéndose hacia atrás en el tiempo, en una cadena interminable e inquebrantable. A través de estos familiares fluye tu legado, tu herencia cultural y genética. Todos ellos y todo lo que abarcan está justo detrás de ti. Este es tu patrimonio. Esta es tu historia. Y todos pertenecen, todos son vistos, todos son escuchados. Todos son reconocidos. Todos tienen un lugar. Todos son importantes, así como tú eres importante, así como tú también tienes un lugar.

Prueba a conectar con tu niño o niña interior, con el niño o la niña que eras. ¿Dónde está? ¿Qué está haciendo? ¿Cuántos años tiene? ¿Se ve triste, solo/a, feliz? Pregúntale mentalmente: «¿Qué puedo hacer por ti? ¿Cómo puedo ayudarte?». Toma una de sus manos y regresa a tu lugar frente a tus padres. Y dile en silencio: «Mi niña, mi niño, este es tu lugar. Aquí es donde perteneces. No estás aquí para cuidar de mamá o papá; estás aquí para cuidar de ti. Y por ahora, seré yo quien te cuide. Puedes apoyarte en mí. Puedes confiar en mí. Ya no me iré a ningún lugar sin ti».

Si tienes hermanos mayores, pídeles que se unan a ti a tu derecha, ya que tus hermanos pertenecen a tu generación más o menos; deben estar a tu lado, no detrás de ti. Si tienes hermanos menores, pídeles que se unan a ti a tu izquierda. Si eres consciente de algún embarazo interrumpido de tu madre, o que terminó en aborto, invita también a la criatura no nacida a unirse a ti.

Si tienes un padrastro o una madrastra y esta persona es importante para ti y parte de tu vida, invítala a unirse a ti. Tu padrastro debería estar de pie junto a tu madre y tu madrastra junto a tu padre. De manera similar, si tienes hermanastros con los que mantienes una relación cercana, puedes invitarlos a estar junto a tus otros hermanos.

Ahora avanza unos pasos, sosteniendo la mano de tu niño o niña interior, mirando hacia delante sin dudar. Tu destino está frente a ti. Da un paso hacia él, abrázalo, acéptalo, sabiendo que tu familia está justo detrás de ti, apoyándote y guiándote.

Si estás en una relación seria, visualiza a tu pareja e invítala a unirse a ti. Si eres una mujer heterosexual, se pondrá a tu derecha; si eres un hombre heterosexual, se pondrá a tu izquierda. Si estás en una pareja del mismo sexo o no binaria, puedes elegir que tu pareja se sitúe a tu derecha o a tu izquierda, según tu sentir.

Finalmente, si tienes hijos, invítalos a ponerse delante de ti (incluye a los hijos que no llegaron a nacer porque el embarazo no se completó, ya que también pertenecen al sistema). Tú estás a cargo de esta próxima generación; proteges y orientas a tus hijos, y haces todo lo que puedes para amarlos tal como son. (Si compartes hijos con una expareja, invita a tu expareja a unirse a ti a la izquierda de tu pareja actual, si tienes una. De lo contrario, sigue las pautas anteriores. Tu matrimonio pudo haber terminado, pero como padres de los mismos hijos, siempre seréis una familia).

Siente la fuerza que proviene de tu pasado y el profundo apego a tu vida actual. Experimentas un gran enraizamiento y sientes el extraordinario amor de tu familia. Perteneces, tienes un lugar, y todos tus familiares también lo tienen. Esta es la belleza del sistema familiar. Siempre puedes apoyarte en tus ascendientes para recargar tu energía. Tómate unos minutos más para sentir esta conexión profunda con tu herencia. Eres una persona completa, y este es el regalo que transmitirás a la siguiente generación. Con cada nueva generación hay una nueva oportunidad para hacerlo mejor, para amar más, para respetar más y para aceptar más.

Cuando sientas que es el momento, abre los ojos muy despacio, con suavidad.

EJERCICIO:
«Yo soy porque nosotros somos». Ser un pensador sistémico

Ubuntu, a menudo traducido como 'yo soy porque nosotros somos', es tanto una creencia como un sistema de valores, un conjunto de prácticas y una manera de estar en el mundo que pone el acento en nuestra interconexión y la valora profundamente. El arzobispo Desmond Tutu lo expuso de esta manera:

> Una persona con *ubuntu* está abierta y disponible para las otras personas; reconoce y valora a los otros y no se siente amenazada por la capacidad o la valía de los demás, porque posee una autoconfianza genuina que nace de saber que forma parte de un todo mayor, y que cualquier humillación, tortura u opresión que sufran otros la empobrece.

Bert Hellinger descubrió la filosofía panafricana trabajando con los pueblos zulúes en Sudáfrica, y aparece reflejada en su trabajo: en el contexto de las constelaciones familiares, tenemos el reto de vernos como parte de un todo mayor, como un conjunto de miembros de una familia interconectados a través de las generaciones. Me refiero a esta perspectiva de varias maneras en mi trabajo: la llamo *pensamiento sistémico*, *la visión sistémica* y *una forma de ver interconectada*.

El problema es que esta forma de pensar puede ser extremadamente difícil de aceptar, y mucho más difícil de practicar, después de toda una vida de condicionamiento que, en Estados Unidos especialmente, resalta y aplaude el individualismo a ultranza. Creo que es importante reconocer que lleva tiempo deshacer los hábitos, incluidos los mentales. El aprendizaje de una nueva forma de pensar no es algo que tenga lugar de la noche a la mañana; desarrollar la habilidad del pensamiento sistémico requiere compromiso, tiempo y práctica. Uno de los mejores modos de cultivar esta habilidad es practicar lo que me gusta llamar «interconexión cotidiana»: se trata de salir de nosotros mismos y, sin mirar más allá de nuestro contexto actual, enfocarnos en las oportunidades que tengamos de manifestar comportamientos prosociales y detectar las maneras en las que ya estamos experimentando la interconexión. Cuando nos habituamos a ver y practicar la interconexión con nuestro entorno, se vuelve mucho más natural para nosotros aceptar a nuestra familia como un sistema interconectado.

Lo que presento seguidamente son ideas para ayudarte a iniciar una práctica diaria de interconexión basada en la empatía, la gratitud y la amabilidad. Puedes combinar y adaptar estas ideas como mejor te parezca. El objetivo no es que te impongas una lista de tareas, ya que la interconexión no debe percibirse como una carga; se trata de vivirla como algo natural, porque lo es. Lo único que pretendo es que vayas asumiendo la realidad de la interconexión para que, con el tiempo, vivas y actúes desde esta conciencia, por haberla incorporado.

SAL AFUERA EVITANDO LAS DISTRACCIONES. El mayor sistema del que todos formamos parte es la naturaleza, sobre todo allí donde se entrelaza con lo humano. Si es seguro para ti hacerlo, te sugiero encarecidamente que salgas a caminar todos los días, sin auriculares, haga el tiempo que haga. Lo ideal es que tu único propósito sea caminar durante unos treinta minutos (si tienes más tiempo, genial). Si vives en un lugar en el que te resulte fácil acceder a un entorno natural bello, perfecto. Pero no es necesario. La naturaleza está a nuestro alrededor. Y no todos los días son hermosos, de todos modos.

Mientras caminas, presta atención a tu cuerpo y a la relación que mantiene con el mundo que te rodea. Siente el aire en el rostro y en la piel. ¿Es fresco, caliente, húmedo, seco? Escucha el ruido ambiental. ¿Qué oyes? ¿Qué hueles? ¿Los gases de escape de los vehículos? ¿La tierra húmeda? ¿El hormigón caliente? ¿El agua salada? ¿Y qué ves? Mira de verdad lo que te rodea a medida que avanzas. Míralo todo, lo feo y lo bello, sobre todo los puntos de encuentro entre la naturaleza y lo que es obra del hombre, como las hierbas que salen en la acera, los jardines del vecindario, etc.

Es realmente agradable dar un paseo de este tipo con otra persona, pero solo si podéis acordar caminar en silencio. Podéis hablar sobre lo que habéis experimentado una vez que el paseo haya concluido. El silencio impuesto también es un hermoso experimento sobre la intimidad con otra persona y la conciencia que tenemos de esa persona; rompe nuestro hábito de llenar los silencios, y somos más conscientes que nunca de la presencia del otro: percibimos el sonido de su respiración, sus pasos, el roce de su chaqueta...

CONECTA CON LA ESPIRITUALIDAD. No tienes que ser en absoluto una persona religiosa para ser espiritual, al menos según el concepto que tengo yo de la espiritualidad. Puedes identificarte como alguien ateo, agnóstico..., o no identificarte con ninguna etiqueta. Para mí, la espiritualidad tiene que ver con la sensación de ser parte de algo más grande que uno mismo o de entrar en contacto con la chispa de la creación, o con la experiencia del asombro. Es posible vivir todo esto en el contexto de la vida diaria, aunque tal vez sea difícil vivirlo todos los días. Cuando conectamos con la espiritualidad, experimentamos la trascendencia. Si eres una persona religiosa, por supuesto puedes tener este tipo de experiencia en un templo, iglesia, sinagoga o mezquita. El asombro también puede acontecer encontrándonos en el exterior, como veíamos antes (¿a quién no le fascinan las puestas de sol en el horizonte?). Pero en el diario vivir, el asombro a menudo llega cuando experimentamos la trascendencia del espíritu humano a través del arte. Cuando gozamos con una expresión artística, ya sea una pieza musical, el fragmento de una obra literaria, un cuadro, una escultura, etc., experimentamos la magia de conectar con otra alma a través del espacio y el tiempo.

Encuentra tiempo cada día para escuchar una canción que te conmueva (sin hacer nada más) o leer el capítulo de una novela. Reserva tiempo para esta actividad; inclúyela en tu agenda. Antes o después, piensa intencionadamente en la persona o personas que crearon la obra. Tal vez no sentirás asombro todos los días, naturalmente, pero al menos estarás recordando que nada existe aislado de lo demás. Y aunque no sea algo para cada día, los espectáculos en vivo, conciertos, exposiciones en museos y funciones teatrales también son oportunidades increíbles para experimentar la interconexión, con los artistas, el público y el espíritu humano que lo anima todo.

HAZ ALGO BENEFICIOSO PARA ALGUIEN. El voluntariado es estupendo, por supuesto, pero puedes tener que superar diversos obstáculos para empezar, y puede exigir mucho de tu tiempo. La formación *intervención de espectadores* es un recurso fantástico para aprender a suavizar la tensión, intervenir o redirigir la dinámica de manera segura cuando presenciamos una situación de acoso o maltrato en la vida diaria. En lugar de bloquearte y no atreverte a hacer nada, a través de esta formación puedes adquirir una sensación de empoderamiento y ser capaz de defender a otra persona, de poner en práctica la interconexión.* Pero también puedes realizar pequeños actos bondadosos, preguntarte qué puedes hacer para que en determinadas circunstancias la experiencia sea mejor para todos. ¿Puedes ceder tu asiento en el transporte público? ¿Facilitar que otro vehículo se incorpore a tu carril? ¿Ser paciente en una fila lenta? ¿Mantener la educación con el personal de servicio o de atención al cliente aunque las circunstancias sean exasperan tes? Pregúntate qué lograrás desahogándote con esa persona que probablemente tiene poco o ningún poder, aparte de hacerla sentir mal. Cree y recuerda que todo lo que haces o no haces tiene un impacto en los demás.

RECUERDA QUE NO SE TRATA DE TI. No tienes por qué aguantar las malas formas de nadie, pero recuerda que estos comportamientos casi nunca tienen que ver contigo (a menos que tu propio comportamiento deje mucho que desear). A primera vista podría parecer

* N. del T.: La intervención de espectadores (*bystander training*) es una formación que se imparte en muchos contextos en Estados Unidos (desde universidades hasta organizaciones comunitarias, empresas y ONG) con el objetivo de capacitar a las personas para que actúen, de forma directa o indirecta y sin ponerse en riesgo, cuando presencian situaciones de violencia o discriminación. Refleja un enfoque muy característico del pensamiento social estadounidense: práctico, protocolario y orientado a la acción individual.

que esta observación es incompatible con la realidad de la interconexión, pero no lo es. Se trata de que dejes a un lado tu ego y recuerdes que hay otras fuerzas en juego que pueden afectar a la manera en que alguien percibe una situación o en que se comporta contigo. Esto no significa que debas aceptar comportamientos abusivos o tóxicos de los demás; pero sí significa que ante las manifestaciones negativas menos relevantes, como las actitudes groseras o la irritación que muestran muchas personas en el diario vivir, no tienes por qué implicarte ni por qué responder de la misma manera. Respira hondo y céntrate. Puedes irte, poner fin a la conversación, recurrir a tu compasión o manifestar empatía. Puedes optar por ver al otro como un ser humano que puede ser presa de las emociones o que está atrapado en sus propios patrones, en lugar de tomarte sus acciones de manera personal. Esta manera de manejar las situaciones es especialmente útil con los miembros de la familia, con quienes tendemos a reaccionar de forma automática.

Reconocer lo que es

¿Prefieres tener razón o ser feliz? Esta es probablemente la primera pregunta que debería haberte invitado a hacerte, antes de exponer cualquier contenido. Porque tu respuesta tiene que ser «ser feliz». La dura realidad es que, a menudo, tener razón no es compatible con ser feliz. Pasar a pensar desde una óptica sistémica nos lleva a recorrer al menos la mitad del camino hacia la felicidad, esto es seguro. Pero uno no se convierte en un pensador sistémico de la noche a la mañana, por más que lo intente. La capacidad de pensar sistémicamente (es decir, la capacidad de comprender la naturaleza del sistema familiar dejando de lado los juicios morales) empieza con el compromiso de reconocer los hechos como son. Y, poco a poco, este reconocimiento tiene que ir impregnando nuestras actitudes y nuestra forma de vivir.

Pero vayamos por partes. La realidad nunca está equivocada, incluso cuando es difícil. Como facilitadores de constelaciones familiares, o como participantes en alguna constelación, lo primero que aprendemos es lo importante que es reconocer, respetar y aceptar a la propia familia *tal como es*. En otras palabras: debemos estar de acuerdo con la realidad; debemos ser capaces de reconocer como miembros de nuestra familia a quienes forman parte de ella y tenemos que reconocer qué sucesos significativos vivieron nuestros distintos familiares, *dejando de lado cualquier significado o intención que atribuyamos a esos eventos o personas*. Esta actitud es la que nos permite captar las dinámicas de un sistema; en mi caso, fue lo que me permitió admitir a mi padre de nuevo en mi sistema familiar. Pero para poder tenerla debemos dejar en suspenso nuestros juicios morales. Entonces nos encontramos en un espacio neutro ajeno a nuestro sistema de creencias personal, un espacio en el que dejamos de lado la distinción entre lo correcto y lo incorrecto. En este espacio nos despojamos de nuestras historias (de nuestras percepciones de lo que ocurrió) y somos libres para mirar con amor –es decir, con la energía de la fuerza vital– los hechos desnudos, lo que sucedió realmente.

Cuando preferimos tener razón a abandonar nuestros juicios, interponemos un obstáculo a la resolución, porque los juicios no nos dejan ver las dinámicas presentes en un sistema. El juicio se basa en la interpretación, en la necesidad de la mente consciente de tener el control. Tener la necesidad de tener el control es negarse a crecer. Esta postura tiene algo de infantil: los niños, con muy poco control sobre su vida, se aferran con fuerza a lo que pueden controlar; tienden a resistirse al cambio y no llevan bien las transiciones.

El problema es que el noventa por ciento del tiempo somos adultos que siguen pensando con una mentalidad infantil. Como adultos, obtenemos la sanación cuando pasamos de percibir los hechos con una mentalidad infantil a comprender la historia más amplia, la que se desplegó antes de que naciésemos. Esta perspectiva nos anima a aceptar y respetar nuestro pasado en lugar de rechazarlo o idealizarlo. Tanto el rechazo como la idealización son aspectos del control. Y el control siempre es un tipo de resistencia. Despertamos cuando cambiamos nuestra percepción, aceptamos los hechos y nos entregamos a la realidad (o *asentimos* a ella, como se dice en el ámbito de las constelaciones familiares).

Entonces, *reconocer lo que es* es el proceso de *aceptar* la realidad y *asentir* a esta. Cuando aceptamos los hechos como son, nos alejamos de nuestros relatos y de nuestra necesidad de tener razón, y estamos conformes con la realidad de lo que ocurrió, sin juzgarla. Entiéndeme bien: esto no significa que estemos de acuerdo con que lo ocurrido debería haber sucedido; solo estamos admitiendo que eso sucedió. Cuando estamos conformes con la realidad, podemos asentir a ella y dejar de discutir con ella, dejar de intentar controlarla. Estamos aceptando el hecho de que el pasado no se puede cambiar, dejando de lado nuestros sentimientos acerca de lo que nos sucedió.

Cuando asentimos a lo que es, por fin cedemos el control en un ámbito en el que nunca lo tuvimos realmente. Demasiado a menudo acudimos a terapia buscando la confirmación de que nuestro sufrimiento está justificado. Queremos que el terapeuta determine que, en efecto, nuestra madre estaba equivocada, nuestro jefe es el problema y nuestro aferramiento al enojo nos beneficia. Pero nunca encontraremos la verdadera sanación en la necesidad de tener razón, que está arraigada en el miedo, la autoprotección y el impulso de preservar nuestras historias profundamente arraigadas, las cuales identificamos con nuestra identidad. La necesidad de tener razón es la necesidad de tener el control y nos mantiene centrados en cada relato, y hace difícil, si no imposible, que podamos ver el amplio panorama del sistema familiar.

Cuando reconocemos lo que es, cuando estamos conformes con la realidad y asentimos a ella sin juzgarla, experimentamos una claridad de percepción liberadora. Somos capaces de percibir que somos parte de un sistema familiar y podemos centrarnos en comprender sus dinámicas, en lugar de enfocarnos en las acciones de los individuos solamente. De esta manera reconocemos el lugar que ocupan nuestros ascendientes en este sistema y afirmamos su derecho a pertenecer, respetamos su sino y dejamos sus responsabilidades a sus pies, como corresponde; deshacemos así los hilos de la implicación sistémica.

Reconocer lo que es es una herramienta increíble para la vida. Cuando reconocemos los hechos como son, tenemos en cuenta todo lo que ha sucedido. Para ello, no tenemos más remedio que detenernos y adoptar otro punto de vista. Debemos abandonar nuestros viejos hábitos de pensamiento y nuestras reacciones basadas en el ego. Hemos de acercarnos lo más posible a una perspectiva objetiva, dentro de lo que es posible para seres subjetivos como nosotros. La objetividad nos permite salir de nosotros mismos, comprender mejor a los demás no solo como iguales, sino como igualmente *reales*. Cuando nuestra percepción del mundo está centrada en el yo y es filtrada a través del yo (es decir, cuando es subjetiva), reducimos a los demás al papel de actores secundarios en la película de nuestra vida, en la que somos la estrella. En cambio, cuando nuestra percepción del mundo no tiene el yo como centro (cuando es objetiva, en la medida de lo posible), comprendemos que cada persona es la estrella de su propia película. La objetividad nos ayuda a salir de nosotros mismos y entrar en el otro. Reconocer lo que es fomenta nuestra empatía. Esta perspectiva no insiste en que existe lo correcto por oposición a lo incorrecto, sino que nos recuerda que no siempre somos los más capacitados para efectuar esta distinción, ya que otras personas tienen puntos de vista diferentes que defienden como «correctos» con el mismo fervor, sin que, en muchos casos, sea posible determinar cuál es el más acertado.

En relación con nuestra familia, esta perspectiva imparcial amplía nuestro campo de visión: podemos percibir con mayor claridad no solo los sucesos significativos de nuestra propia vida, sino también los que vivieron nuestros ascendientes y sus efectos. Cuando podemos ser testigos de nuestros antecesores y aceptar lo que vivieron, somos más capaces de ser testigos del fluir de la vida, del movimiento del amor. Esto también significa que somos más capaces de ser testigos de experiencias de todo tipo, sin asumir el papel de víctimas, atribuir culpas o emitir juicios. Esta postura nos abre a un espectro mayor de la experiencia humana y nos posibilita actuar desde el amor, es decir, desde un espacio en el que aceptamos a las personas tal como son, sin esperar nada de ellas. Somos capaces de reconocer y valorar su humanidad, independientemente de lo que hayan hecho, y dejamos en sus propias manos la responsabilidad por sus acciones. Cuando somos capaces de hacer esto por nuestros predecesores, por fin podemos recurrir a la fuerza que nos brindan y aceptar con gratitud los aspectos positivos de su herencia y los recursos que tienen para ofrecernos, por más que hayamos sufrido con su legado.

AFIRMACIONES

Pertenezco a mi sistema familiar.

Cuando reconozco la realidad pasada, puedo estar en paz con la realidad actual.

Asiento a lo que es, cedo el control, abrazo mi propio sino.

EJERCICIO: Superar la resistencia

Practicar la aceptación en la vida diaria puede ayudarnos a superar la resistencia a la realidad de los sucesos más difíciles cuando se producen. La aceptación es un asunto complejo; muchos de nosotros nos resistimos a ella por lo que creemos que significa: debilidad, rendición, abandono, pasividad. Así que abordemos estos puntos directamente. La aceptación no es debilidad; se necesita mucha fortaleza para hacer frente a una realidad incómoda o dolorosa. La aceptación no es rendirse ni abandonar; es elegir dejar de desperdiciar la propia energía. Y la aceptación no es pasividad; es una afirmación activa de nuestra verdadera capacidad de acción. Recuerda que negarse a aceptar la realidad no la cambia. La aceptación no tiene nada que ver con la actitud positiva tóxica, y definitivamente no tiene que ver con la perspectiva de que «todo pasa por una razón». Es lo contrario. Se trata de reconocer que a veces ocurren cosas malas y que no tiene que haber una razón para ello o un resultado positivo. El dolor es parte de la vida, pero no tenemos por qué añadir sufrimiento a este dolor luchando contra él. Aquí tienes algunas estrategias para practicar la aceptación a diario:

DEJA DE LUCHAR CONTRA LOS SENTIMIENTOS NEGATIVOS. Aquí, la palabra clave es *luchar*. La resistencia es un tipo de lucha. Practica sentarte con un sentimiento negativo (la vergüenza, la ira, el miedo, la culpa, el remordimiento...) en lugar de evitarlo o intentar neutralizarlo. ¿Has cometido un error en el trabajo? ¿Qué sucede cuando te permites sentir la vergüenza derivada de ello, sin más? Pues que sigues estando ahí, al otro lado de este sentimiento. El sentimiento no es tú y tú no eres el sentimiento. Es una respuesta a un momento en el tiempo, no una sentencia de por vida. No añadas sufrimiento al dolor luchando contra él.

OBSERVA TUS PENSAMIENTOS. Estás en medio de un atasco y llegarás con retraso a una cita importante. Respira y escucha lo que te pasa por la cabeza. ¿Estás pensando en un escenario catastrófico? ¿Desfila por tu mente una retahíla de insultos dirigidos a los conductores que hay a tu alrededor? ¿Te estás echando las culpas a ti por encontrarte en esta situación? Cambia activamente tus pensamientos y repite mentalmente una declaración similar a esta: «Esta situación es molesta y frustrante. No puedo hacer nada al respecto ahora mismo. No me gusta, pero es lo que hay». Aceptar no significa aprobar. No tiene que gustarte la realidad; basta con que la reconozcas.

DESAPÉGATE DE LOS RESULTADOS. Establece metas y haz todo lo que puedas para alcanzarlas. En este contexto, recuérdate que no puedes controlar todo. Suelta la conexión entre tu autoestima y tu éxito o fracaso antes de obtener el resultado. Recuérdate que tu felicidad no depende del resultado, sea cual sea.

DEJA DE CENTRARTE EN LO QUE NO PUEDES CONTROLAR PARA ENFOCARTE EN LO QUE SÍ PUEDES CONTROLAR. Como he dicho, aceptar no es rendirse. No puedes cambiar el pasado (y muchas veces, cuando estás en un atasco por ejemplo, no puedes cambiar el presente), pero puedes cambiar cómo te sientes al respecto, puedes cambiar tus circunstancias y puedes cambiar el futuro. Deja de dar vueltas a cómo deberían o podrían haber sido las cosas. Por ejemplo, no puedes cambiar el hecho de que tu pareja te haya sido infiel, y tampoco puedes cambiar ni controlar a otra persona. Pero en lugar de cavilar sobre ello o aferrarte al resentimiento o usar la infidelidad para manipular emocionalmente a tu pareja, puedes elegir poner fin a la relación, ir a terapia (de pareja o individual) o intentar reconstruir la confianza de buena fe.

Respetar a nuestros ascendientes

En el ámbito de las constelaciones familiares, hablamos mucho sobre las diversas dinámicas y vinculaciones entre el pasado y el presente, y de cómo la sanación depende en gran parte de reconocer y aceptar el pasado, así como de distanciarse de él en la medida adecuada. En relación con los individuos de nuestro sistema familiar, esto significa reconocer y *respetar* su experiencia vital. Respetar la experiencia vital de un miembro de la familia no significa admirarla; significa tenerla en la debida consideración. Cuando respetamos la experiencia vital de nuestros ascendientes, tenemos muy en cuenta el hecho de que lo que vivieron no es lo que tenemos que vivir nosotros. Por ello, no interferimos en su experiencia; reconocemos los límites. La palabra *respeto* proviene del término en latín *respectus*, que a su vez deriva del verbo *respicere*, que significa ‘mirar hacia atrás’. Literalmente, implica la existencia de una distancia entre el sujeto y el objeto de su respeto. Respetamos que su experiencia vital y sus consecuencias son las que son y que les pertenecen a ellos. Cuando entendemos que su camino les pertenece, también entendemos que son responsables de él. Así que dejamos su experiencia y las implicaciones de esta a sus pies y no cargamos con su destino; no tratamos de eliminar ni «reescribir» lo que vivieron.

Respetar la experiencia vital de nuestros ascendientes puede ser extremadamente difícil, sin embargo, cuando su legado (y por ende el nuestro) está inextricablemente unido a las grandes fuerzas de la historia. De hecho, este es el caso con la inmensa mayoría de seres humanos que han vivido y viven en este mundo. Así como pertenecemos a nuestro sistema familiar, nuestro sistema familiar pertenece a sistemas más grandes: la comunidad, la cultura, el país y los países de nuestros antecesores. Estos sistemas están moldeados, configurados y dinamizados por fuerzas como la guerra, la violencia, el conflicto, la colonización, la emigración, la inmigración y la persecución racial y religiosa, entre otras, lo cual puede significar que nuestros predecesores sufrieron las consecuencias de esas fuerzas, como perpetradores o víctimas en el contexto de eventos a gran escala.

Tanto si nuestros ascendientes fueron perpetradores como si fueron víctimas (o, como suele ocurrir, fueron en parte perpetradores, en parte víctimas), a menudo tenemos el impulso de resistirnos a aceptar la realidad del pasado. Por ejemplo, un actor de primer nivel convenció al presentador de un programa de televisión de la PBS, que además era profesor de la Universidad de Harvard, de que no incluyera en el episodio la revelación de que uno de sus antepasados fue dueño de esclavos. Después de que se filtraran los correos electrónicos sobre el incidente, el actor explicó que había efectuado esta petición porque se sentía «avergonzado». En el otro extremo del espectro, he trabajado con clientes cuyos padres o abuelos sobrevivieron a un genocidio y nunca hablaron de su experiencia; los hijos tenían claro que era un tema prohibido, del que no se podía hablar en casa. El problema es que cuando no aceptamos o negamos la imagen completa de nuestra herencia, estamos renunciando a ver nuestros orígenes y, por lo tanto, no vemos quiénes somos en toda nuestra complejidad. Es crucial recordar que, por mucho que deseemos que las cosas hubieran sido de otra manera, la procedencia de nuestros ascendientes, lo que hicieron y lo que les ocurrió son hechos inmutables de la vida. Cuando nos resistimos a aceptar estos hechos, nos estamos negando a reconocer lo que es. Cuando rechazamos la realidad de quiénes fueron nuestros antecesores y lo que los moldeó, estamos rechazando la vida misma.

Cuando no podemos aceptar la realidad en toda su complejidad, también perdemos la capacidad de crecer y cambiar, de interrumpir patrones dañinos y de modificar positivamente el curso del futuro. Imagina qué habría pasado si ese actor célebre hubiera aceptado la realidad de que un ancestro suyo había tenido esclavos. Podría haber participado en un diálogo significativo sobre la necesidad de que los estadounidenses blancos afronten con honestidad el legado de la esclavitud en Estados Unidos, dirigiéndose a una audiencia (sus *fans*) que de otro modo podría haber sido reacia a hacer esta reflexión. Paradójicamente, si hubiese tenido una postura abierta y hubiese dejado de lado la vergüenza desde el principio, el público lo habría juzgado con mucha menos severidad que como lo hizo al enterarse de que había censurado el episodio. Es natural sentirse avergonzado o incómodo con los actos inmorales e injustos de las personas que forman parte de nuestra línea de sangre, por supuesto. Todos somos humanos. Pero me gustaría que recordases esto: las circunstancias son siempre neutras, en el sentido de que no tenemos control sobre cuándo o dónde nacemos, o sobre quiénes son nuestros padres. Las circunstancias son las que son, y no deben ofrecer munición para juzgar el carácter de nadie. El carácter surge a partir de lo que hacemos con la mano de cartas que nos ha repartido la vida; es el camino que seguimos el que lo forja.

Si un determinado familiar o antepasado no recibió directamente el impacto de las grandes fuerzas de la historia, nuestro sistema familiar, y por ende nosotros mismos, estamos ineludiblemente moldeados por estas corrientes de todos modos. No podemos separarnos de ellas; pertenecemos a nuestra cultura, por incómoda que sea esta verdad. La historia y la cultura del país que es nuestro hogar son las que son. Si actualmente no vivimos en nuestro país natal, como es mi caso y el de muchas otras personas, debemos tener en cuenta la historia y la cultura del país o los países donde vivieron nuestros ascendientes. Cuando no reconocemos o no podemos reconocer la totalidad de esta historia, corremos el riesgo de quedar atrapados en sus dinámicas disfuncionales y de perpetuarlas en relación con los demás y con nosotros mismos. Por ejemplo, si nos beneficiamos del racismo institucionalizado pero nos negamos a reconocer este hecho o nos ponemos a la defensiva, solo hacemos que su influencia sobre nosotros y sobre nuestra cultura se vuelva más fuerte. Lo diré de nuevo: tus circunstancias solo son un conjunto de hechos. Nadie es una persona inherentemente mala (o buena) solo porque haya nacido en un determinado sistema. Ahora bien, si rechazas las oportunidades que tienes de entender el sistema y de reconocer la realidad tal como es para, a continuación, tomar medidas para interrumpir los patrones negativos y generar un cambio positivo, esto ya sí tiene que ver con tu carácter. Cuando no reconocemos o no podemos reconocer el lado oscuro de la historia, perdemos la oportunidad de explotar (de buena manera) los recursos positivos que nuestra cultura tiene para ofrecernos.

Cuando no respetamos la experiencia vital de otras personas, o las corrientes que promueven fuerzas como la guerra, podemos acabar asumiendo su sino como si fuera el nuestro. Si un miembro de la familia fue una víctima, podemos convertirnos en perpetradores para «vengar» las heridas del pasado, o podemos renunciar a tener el control de nuestra propia vida; si descendemos de alguien que ejerció la violencia, podemos, en nuestra necesidad de reprimir nuestra culpa o vergüenza, negarnos a reconocer las manifestaciones actuales de esta misma violencia, o podemos convertirnos en víctimas nosotros mismos para «compensar» el mal producido.

Así como *reconocer lo que es* es el primer paso que has de dar para poder ver tu sistema familiar con claridad, debes reconocer la realidad del legado cultural que has recibido. Ahora bien, ¿cómo se supone que puedes hacerlo dejando de lado cualquier juicio moral si este legado puede incluir escenarios devastadores de violencia y subyugación, como la colonización, la esclavitud o el genocidio? Es muy difícil. ¿Y por qué deberías adoptar una actitud tan aséptica? Algunos hechos son innegablemente malos, perversos, inmorales, antiéticos, terribles. Vamos a profundizar en esta cuestión.

Cuando escribo que debes dejar de lado los juicios morales, no quiero decir que debas negar la moralidad. Es cierto que existe lo correcto por oposición a lo incorrecto. Pero, y es un gran pero, para aceptar todo lo que contiene tu legado cultural, incluido lo más truculento, tienes que dejar a un lado la dicotomía correcto/incorrecto *temporalmente*. ¡Solo temporalmente!, tenlo muy en cuenta. ¿Por qué necesitas dejarlo de lado? Porque estas categorías de forma natural denotan inclusión (lo correcto) y exclusión (lo incorrecto), pertenencia (lo correcto) y rechazo (lo incorrecto). ¿Ves adónde quiero ir a parar? No hay manera de que puedas aceptar la realidad de todos los hechos si tu cerebro está rechazando algunos de ellos como «incorrectos» de entrada. Debemos dejar estas categorías a un lado *temporalmente* para poder asumir al cien por cien lo que ocurrió, para poder permitir y *respetar* las circunstancias y la experiencia vital de cada ascendiente o miembro de nuestra nación, por más difícil que pueda resultarnos digerirlas. Solo respetando las circunstancias y la experiencia vital de quienes nos han precedido somos capaces de responsabilizarnos plenamente de nuestra propia trayectoria, como individuos y como cultura.

No podemos enmendar el pasado; solo podemos reconocerlo y luego intentar romper sus patrones, empezando por nosotros mismos. Si no podemos hacer esto, a gran escala estamos perpetuando las creencias sistémicas que sostienen prácticas excluyentes y opresivas como el racismo, la xenofobia y el clasismo. A escala individual, permanecemos atrapados en relatos limitantes sobre quiénes somos y aquello de lo que somos capaces. Cuando respetamos las circunstancias y la experiencia de nuestros ascendientes, pasamos a ver de otra manera el relato sobre nuestros orígenes.

Por ejemplo, varios de mis clientes negros y judíos ya están mostrando esta actitud hacia lo que vivieron sus antepasados y hacia la compleja herencia cultural multifacética que recibieron. En lugar de resistirse a la brutal historia de la esclavitud o del Holocausto, aceptan la realidad de lo ocurrido e incluyen a los autores de esas atrocidades en su visión sistémica.

¿Te ha rechinado esta última frase? Puedes volver a leerla si quieres... Entiendo que pueda haber surgido en ti, de inmediato, una intensa resistencia a la mera idea de incluir a los autores de las atrocidades. ¿Por qué querría alguien incluir a los agentes de un genocidio en su visión sistémica? Para empezar, no se trata de «quererlo» o «no quererlo»; mis clientes *no quieren* incluir a aquellos que les han hecho daño. Pero comprenden la *interconexión* existente entre el sino de las víctimas y el de los perpetradores, las maneras en que las vidas de sus antepasados se cruzaron con las de aquellos que les hicieron daño y cambiaron para siempre de resultas de ello. Mis clientes reconocen que no pueden discutir con la realidad y que existe una cadena de eventos e individuos interconectados que ha conducido a que ellos existan y que es la fuente del rico legado que recibieron al nacer. No ven a sus ancestros como víctimas principalmente; los ven como supervivientes, como personas cuyas hermosas cualidades humanas que fueron el ingenio, la creatividad, la inteligencia, la fe, etc., les ayudaron a desafiar un destino que otros intentaron imponerles. A la vez, no ven a los perpetradores como agentes del mal anónimos. Entienden que son seres humanos falibles que representan lo peor de nosotros y que pueden aprender de ellos algunas verdades profundas, aunque incómodas, sobre lo que lleva a las personas a cometer actos atroces.

Estos clientes aprenden de su propia familia y su cultura. Aprenden a respetar la experiencia vital de las generaciones anteriores y a sacar fuerza de sus vivencias, de un relato que habla de la perseverancia contra las probabilidades en forma de persistencia, resiliencia y supervivencia. Este relato relativo a sus orígenes les otorga la energía y la convicción necesarias para abogar por el cambio, trabajar como activistas y luchar por un presente y un futuro radicalmente inclusivos.

También he tenido clientes procedentes de familias o grupos que perpetraron crímenes contra otros grupos humanos. Cuando estos clientes son por fin capaces de enfrentarse a esta realidad sin juzgarla (sin negarla o sentir vergüenza, por ejemplo); cuando dejan de resistirse a ella; cuando reconocen los hechos tal como fueron y, por lo tanto, pueden incluir a esos ancestros y lo que vivieron en su sistema familiar, experimentan un alivio de su carga. Esta nueva ligereza les otorga una nueva libertad que los lleva a luchar por un presente y un futuro radicalmente inclusivos, porque ya no tienen miedo de lo que verán cuando se enfrenten a la verdad. Son conscientes de que esta verdad solo puede reflejarse en ellos si la rechazan.

En los dos grupos de clientes de los que he hablado se rompen los vínculos entre víctimas y perpetradores.

En Estados Unidos, donde vivo y ejerzo, casi todo el mundo tiene ascendientes inmigrantes, aunque no todos llegaron en la misma época, ni mucho menos. Trabajo con gente que representa todo el abanico de historias migratorias: personas que han inmigrado, personas nacidas en el país de padres inmigrantes y personas con varias generaciones de ascendientes estadounidenses. Y, por supuesto, muchas de las líneas maternas y paternas de mis clientes representan dos herencias culturales completamente distintas que a veces están en conflicto o, como mínimo, pueden resultar difíciles de conciliar.

Una de mis clientas, Mary, era una estadounidense hija de padres inmigrantes. Su padre, blanco, era de Alemania, y su madre, afrocaribeña, era de Guadalupe. A menudo, durante nuestras sesiones, alternábamos entre el francés y el inglés sin tan siquiera darnos cuenta. Mary también hablaba alemán con fluidez; era una niña prodigio trilingüe, como tantos hijos de inmigrantes. Sus padres se conocieron en la Universidad de Columbia a principios de la década de 1980, se enamoraron mientras participaban en protestas contra el *apartheid* y decidieron quedarse en Nueva York, en lugar de asentarse en Alemania o Guadalupe. Creyeron que su hija birracial, que estaba en camino, tendría más posibilidades de encajar y de gozar de oportunidades en esta ciudad.

Mary había crecido como una niña independiente y segura de sí misma, una verdadera neoyorquina que tomaba el metro sola a los once años y que tenía amigos de todo el mundo. Gran parte de la familia de su madre se había mudado a la ciudad durante su infancia, y pasaba los veranos en Alemania con sus adorados abuelos. Se sentía profundamente conectada tanto con los dos lados de su familia como con su identidad como mujer negra dentro de la cultura estadounidense, que era marcadamente diferente de la identidad caribeña de su madre, con su acento francés. Cuando conocí a Mary, tenía treinta y tantos años y hacía más de una década que gozaba de éxito como pintora; había expuesto en galerías de prestigio.

Pero el día en que llegó a mi consulta llevaba casi un año sin pintar nada. Estaba en crisis, atravesando un período de sequía creativa que amenazaba con poner fin a su carrera. No tardó mucho en decirme que su abuelo paterno, con quien había estado especialmente unida, había muerto hacía poco más de un año y ella aún estaba pasando el duelo. Pero el dolor de Mary era complejo. Durante su estancia en Alemania para asistir al funeral, salió a la luz que su abuelo había sido miembro de las Juventudes Hitlerianas.

Siendo niña, Mary le había preguntado a su padre sobre la Segunda Guerra Mundial y sobre la vida de sus abuelos en esa época.

—¿Eran nazis el abuelo y la abuela? —le preguntó una vez, temerosa de la respuesta, cuando su clase de secundaria fue de excursión al Museo del Patrimonio Judío, que es «Un memorial vivo del Holocausto».

—¿¡Qué!? ¡No! —respondió el padre—. Eran personas comunes, y demasiado jóvenes para pelear en la guerra.

Eso fue todo; nunca volvieron a hablar sobre el Holocausto. Mary no le dio mucha importancia. Después de todo, su padre estaba casado con una mujer negra y tenía una hija negra. Y sus abuelos la adoraban.

Pero la revelación sobre su abuelo echó por tierra todo lo que creía saber sobre él y sobre ella misma. ¿Había sido su abuelo un supremacista blanco todo ese tiempo? ¿Habían tenido un papel activo en el asesinato de millones de personas sus bisabuelos? ¿Qué pensaba realmente de ella su abuelo? Estaba claro que ya no podía preguntárselo, y su abuela tampoco estaba viva. Su padre manifestaba una ignorancia total. Se sentía profundamente avergonzada. Por primera vez se sintió muy mal con su ascendencia germánica. Anteriormente había considerado que no tenía que ver con ella; su padre le había transmitido su genética blanca, pero ella era estadounidense. Ahora se sentía manchada, culpable, cómplice. Dejó de hablar en alemán con su padre y con sus parientes alemanes. Empezó a hablar compulsivamente de su abuelo a sus amigos judíos. Me dijo que la sensación era muy rara. Sus amigos parecían confundidos e irritados con ella; tenían la sensación de que les estaba pidiendo algo. Uno de ellos, una amiga cercana, le dijo: «No tengo claro qué quieres de mí. ¿Se supone que debo concederte la absolución?». Mary no lo sabía. Y lo peor de todo era que se sentía como una impostora que no tenía derecho a reclamar su identidad negra. Sus antepasados, esclavizados, habían trabajado en plantaciones de caña de azúcar en Guadalupe. Aunque era birracial, Mary siempre había encontrado consuelo en el hecho de que ninguno de sus antepasados blancos había poseído esclavos. Ni siquiera eran franceses. Habían vivido en Baviera ocupándose de sus propios asuntos; no eran los «malos». Pero ahora resultaba que habían sido malos. Y ella los quería.

En el pasado, Mary siempre había recurrido a su arte para atravesar los momentos difíciles de la vida. Su arte la había ayudado a entenderse a sí misma y a comprender el mundo. Pero empezó a leer obsesivamente sobre el Holocausto y sobre la historia de la esclavitud en Guadalupe. Intentó pintar para reconciliarse con su herencia, pero las pinturas se veían forzadas y demasiado elaboradas; les faltaba naturalidad. No lograba entender nada y no podía pintar. Dejó de hablar con su padre y dejó de visitar a sus padres, que se habían mudado al norte del estado de Nueva York. Y dejó de responder las llamadas de su galerista.

Mary y yo comenzamos a trabajar en el reconocimiento de lo que es. En su caso era fundamental acometer este trabajo, dado que nunca tendría «respuestas». Nunca sabría la «verdad» sobre su abuelo. Todo lo que tenía eran ciertos hechos. Su abuelo había sido miembro de las Juventudes Hitlerianas. Por lo que podía recordar, nunca había hablado de la guerra. Y la quería sin lugar a dudas. De hecho, sentía que él la había entendido y aceptado mejor que nadie en su familia. Fue él quien la animó a dedicarse al arte. Mary tenía que aceptar *toda* la realidad; el gran amor que sentía por él no podía quedar fuera. En una constelación, le pedí que extendiera la mano hacia su abuelo y lo acogiera de vuelta a su lugar. «Nunca sabré tu historia –le dijo a quien lo representaba en ese momento–. Acepto tu amor tal como es».

Cuando Mary se fue sintiendo más cómoda reconociendo la realidad de los hechos, retomó el contacto con su padre, quien reconoció que había evitado intencionadamente preguntar a sus padres sobre la guerra, para mantenerse en la ignorancia. Durante una visita al norte, Mary tuvo una conversación sorprendente con su madre. Mientras Mary le hablaba sobre lo que había estado viviendo, su madre le tomó la mano y le dijo: «Mary, por supuesto que hay algo de sangre francesa en nosotras». Y, vacilante, le contó algunas de las «historias de mujeres» transmitidas de madre a hija que su abuela le había contado sobre las relaciones entre sus matriarcas y los amos franceses. «No me gustaba pensar en ello», le dijo a Mary su madre.

Mary se dio cuenta de que sus padres la habían mantenido en la ignorancia a propósito; ellos mismos se sentían muy incómodos con partes de sus respectivas historias familiares y querían protegerla. Fue consciente de que su deseo de protegerla la había mantenido en una burbuja: a pesar de su condición de artista, se mostraba indiferente hacia cualquier cuestión de tipo político, hacia los viajes (solo había viajado a Alemania y Guadalupe, por motivos familiares), hacia la vida más allá de Nueva York y hacia su condición privilegiada como hija de dos abogados bien considerados. Sus padres habían desterrado la curiosidad para protegerse a sí mismos, y protegerla a ella, de las partes dolorosas de su legado.

A medida que la capacidad de Mary para respetar y valorar la experiencia vital de sus ancestros fue aumentando, su curiosidad se fue despertando en paralelo y su creatividad regresó; de hecho, alcanzó un nuevo nivel. Mary se alejó de los paisajes comercialmente exitosos pero algo anodinos que había pintado anteriormente y se inclinó hacia trabajos abstractos más desafiantes que le aseguraron los elogios de la crítica que siempre había deseado. Al terminar una de sus últimas sesiones, que realizamos en línea, me preguntó si quería ver su estudio. Mientras giraba su cámara alrededor del espacio, muy iluminado, vi lo que parecía un pequeño altar en un rincón, en el que ramitas de eucalipto rodeaban la foto de un niño. La foto, de pequeño tamaño, era en blanco y negro. «Es él –dijo Mary–, mi abuelo».

En el caso de muchos de mis clientes, los problemas personales que los llevan a trabajar conmigo reflejan dinámicas e implicaciones sistémicas que derivan del impacto de la inmigración en su sistema familiar. En la raíz de su dolor (y la falta de armonía en su sistema familiar) hay cuestiones de identidad dividida, lealtad, sacrificio, deber, fidelidad y, por supuesto, pertenencia. El concepto mismo de *pertenencia* es especialmente complicado en tales contextos.

Cuando conocí a mi cliente Tristan, estaba viviendo temporalmente en Nueva York debido al trabajo de su esposa. Tristan había vivido en Londres desde los seis años (tenía veintinueve cuando nos conocimos), pero era originario de Croacia. Un año después del inicio de la guerra de Croacia por la independencia del país, su madre huyó con él y sus hermanos a Inglaterra, mientras que su padre se quedó para luchar contra el Ejército yugoslavo. Siendo ya adulto,

Tristan todavía tenía sueños vívidos sobre bombardeos y disparos. Aunque su padre sobrevivió a la guerra, la separación de tres años fue muy traumática para Tristan. Cuando tenía seis años, se sintió abandonado. Después de la guerra, su padre también había cambiado. «Era como si faltara una parte de él. A veces parecía ausente –me dijo Tristan–. Echaba de menos a mi "verdadero" papá y me preguntaba cuándo regresaría».

Una vez reunida la familia, se establecieron permanentemente en Londres. Durante las vacaciones escolares visitaban a los familiares de Croacia, pero nunca volvieron a vivir allí. A pesar de llevar más de dos décadas en Gran Bretaña, Tristan se sentía un extranjero. Cuando le pregunté si se sentiría más cómodo en Croacia, me dijo que no: «Es mi patria, pero no es mi hogar».

Tristan solo se sentía en casa con su esposa, que era seis años mayor que él. Ella tenía treinta y cinco, y sentía que era el momento de intentar tener un bebé, que más adelante ya sería demasiado tarde. Tristan había acudido a mí porque, aunque antes de casarse le había dicho a su esposa que quería tener hijos, había estado resistiéndose a dar los pasos para dejarla embarazada. El reloj biológico estaba corriendo, pero ahora no se sentía en absoluto preparado para ser padre. Me buscó con la esperanza de resolver su resistencia a la paternidad, ya que amaba profundamente a su esposa y no quería que su matrimonio se fuese al traste.

Tristan echaba en falta sus raíces, por lo que no sabía cómo enraizar, cómo formar su propia familia. Y estaba lidiando con lo que podía recibir, como hombre, de su país de origen y de su padre. *País* y *padre* estaban profundamente entrelazados para él, y vinculaba a ambos a la violencia y la tristeza. Aunque su padre siempre había sido amable y gentil con sus hijos, Tristan sabía que había sido soldado y que probablemente había matado. La guerra había devastado la ciudad natal de Tristan; muchos edificios fueron destruidos y en su lugar no quedaron más que montones de escombros. Estaba claro que para él *hogar* y *padre* estaban inconscientemente asociados con la destrucción. Se había resistido a hacer de Londres su hogar tanto por el legado del nacionalismo de sus padres como por el miedo de su niño interior a que si Londres pasaba a ser su hogar dicho hogar sería destruido. También se sentía incómodo con su propia masculinidad, que asociaba con la lucha; temía su ira, su rabia y su poder como hombre.

Juntos trabajamos en sanar a su niño interior y en la cuestión de cómo podía *recibir* de su país de origen. En el contexto de una constelación, se reconcilió con el abandono de su padre y su ausencia después de que hubo regresado. Le ofreció un lugar seguro al que pertenecer tal como era. Practicó decirle a su padre: «Te doy la bienvenida a casa, papá» y «Eres mi padre tal como eres. Sacrificaste parte de ti mismo para asegurarnos seguridad y libertad». Practicó hablar también con su «niño pequeño», al que le dijo: «No tienes nada que temer. La guerra ha terminado. Papá está bien. Ahora seré yo quien cuide de ti». Comenzó a relacionarse con la naturaleza positiva y productiva de lo masculino al meditar sobre los aspectos saludables de la masculinidad, como la capacidad de guiar, el carácter aventurero, la energía, la estructura y el compromiso.

Durante sus siguientes vacaciones, Tristan llevó a su esposa a Croacia, por primera vez. Le presentó a sus parientes. Viajaron por el país y disfrutaron de su belleza. Pasaron tres semanas allí; fue la visita más larga que Tristan había hecho al país siendo adulto y el período más largo en que había hablado croata casi exclusivamente desde que tenía seis años. De regreso a Nueva York, hicieron una parada en Londres para visitar a amigos y familiares. Allí, Tristan plantó en el jardín de su casa un arbolito que había traído de Croacia. Ya en Nueva York, él y su esposa se enteraron de que ella estaba embarazada. Hacia el principio del segundo trimestre del embarazo, el matrimonio se mudó de nuevo a Londres. Unos cinco meses después, me informó de que él y su esposa habían dado la bienvenida a un niño. Habían decidido comprar una casa de verano en Croacia y criar a sus hijos para que fuesen bilingües. Fue hermoso presenciar la sanación y la alegría de Tristan.

Aplicar una visión sistémica a los extensos relatos de nuestra familia relativos a sus movimientos migratorios (con «extensos» me estoy refiriendo no solo a sus historias sobre sus viajes, sino también a sus historias sobre sus países de procedencia y la cultura de estos países) puede ayudarnos a identificar mejor las dinámicas que se dan en ese sistema familiar. Nuestros conflictos de origen sistémico (los enredos a los que estamos sujetos) reflejan un desequilibrio no solo en nuestro sistema familiar, sino también en la relación de nuestra familia con el sistema o los sistemas más grandes en los que se inscribe. Cuando respetamos y valoramos a nuestros ascendientes, podemos acceder a nuestra identidad en nuestros propios términos.

Podemos llevarnos una gran sorpresa al descubrir que nuestras raíces pueden tener un impacto silencioso en nuestros comportamientos. La cultura y los contextos culturales mayores a menudo establecen la base para los sistemas familiares. En Europa, donde hay más homogeneidad y relación entre identidad nacional y etnia (aunque esto está cambiando rápidamente desde el final de la Segunda Guerra Mundial), en muchos casos las implicaciones sistémicas surgen de dinámicas que tienen sus raíces profundas en la cultura: a través del trabajo de Hellinger y otros facilitadores, en las constelaciones familiares se han observado algunos patrones claros en relación con las identidades nacionales. En Italia, el papel central de la madre a menudo da lugar a problemas de intimidad y vinculación en las relaciones heterosexuales; en Alemania, la culpa y la ansiedad del perpetrador relacionadas con el Holocausto han jugado un papel en los problemas de depresión; en Noruega, las «historias de marineros» (padres ausentes en el mar, madres que cuidan de la familia) a menudo están detrás de las luchas con la adicción, enraizadas en el sentimiento de que lo masculino no tiene utilidad; en Irlanda, la emigración masiva que hizo que muchos miembros de la familia pasasen a no ser más que «fantasmas vivientes» llevó a muchas exclusiones e implicaciones sistémicas en los sistemas familiares. Por supuesto, cada familia es única. El hecho de que provengas de un determinado lugar no significa que sus dinámicas prevalentes deban tener un impacto en tu familia.

En algunos de mis clientes, la religión juega un gran papel, a veces tóxico, en su sistema familiar. De resultas de ello, a menudo vinculan su identidad al rechazo de la religión, energía que podrían estar dedicando a explorar lo que realmente nutre su alma. Cuando son capaces de reconocer de verdad la manera en que su familia practicaba sus tradiciones religiosas, dejan de desperdiciar energía luchando contra ello. Este reconocimiento pasa por aceptar la realidad de esta práctica y por reincorporar este aspecto del sistema familiar a su propia identidad. Así, estas personas quedan libres de sus ataduras y pueden explorar la espiritualidad, incluso conectar con ella, como deseen.

En mi propio proceso de sanación, la capacidad de reconocer patrones no solo dentro de mi sistema familiar, sino también en las fuerzas mayores en acción (propias de los países y culturas en los que residió mi sistema familiar), añadió una nueva dimensión, más profunda, a mi capacidad de reconocer la realidad tal como es. Con el tiempo, no solo pude ver que las experiencias vitales de mis ascendientes les pertenecían a ellos y respetar eso, sino que también pude comprender totalmente las formas en que estas experiencias estaban completamente vinculadas a unos sistemas más grandes que el familiar. Así lo tuve más fácil para dejar de lado mis juicios morales y poder acoger de nuevo en mi sistema a los familiares a los que había excluido.

La historia de mi padre y su familia siempre había sido un misterio para mí. Sabía que había nacido en Limoges (Francia) fruto de la unión entre mi abuela, francesa, y mi abuelo, que no era francés, sino alemán y prusiano. Y sabía que mi abuelo había abandonado a mi abuela cuando mi padre tenía dos meses solamente. Mi padre conoció por fin al suyo cuando tenía veintisiete años, pero después de ese primer encuentro no iniciaron una relación. Yo nunca conocí a mi abuelo. Al cabo de un tiempo supe que fue mi padre quien eligió permanecer distanciado de su padre; incluso rechazó la oferta de mi abuelo de cederle tierras familiares.

Por supuesto, al dejarnos, mi padre les hizo a sus hijos exactamente lo que le habían hecho a él. Repitió el patrón del primer rechazo que sufrió, enormemente significativo; su «legado» fue la misma «herencia» que había recibido. Curiosamente, mi padre esperó hasta que estuvimos en la veintena para cortar el contacto con nosotros; teníamos más o menos la edad que tenía él cuando su padre intentó la reconciliación.

Al adentrarme en las constelaciones familiares, pude aceptar la manera en que mi padre estaba implicado en una dinámica con su propio padre: había asumido su experiencia vital, la cual intentó «corregir» al principio a través de su matrimonio y su paternidad, pero finalmente se vio arrastrado a ocupar el lugar de su padre ausente dentro del sistema. El hecho de comprender esto me bastó para poder soltar la carga de la historia que había llevado a cuestas (esa que decía que no merecía el amor de mi padre) y para romper mi propio patrón de búsqueda de parejas que confirmasen este relato (que no era digna del amor de ningún hombre).

En 2013, tras haber trabajado mucho en la relación con mi padre con las constelaciones familiares, sentí el impulso de escribirle una carta. Aunque seguía sin tener claro si alguna vez podríamos reconciliarnos, por mi parte quería dejar las cosas claras. Como por fin pude entender por qué se había distanciado (o, mejor dicho, como por fin pude entender que ese distanciamiento no había sido culpa mía), me acerqué a él expresando mis esperanzas y el cariño que sentía hacia nuestra relación, ese cariño que tantas veces parecía haber sucumbido ante los malentendidos. Dos años después, en 2015, mi padre y yo nos reencontramos en Nueva York. La paz y la aceptación imperaron en los cuatro días que pasamos juntos. No hablamos del pasado; nos centramos únicamente en el presente y en esa nueva oportunidad de crear una relación equilibrada.

Con el tiempo, pude preguntarle todo lo que siempre había querido saber sobre su familia. De niña, intuía que se trataba de cuestiones demasiado delicadas para plantearlas, y siendo más mayor formulé estas preguntas desde el reproche y la acusación, como buscando la respuesta a otra pregunta más fundamental: «¿Por qué me haces daño?». Mi padre respondía a esos envites con el silencio. Después de la reconciliación, mis motivaciones tenían mucha menos carga; nacían de la curiosidad y del deseo genuino de comprender mejor nuestro sistema familiar. Mi padre pareció percibir esta intención, lo cual lo llevó a responderme como no lo había hecho nunca antes. Y lo que descubrí me condujo por un camino inesperado hacia una sanación aún más profunda.

Aunque mis dos padres son franceses, la familia de mi padre no era francesa. Mi abuelo había nacido en Múnich, pero sus padres no eran exactamente alemanes: eran prusianos. Prusia, por supuesto, ya no existe. Ese poderoso estado llegó a abarcar gran parte de lo que hoy es Alemania (todo el país excepto el sur) y extensas zonas de Polonia, hasta que dejó de existir al final de la Segunda Guerra Mundial. Al prever lo que se avecinaba y al no comulgar con el nazismo, mis bisabuelos abandonaron Europa justo antes de que estallase la guerra y emigraron a Argentina. Por desgracia, dejaron atrás a mi abuelo, en el internado donde estudiaba, en Limoges; solo se llevaron a su hermanita. Su intención era volver a por él al final del curso escolar, pero el inicio de la guerra se lo impidió, por lo que se quedó en Francia prácticamente como un niño huérfano durante los siguientes cuatro años, hasta que el Ejército francés lo reclutó, con la consecuencia de que los rusos lo capturaron y lo mantuvieron cautivo como prisionero de guerra.

Cuando terminó la guerra y fue liberado, mi abuelo regresó a Limoges, el único hogar que había conocido en los últimos años. Allí conoció a mi abuela y concibieron a mi padre «fuera del matrimonio», como solía decirse. Para entonces, los padres de mi abuelo en Argentina por fin pudieron enviar a alguien a buscarlo. No querían regresar a Europa; la tierra que habían conocido había desaparecido literalmente, y la Alemania de posguerra estaba en ruinas. Aunque mi abuelo le propuso matrimonio a mi abuela y le pidió que se mudaran juntos a Argentina, ella no quiso abandonar a su familia ni dejar su país, especialmente después de haber soportado tantas calamidades y conmociones durante la guerra. Mi abuelo, quizá deseando poner fin a su propia «orfandad», eligió marcharse a Argentina sin ella... ni su hijo recién nacido.

Enterarme de todo esto me rompió un poco el corazón, pero también me trajo una mayor paz, ya que pasé a sentir más empatía hacia mis ascendientes: quedaba patente que eran seres humanos como yo, atrapados en las fuerzas inexorables de la política y la guerra, que tuvieron que lidiar con unas circunstancias difíciles y con abanicos de opciones muy limitados. Eran personas cuya vida estuvo marcada por el exilio, la invisibilización, la orfandad, la inmigración y la pérdida del hogar y la identidad (en sentido literal y figurado) a cada paso. Pude ver cómo estas dinámicas históricas instalaron en nuestro sistema familiar una sensación de desarraigo, de no estar nunca en casa en el mundo y de tener que buscar desesperadamente ese hogar, a veces en detrimento propio y de los seres queridos. También pude ver que mi propia necesidad imperiosa de dejar Francia con veintitantos años (a pesar de que adoraba París, donde crecí, y Bretaña, donde pasé incontables veranos y vacaciones) era parte de este desarraigo. Incluso en Estados Unidos ya me había mudado de Miami a California, había regresado a Miami y después me había instalado en Nueva York, aún buscando esa sensación de estar en el lugar adecuado. Cuando hice frente a la imbricación de mis patrones familiares con las circunstancias históricas, por fin pude liberarme de esa influencia, asentarme dentro de mí misma y reconocer que mi hogar está donde estoy yo.

Además, al respetar y valorar plenamente la experiencia vital de mis antecesores, pude obtener fuerza de ellos, de su historia. A pesar de las decisiones que tomaron, o quizá debido a ellas, sobrevivieron, y yo estoy aquí hoy. Valorar su trayectoria –y su espíritu itinerante– me ayudó enormemente a mantenerme enraizada mientras me alojaba en casas de amistades y buscaba un nuevo apartamento durante los largos meses de 2020 en que la pandemia estuvo causando estragos en Nueva York y en el mundo entero. Durante seis meses lidié con el miedo mientras dependía de la generosidad de mis amigos, pero nunca perdí la esperanza ni la visión panorámica, porque sabía que encontraría mi hogar cuando llegara el momento adecuado.

Valorar a nuestros ascendientes incluyéndolos en nuestro sistema familiar, respetar su experiencia vital y no cargar con lo que eran sus responsabilidades nos ayuda a hacer las paces no solo con nuestro pasado, sino también con las complejidades de la historia y la cultura. Recordamos así que pertenecemos a un sistema familiar y que, a la vez, este sistema pertenece a una red más amplia de sistemas que se entrecruzan. Cuando logramos vivir conscientes de esta verdad, recordamos que estamos profundamente conectados, no solo con nuestra familia, sino con la humanidad.

En estos tiempos necesitamos más que nunca tener presente la realidad de estas interconexiones. Es una conciencia que se puede practicar y nos lleva a ser más conscientes de la calidad de nuestros vínculos. Nos abrimos más a la realidad de que tenemos una responsabilidad unos con otros en lo que respecta a nuestras experiencias individuales, que en última instancia son inseparables de nuestras experiencias colectivas.

La pandemia del coronavirus (para la mayoría de nosotros, nuestra primera experiencia verdaderamente global) dejó al descubierto lo profundamente interconectados que estamos, cómo nuestras acciones individuales repercuten en nuestras comunidades y cómo nuestro bienestar mutuo depende de que cada uno de nosotros nos hagamos responsables de nuestras elecciones y sus consecuencias. Al mismo tiempo, esa mayor conciencia de nuestra humanidad compartida abrió los ojos de muchos a las injusticias que siempre habían estado ahí, a la vista de todos. Finalmente, individuos de todos los ámbitos se negaron a apartar la mirada ante los asesinatos institucionalmente permitidos de personas como George Floyd y Breonna Taylor, y se sumaron (muchos de ellos por primera vez) al movimiento por los derechos civiles Black Lives Matter, un movimiento crítico y a la vez inspirador. Estos individuos rechazaron el racismo y decidieron prepararse para combatirlo. Esta postura se extendió a diversas escalas, desde el plano personal hasta los niveles más altos de gobiernos e instituciones.

Estamos viviendo un punto de inflexión, una encrucijada cultural e histórica en la que nos jugamos mucho. Mientras lidiamos cada día con una polarización política extrema, el racismo y la xenofobia, las amenazas del cambio climático, el aumento de la violencia armada y los ecos, a veces dolorosos, de nuestras historias compartidas, anhelamos más que nunca las conexiones auténticas, afirmar nuestra humanidad compartida, explorar las raíces de nuestra identidad y sanar nuestro pasado para poder concebir una nueva visión del futuro, inclusiva y edificante para todos.

Adoptar una visión sistémica puede ayudarnos a alcanzar y sostener estas aspiraciones. Empezamos por nosotros mismos. Y a medida que hacemos el trabajo y fortalecemos este músculo, conectamos no solo con nuestra autenticidad y el poder de establecer nuestro propio relato, sino también con el poder de ver a los demás dentro del contexto más amplio de los sistemas en los que habitan. Y recibimos como recompensa una visión más compleja, amplia y profunda de la vida de los demás, así como de la nuestra. Al aceptar la riqueza de la existencia, es decir, al aceptar su complejidad en lugar de resistirnos a ella, la vida misma se vuelve menos limitada y las posibilidades que se abren para todos nosotros se amplían enormemente.

AFIRMACIONES

Respeto y valoro lo que vivieron mis ascendientes,
a la vez que forjo mi propio destino.

Acepto el valioso legado del pasado de mi país,
con todo lo que conlleva, y lo llevo conmigo.

Si conozco la historia de mi país, puedo transmitir
algo valioso a la próxima generación.

EJERCICIO: Valora a tus antepasados

¿Sabes de dónde eran tus antepasados? Valorarlos implica valorar sus experiencias, que fueron moldeadas por la cultura y el contexto histórico en que vivieron. Valorar la cultura de tus antepasados, los países en los que habitaron y la realidad histórica en la que estuvieron inmersos no consiste en vestirte con la indumentaria tradicional irlandesa por San Patricio. Consiste en dar testimonio de la vida que vivieron y en compartir y celebrar su legado a través de la comida, el arte, la música, el idioma y las historias, incluidas las difíciles. Si no sabes de dónde eran tus antepasados, empieza por preguntar a tus familiares, si tienes la posibilidad. Si no tienes familiares que puedan llenar los espacios en blanco, podrías usar un servicio como Ancestry.com.*

Cuando tengas esta información, intenta trazar el camino desde ese punto de partida hasta el momento actual. Puedes hacerlo a través de la tradición oral, los testimonios de otros tiempos y las entrevistas con expertos, o conversando con alguien con raíces similares a las tuyas. Es decir, escucha las historias transmitidas en tu familia, habla con una persona mayor, conversa con un académico, invita a almorzar a un amigo que tenga más acceso que tú a la información genealógica y pregúntale qué ha descubierto. Busca recetas de tu cultura de origen y prepáralas (o visita un restaurante especializado en la gastronomía de esa cultura, si por suerte tienes uno cerca); pídele a tu madre o a tu padre, o a tu abuela o abuelo, que te enseñe a cocinar un plato específico. Lee cuentos populares y literatura de esa cultura. Haz un curso del idioma que hablaban tus ancestros o aprende algunas frases básicas con una *app* como

* N. del T.: Existen varias plataformas en castellano para investigar la genealogía familiar, como MyHeritage, FamilySearch o Geneanet, que permiten acceder a archivos históricos y crear árboles genealógicos.

Duolingo. Si puedes, pídeles a tus parientes mayores que hablen de su familia y graba sus palabras. Es posible que incluso haya un museo en tu ciudad dedicado a documentar tu herencia cultural. ¡Visítalo! Aprecia las expresiones contemporáneas de tu herencia: la obra de artistas que procedan de la misma tradición cultural que tus antepasados en la que exploran, explícita o implícitamente, dicha herencia. Honra lo mejor del pasado en tu propia persona.

Haz un altar para tus antepasados. Puedes ponerlo en una mesita, una estantería o la repisa de una chimenea; cualquier superficie que despejes y dediques a este fin es apropiada. Si tienes fotos de antepasados tuyos, ponlas en el altar; si no tienes, puedes usar imágenes representativas, como fotos históricas de personas de tu cultura. Enciende velas para ellos y pon una flor en un jarrón cerca de las fotos. Pide sabiduría a tus antepasados. Invócalos para que te guíen y te protejan. Cuenta a tus hijos historias sobre tu linaje. Mantén viva la cadena de la sabiduría. Todos estamos conectados en una red intrincada e íntima. Cuanto más recordemos el lugar que ocupamos en esta red –y que no somos entes aislados–, más fuertes seremos.

Capítulo 2

Pertenencia, orden e implicaciones sistémicas

¿Alguna vez has sentido que por más que te esfuerces –por cambiar tus hábitos, tus creencias limitantes o los comportamientos con los que te saboteas– persiste tu estancamiento o vuelves rápidamente a las viejas costumbres, incluso siendo consciente de que son un obstáculo para tu felicidad? ¿Sientes una insatisfacción persistente, la sensación incómoda de que deberías estar en otro camino, aunque no sepas cuál es ni por qué? Es probable que esto sea la expresión de una *implicación sistémica* o *enredo*; es decir, es probable que estés experimentando una conexión energética con un miembro de tu familia de una generación anterior que está limitando tu crecimiento y tu libertad.

Ten siempre cerca del corazón la verdad esencial de las constelaciones familiares: *esto no empezó conmigo*. Esta verdad se vuelve aún más clara cuando nos detenemos a explorar cómo llegamos a identificarnos con personas que vinieron aquí antes que nosotros y a implicarnos con ellas sin darnos cuenta, tanto si las conocimos o conocemos como si no. Las constelaciones familiares revelan, en particular, el sorprendente poder que tienen los muertos sobre los vivos, y la manera en que los traumas se transmiten a lo largo de generaciones. Es decir, revelan el impacto profundo que tienen en nuestro presente pasados que jamás hemos vivido.

Dicho de forma sencilla: las vidas de los familiares que vinieron a este mundo antes que tú (tanto los que han muerto como los que aún viven, e incluso aquellos a quienes nunca llegaste a conocer) pueden moldear activamente tu existencia tal como la estás viviendo ahora.

Sé que es difícil comprender y asimilar bien esta idea. Pero recuerda dos de las reglas fundamentales que rigen los sistemas familiares: la *pertenencia* y el *orden*. Toda persona que nace en una familia –en tiempos pasados o actuales– tiene derecho a pertenecer a ella. Y todos los miembros de una familia tienen *el mismo* derecho a pertenecer. Cada quien tiene un lugar, dentro de un orden, en el sistema familiar. Todo el mundo tiene derecho a formar parte de un linaje. En esto consiste la pertenencia.

El problema surge cuando a un miembro de la familia se le niega el derecho a pertenecer, ya sea porque es excluido, invisibilizado u olvidado, o porque nunca se le lloró. Entonces el sistema familiar pierde el orden. Un miembro ausente es como una rasgadura en el tejido del sistema. Y ese sistema intentará reparar la rasgadura sustituyendo al miembro ausente por alguien de una generación posterior, produciéndose así una implicación sistémica o enredo.

Desafortunadamente, una implicación sistémica no restablece el orden; solo agrava el daño que sufre el sistema familiar. Si estamos en un enredo, estamos ocupando el lugar de otra persona. *No podemos estar totalmente comprometidos con nuestra propia vida*, ya que estamos viviendo simultáneamente el destino de otra persona en su nombre. Estamos identificados con el sino de otro individuo. En el mejor de los casos, esto lleva a una sensación de estancamiento y vacío; en el peor, supone la repetición de un ciclo, la reactivación de un patrón y la perpetuación de heridas y dolores que no empezaron con nosotros, pero cuya carga llevamos nosotros ahora.

Hablando de heridas y dolores, los sistemas familiares también se desordenan a causa de eventos traumáticos vividos por sus miembros, como enfermedades, muertes o actos violentos, con todo lo que ello implica. Si no se atiende, la herida de un individuo también supone una herida para el sistema familiar.

Cuando un miembro de la familia queda atrapado en el trauma (por ejemplo, cuando no puede soltar su aflicción o dejar atrás la identidad de víctima), no puede ocupar por completo el lugar que le corresponde dentro del sistema. Queda paralizado en el tiempo y su camino queda bloqueado. La energía del sistema familiar, que en condiciones óptimas fluye hacia delante en el tiempo, se ve entonces obstruida. Y, como ocurre siempre en estos casos, el sistema familiar busca repararse, restaurar el orden, atrayendo a un miembro posterior de la familia para que haga lo que debió hacerse en su momento a modo de reparación, o para que actúe o expíe en lugar de esa persona (en vez de reemplazarla). De este modo, uno puede quedar identificado con miembros de su familia sin saberlo. Así es como el sistema familiar transmite nuestros traumas, pérdidas y resentimientos de una generación a otra.

Las implicaciones sistémicas nos impiden vivir de forma plena y auténtica porque nos alejan de nuestro propio camino. En cierto modo, hacen que nuestra lealtad esté dividida. Nos atrapan en el pasado, lo cual va en contra del fluir natural de la vida. Cuando estamos ocupados tratando de vivir la vida de otra persona, de compensar su pérdida o de arreglar un suceso traumático, nos resulta más difícil ver, escuchar y sentir con claridad nuestras propias necesidades, curiosidades, pasiones, heridas y cualidades positivas. Cuando logramos desvincularnos de estas dinámicas complejas y a menudo invisibles, nos liberamos para, por fin, reconocer y seguir nuestra verdadera vocación, al servicio de la parte más elevada de nosotros mismos.

Además, al desvincularnos de la experiencia vital de otro miembro de la familia estamos trabajando para restablecer el orden del sistema familiar, es decir, para sanar el pasado (donde se originó el desorden) y evitar futuros enredos, lo cual es hermoso. Las constelaciones familiares nos dan el poder no solo de sanarnos a nosotros mismos, sino también de apoyar y asistir a nuestros ascendientes, así como a quienes vendrán después.

Puedes romper el ciclo de la exclusión, del trauma o de los destinos no cumplidos. Puedes reconciliar el pasado y el presente, para ser tú exclusivamente quien crees tu futuro. Con estos fines, todo lo que debes hacer es dar un pequeño paso intencionado hacia el cumplimiento de tu propósito, empezar a terminar con las implicaciones sistémicas que te atan a una vida que no es la tuya. Y el primer paso para terminar con los enredos es aprender a reconocer las señales que indican su existencia.

¿Vamos allá?

EJERCICIO:

«No empezó conmigo». Aprender a reconocer las señales de la implicación sistémica

Para liberarte de una implicación sistémica y restablecer el orden en tu sistema familiar, primero tienes que conocer la existencia de esta implicación o enredo. Para determinar esta cuestión, debes prestar atención a ciertas señales.

Para hacer este ejercicio, necesitarás un cuaderno o bloc de notas (un documento digital también sirve) en el que anotar lo que se indica a continuación, y un lapso de tiempo en el que puedas gozar de tranquilidad, en el que nadie ni nada vaya a interrumpirte. Se trata de que puedas relajarte y explorar si podrías estar albergando los sentimientos, el sufrimiento o la aflicción de alguien que vino a este mundo antes que tú, o si podrías estar manifestando comportamientos de esta persona o tratando de compensar ciertas acciones o conductas suyas.

Para mayor claridad, creo que lo mejor es que respondas cada pregunta en una página distinta de tu cuaderno o bloc de notas. Y el ejercicio será más efectivo si contestas las preguntas en el orden en que se presentan. Si hay alguna que no sabes responder, no pasa nada: estas preguntas están pensadas para ayudarte a afinar tu percepción de las señales del enredo; a veces, eso es todo lo que hace falta para empezar a deshacerlo.

Ten en cuenta que, según el modelo de las constelaciones familiares, estamos en el centro de un sistema familiar en el que los impactos afectan a siete generaciones: las tres anteriores a la nuestra, la nuestra y las próximas tres. (Por supuesto, este principio nos hace tomar mayor conciencia si cabe de lo conectados que estamos con nuestros ascendientes y también con nuestros descendientes). Por lo tanto, para las preguntas que siguen, cuando reflexiones sobre familiares que te precedieron, concéntrate en las familias de tus padres, abuelos y bisabuelos.

Es posible que tengas medios limitados para responder las preguntas. No pasa nada. Por distintas razones –desde el distanciamiento hasta la inmigración o la adopción, entre otras–, es probable que muchos de nosotros no podamos identificar fechas clave en nuestra historia familiar o buscar los relatos de nuestros ascendientes. De todos modos, *todos tenemos siempre un relato*, aunque sea «no lo sé». «No lo sé» es un relato más, válido y potente como cualquier otro. Basta con que recuerdes que eso *no empezó contigo*. Lo que no puedas resolver en tu presente llévalo de vuelta al pasado, devuélveselo a tus antecesores.

Por último, quiero que observes que muchas de las preguntas que siguen orbitan alrededor de la culpa, la vergüenza, el rechazo, la ira o el silencio. Esto se debe a que las implicaciones sistémicas surgen de los *sentimientos* (a menudo no resueltos) ante un acontecimiento, una acción o una persona, y no del hecho, el acto o el individuo en sí. Un miembro de la familia cuya muerte ha sido llorada y cuya vida ha sido valorada difícilmente se sentirá ignorado; forma parte del sistema familiar, y es poco probable que se genere un enredo con él o ella. De modo similar, una persona puede vivir un trauma pero sentirse apoyada después del suceso (en los terrenos personal, social, legal, terapéutico, etc.); en tal caso, es poco probable que un miembro de la siguiente generación experimente una implicación sistémica a causa de dicho trauma.

- ¿Alguna vez sientes que no estás al mando de tu vida? ¿Experimentas insatisfacción con tu trabajo o tus relaciones, a pesar de que parecen «buenos» en la superficie? ¿Tienes inestabilidad financiera a pesar de que haces todo lo posible por conseguir la estabilidad? ¿Sientes que has trabajado intensamente en tus problemas pero siguen presentes?
- ¿Experimentas con regularidad emociones o adoptas (o evitas) conductas difíciles de explicar en función de tu experiencia de vida? ¿Presentas a menudo comportamientos, tal vez de evitación, que también sean difíciles de explicar? ¿Tienes algún miedo irracional? Sentirse abrumado o bloqueado a menudo por emociones persistentes puede ser un signo de que esas emociones son transgeneracionales,

igual que lo es adoptar o evitar ciertas conductas. Podría tratarse de compulsiones o fobias... ¿Cuáles son esos miedos o emociones? ¿Cuándo los experimentas? ¿Cuándo empezaste a sentirlos? Tómate un tiempo para escribir sobre esto, intentando responder como alguien que estuviese observando tu vida desde una posición neutral, juzgando lo menos posible.

- ¿Conoces a algún miembro de la familia que haya sido rechazado o que esté (o haya estado) distanciado del resto? Si es así, ¿quién era o quién es esta persona? O tal vez no haya ocurrido algo así con un miembro de tu familia solamente, sino con más de uno. Anota el nombre de todos ellos y la relación de parentesco que tienen o tenían contigo. (Por ejemplo: «Lidia, mi tía abuela, la hermana mayor de mi abuela paterna»). ¿Por qué fueron rechazadas estas personas? Anota el motivo, sin juzgarlo e independientemente de si te parece válido o no. (Por ejemplo: un embarazo fuera del matrimonio, el matrimonio con una pareja «inaceptable», la orientación sexual, el abandono de una religión, actos delictivos o violentos...).
- ¿Conoces algún trauma familiar del que, en general, no se hable porque el acontecimiento o los acontecimientos fueron demasiado dolorosos, vergonzosos o terribles como para poder mencionarlos? (Por ejemplo: abandono parental, entrega en adopción de un niño fuera de la familia, una violación, un suicidio, accidentes, delitos, crímenes, muertes inesperadas...). ¿Cuál fue el acontecimiento traumático? ¿Quién lo vivió? Una vez más, anota todo lo que sepas del hecho, así como el nombre de la persona implicada y el lugar que ocupa en el sistema familiar.

- ¿Hay algún miembro de tu familia que no haya podido hacer el duelo por la pérdida de otro pariente debido a la culpa o al dolor? ¿Quién o quiénes? ¿A qué se debió esta situación? Anota el nombre del familiar que no fue llorado o reconocido, su relación de parentesco contigo y cómo murió.
- ¿Hay algún trauma generacional definitorio en tu familia? Me refiero a experiencias como la inmigración, una guerra, un genocidio, la pobreza o vivir como refugiado. ¿Cuáles son o fueron las situaciones traumáticas? ¿En qué generación tuvieron un mayor impacto? Escribe todo lo que sepas al respecto. ¿Qué historias te han contado y quién te las contó? ¿Qué es lo que no sabes? A veces, lo que se omite dice más que lo que se cuenta.

¡Uf! ¡Has trabajado mucho! Date una palmadita en la espalda (y quizá una copa de vino o un baño caliente). No es fácil hacer frente a algunos de los aspectos más duros de la historia familiar, pero es una aventura maravillosa descubrir qué hubo antes de nosotros. La única recomendación que tengo por hacerte es que pongas fin a este proceso de descubrimiento cuando deje de resultarte valioso o llevadero. Cuando tengas esta sensación, ello será indicativo de que ya has hecho el trabajo que tenías que hacer y ya sabes todo lo que debías saber. Siempre es importante tener claro cuándo empezar... y cuándo terminar. (De todos modos, todo el trabajo que acabas de hacer en este ejercicio será la base del resto del capítulo, por lo que te conviene tener a mano lo que has escrito mientras sigues leyendo).

La llamada de los fantasmas

Los miembros de la familia ausentes –las personas que faltan– representan una fuerza poderosa dentro del sistema familiar. Nos acechan. Cuando no lamentamos o lloramos una pérdida, o cuando intentamos invisibilizar u olvidar a familiares cuya muerte o cuyas acciones en vida han sido dolorosas o vergonzosas, nos encontramos con que estas personas insisten en que reconozcamos su existencia y las valoremos. Y cuanto más fuerte es esta insistencia, más intensamente trabaja el sistema familiar para recuperar el orden (el estado en el que cada miembro ocupa el lugar que le corresponde) a través de la implicación sistémica.

¿Qué es un miembro de la familia ausente? Es una persona que ya no ocupa su lugar dentro del sistema familiar; es alguien que se ha ido (a propósito o sin querer) o que ha sido expulsado (muchas veces se dan ambas situaciones a la vez). Esta persona puede estar viva o muerta. (Con las constelaciones familiares vemos que el límite entre el mundo de los vivos y el de los muertos es mucho más permeable de lo que tal vez creíamos). Pero no basta con que una persona nos deje, literal o figuradamente: lo que genera la implicación sistémica es la manera en que se sienten los demás miembros de la familia respecto a esa pérdida. Cuando la vergüenza o el dolor nos llevan a excluir a alguien del sistema familiar, le estamos negando su derecho a pertenecer.

Puesto que vivimos en el contexto de una cultura compartida en la que hay unos valores comunes (si bien van cambiando con el tiempo), hay determinados tipos de pérdida que suelen dar lugar a un dolor o una vergüenza particularmente intensos. Hay ciertos hechos que pueden ayudarte a identificar a personas ausentes en tu familia: muertes prematuras, abortos, pérdidas gestacionales, bebés fallecidos alrededor del momento del parto, enfermedades terminales o suicidios pueden señalar a alguien que falta y que puede ser el origen de una implicación sistémica.

Piensa en tu propia familia. ¿Hubo algún niño que muriera muy pequeño, un tema tan doloroso que nadie volvió a mencionarlo? ¿Hubo algún bisabuelo que perdió la fortuna familiar y condenó así a sus hijos a la pobreza, y que fue rechazado tras morir como si fuera el causante de las penurias vividas por la familia? ¿O quizá un padre o una madre que abandonó sus responsabilidades y cuyo nombre fue «borrado» por el otro progenitor, como si nunca hubiera existido?

Este es un buen momento para que repases tu respuesta a la pregunta acerca de muertes de familiares que los demás evitan comentar y para que reflexiones al respecto. La culpa o el dolor abrumador en torno a una muerte pueden apuntar a un familiar cuyo derecho a pertenecer ha sido negado... y a un enredo con la persona fallecida. En general, cuando alguien está enredado con una persona fallecida o excluida, asume inconscientemente la carga de ese miembro ausente como si fuese propia. Es posible que repitas comportamientos tóxicos que sabes que te hacen daño pero que no logras detener ni evitar; sientes el impulso de reparar algo que no estropeaste tú ni tienes por qué arreglar.

Por ejemplo, ¿pones en riesgo tu integridad física con regularidad o adoptas comportamientos extremos o compulsivos? Aunque tener algunos tatuajes –incluso muchos– entra dentro de lo culturalmente aceptado, el deseo de cubrirse todo el cuerpo (especialmente el rostro) con tatuajes puede ser indicativo de que uno no se siente a gusto en su propia piel. Este impulso de invisibilizar o transformar el yo puede ser el indicio de una implicación sistémica. Si sientes este impulso puedes echar un vistazo a generaciones anteriores de tu familia para ver si alguien murió de forma dramática o a una edad temprana. Si es así, puede que sientas una resonancia inmediata con ese suceso o patrón. Piensa de qué manera podrías estar manteniendo una conexión con esa persona fallecida o si tenéis algo en común: intereses, rasgos físicos, el nombre, enfermedades, sucesos vitales, la profesión... ¿O has reparado en alguna coincidencia asombrosa?

Una implicación sistémica puede manifestarse de forma emocional más que conductual. Una de mis clientas acudió a mí porque tenía un miedo abrumador a la muerte. No podía dejar de pensar en este tema, hasta el punto de que su obsesión estaba empezando a crearle dificultades; le costaba salir de la cama cada mañana. Se podría decir que ya no estaba viviendo plenamente. Hicimos una constelación individual colocando huellas de pies en el suelo, de papel, como representantes. Tras disponer cuidadosamente a los miembros de su familia, sintió el impulso de situarse en el lugar de su tía abuela. «Aquí me siento en casa», dijo, con certeza pero también sorprendida. Era evidente que ahí había una implicación sistémica. No tardó en decirme que su tía abuela había muerto a los cuatro años en un incendio doméstico. El miedo de la niña y su sensación de abandono podían sentirse claramente en la habitación.

Aunque mi clienta conocía los hechos básicos sobre la muerte de su tía abuela, nunca había establecido una conexión entre ese suceso y su propio miedo a morir. A pesar de que su madre tenía miedo del fuego –igual que ella–, jamás había reconocido que ahí había un patrón que se repetía a lo largo del tiempo. Casi nunca pensaba en su tía abuela. Para ella, lo ocurrido solo era la triste historia de una tragedia que había sufrido hacía mucho tiempo una niña a la que nunca conoció. Al igual que los padres de la criatura (los bisabuelos de la clienta), la abuela de la clienta casi nunca hablaba de su hermanita fallecida; el horror y el dolor asociados a lo ocurrido eran demasiado difíciles de soportar. La tía abuela era una persona ausente, excluida del sistema familiar porque su muerte fue demasiado horrible para poder ser soportable. Mientras todo el mundo la ignorara, un nuevo miembro de la familia se vería atraído a ocupar su lugar.

Por supuesto, mi clienta sabía de la existencia de su tía abuela, de la misma manera que la mayoría de nosotros tenemos alguna idea de las pérdidas familiares, aunque miremos para otro lado. En una constelación, el poder del campo de conocimiento revela aquello que no hemos podido ver con claridad. Pero es posible acceder a este poder ahora, en este momento, si nos detenemos y buscamos ese hilo invisible que conecta una generación con la siguiente.

En una implicación sistémica no necesariamente adoptamos conductas peligrosas, sino que a veces evitamos ciertas conductas que inconscientemente percibimos como peligrosas en un intento de liberar a un familiar fallecido de su carga. Cuando evitamos preventivamente ciertas experiencias como mecanismo de defensa, estamos delimitando los márgenes de nuestra vida, haciéndolos más estrechos. Piénsalo: ¿alguna vez evitaste algo que en realidad deseabas, como una relación, por miedo al daño emocional? Te estabas protegiendo, sí, pero ¿no estabas también privándote de alegría y crecimiento?

En una constelación en la que tuve el privilegio de participar, una joven buscaba resolver las dificultades que tenía en las relaciones íntimas con su marido; aunque lo quería y se sentía atraída por él, nunca le apetecía tener relaciones sexuales. El campo reveló que su bisabuela, que había muerto en el parto, no era reconocida dentro del sistema; la persona que la representaba en la constelación se sentía invisible. Su viudo hablaba muy poco de ella. Sus hijos crecieron sabiendo muy poco sobre su madre. Uno de ellos, la abuela de la joven, casi murió en el parto. Y a la madre de la joven le habían diagnosticado cáncer de ovario, uno de los tipos de cáncer menos frecuentes y más letales. Resultó que esta joven, la bisnieta, estaba unida a su bisabuela por una implicación sistémica. Sentía un temor profundo a la maternidad y al parto, y una gran resistencia a quedarse embarazada. Su falta de deseo no tenía su raíz en su relación conyugal.

En ambos casos, mis clientas pudieron tomar conciencia de una implicación sistémica. Pero no solo eso: lograron liberarse del enredo a la vez que restablecieron el orden en su sistema familiar, sanando las heridas del pasado. ¿Cómo? *Teniendo en cuenta* a sus antepasadas y *reconociendo* el lugar que les correspondía ocupar en el sistema familiar. Mi clienta le habló a su tía abuela, reconoció su muerte y el miedo que debió de sentir, y al mismo tiempo reafirmó su propia identidad, con palabras que tú también puedes usar: «Te doy un lugar en mi familia. Eso te ocurrió a ti, no a mí. Me libero de ese miedo». Un año después, ya no le tenía miedo a la muerte. No solo se levantaba de la cama todos los días, sino que además había escrito un libro.

La clienta que había acudido a mí por su problema con las relaciones íntimas también pudo liberarse del destino de su bisabuela y llevar paz a esa energía. La participante que tomó el papel de la bisabuela en esa constelación había estado acostada en el suelo, esperando a que se la tuviera en cuenta. Cuando mi clienta se arrodilló, le tomó la mano, reconoció su dolor y su muerte y la acogió de vuelta al lugar que le correspondía ocupar en el sistema familiar, se sintió más ligera. Unos meses después, me envió un correo electrónico en el que me decía que estaba esperando su primer hijo.

Ha sido un honor para mí ser parte de varias constelaciones en las que familiares ausentes esperaban que ya no se los siguiera ignorando. A menudo los muertos están de pie, esperando el permiso para finalmente acostarse y descansar en paz. (Es agotador estar de pie estando muerto, y lo mismo ocurre con los vivos acostados en el suelo: es agotador fingir estar muerto mientras sigues vivo). En todas las ocasiones, esto ha sucedido de manera orgánica y ha sido fácil saber qué estaba pasando, ya que, de pronto, los miembros de la constelación dirigían la mirada hacia abajo a la vez, preguntándose a quién estaban buscando, quién faltaba.

En todas estas constelaciones fluyeron muchas lágrimas. En cada una, la energía fue muy intensa e incluso agotadora, pero al final de la constelación, cuando se produjo la resolución, una corriente de serenidad y liberación recorrió la sala. Fueron ceremonias impresionantes, hermosas y respetuosas de reconocimiento e inclusión para las personas que esperaban ser reconocidas y aceptadas como miembros del sistema familiar.

Dejar de ignorar a los ausentes puede ser más difícil cuando la causa de su ausencia es vergonzosa. Como hemos visto, la vergüenza es un factor especialmente relevante que hace más contundente la exclusión que sufren muchas personas ausentes en su sistema familiar. Las muertes violentas y los suicidios dan lugar a algunas de las implicaciones sistémicas más fuertes; no solo son arrancados del sistema familiar los fallecidos, sino que además sus familiares no hablan nunca de su muerte debido a un dolor, un miedo o una vergüenza abrumadores. Pero las personas ausentes necesitan que se las acepte, se las tenga en cuenta y se las ame independientemente de lo que eligieron vivir. Debemos reconocer su derecho a ser parte del sistema familiar, por más difícil que haya sido su destino. Al respetar su destino, respetamos el orden de nuestro sistema familiar. Así liberamos al sistema del profundo peso de los secretos y, en consecuencia, terminamos con el deseo inconsciente de pagar por alguien o de equilibrar el sistema a través del suicidio, las autolesiones u otros comportamientos peligrosos o que reflejan un bloqueo.

Respetar el destino de la persona ausente no significa aprobarlo, sino aceptar su realidad (es decir, aceptar lo que sucedió y dejar de evitar u ocultar el tema) y, por lo tanto, hacer espacio nuevamente para ese miembro de la familia dentro del sistema. Si estás viviendo una implicación sistémica, puedes hacer esto reconociendo primero el enredo y abandonando el intento de vivir en el lugar de ese miembro de la familia. Debes entender que el pasado no puede reescribirse, asumir la responsabilidad de tu vida y tu camino, y rechazar mantener secretos que perpetúan el ciclo de la vergüenza.

Cuando eliminamos la vergüenza de nuestros relatos familiares, podemos reincorporar más fácilmente a los miembros ausentes y restablecer el orden. Cuando la persona o las personas conocedoras de los hechos revelan un secreto, el impacto sobre el bienestar del sistema familiar en el plano energético puede ser muy potente, como ocurrió en mi familia.

En la Nochebuena de 2012, estaba en casa de mi madre, en París. Mi abuela había muerto cinco meses antes y era una noche agridulce, la primera Navidad que pasábamos sin ella. Cuando la cena estaba llegando a su fin, mi abuelo anunció, de repente, que tenía algo que contarnos. Nos sorprendió a todos, ya que no es un gran conversador, por decirlo suavemente.

Mi abuelo nos contó que cuando conoció a mi abuela a finales de 1959 estaba en una relación con otra mujer, Sabine, e iban en serio; habían hablado de casarse. Él vivía en París en ese momento, pero tuvo que viajar a Bretaña por trabajo. Encontrándose allí, conoció a mi abuela y se enamoró locamente. Nunca volvió a París. Después de un noviazgo vertiginoso, mis abuelos se casaron en abril de 1960 y mi madre nació a principios de diciembre de ese mismo año (sí, he hecho los cálculos).

Mi abuelo continuó, algo vacilante. Unos años antes, había encontrado a su exnovia en línea y se había puesto en contacto con ella. Para entonces, mi abuela estaba en las etapas finales de la enfermedad de Alzheimer. Creo que mi abuelo debía de sentirse solo y afligido, y enfrentado a su propia mortalidad, aunque no lo puedo asegurar (como he mencionado, no era muy hablador). A pesar de que mi abuela fue el amor de su vida, nunca había olvidado a su novia. Ella no era su alma gemela, pero había sido la única otra mujer a la que había amado; siempre se había preguntado dónde estaría y cómo le estaría yendo la vida.

Comenzaron a escribirse y terminaron por encontrarse en persona. Sabine le dijo que estaba embarazada cuando se separaron y que había tenido el bebé, un niño. Nació en la primavera de 1960, justo cuando mis abuelos se casaron. Trágicamente, murió a los seis meses de edad, solo unos meses antes de que naciese mi madre. Sabine nunca se casó ni tuvo más hijos, y dedicó el resto de su vida a su carrera como enfermera.

Mi familia permaneció en silencio en la mesa. Habíamos vivido toda nuestra vida sin saber de la existencia de ese niño, que había sido el hijo de mi abuelo, su primer hijo, el hermanastro de mi madre, mi tío perdido. Algo asombroso es que cuando mi madre era una niña pequeña solía preguntarle a su madre dónde estaba su hermano mayor. Mi abuela lo atribuía a la curiosidad de su hija, a su fértil imaginación y a la costumbre que tienen los niños de comparar su situación con la de otras familias. Siempre le recordaba a mi madre que ella era su primogénita, que no había ningún hermano mayor. Pero mi madre siempre había sentido una ausencia, y una pena peculiar la ensombrecía. Por supuesto, tendría que hacer una constelación para mi madre, mi tía y mi tío para identificar cualquier enredo con su hermano perdido (no la voy a hacer). Por otra parte, también ha sido un tema en la vida de mi tío el hecho de que siempre se ha sentido rechazado e ignorado por mi abuelo.

Una persona ausente no necesita generar un enredo para que su ausencia se sienta intensamente y para que el sistema familiar se vea muy afectado. Está claro que el hijo de mi abuelo y su primer amor, ambos «desaparecidos», habían ejercido un gran peso sobre nuestro sistema familiar (sobre mi abuelo y todos quienes estaban bajo su influjo), dado que su regreso cambió sin lugar a dudas la dinámica de nuestra familia para mejor. Después de esa noche, mi abuelo se convirtió en alguien que ya no percibía los sentimientos y la sensibilidad como una amenaza para su masculinidad. Pasó a ser alguien que decía «te quiero».

Algunos de nosotros sabemos o intuimos que la versión de la historia familiar a la que tenemos acceso no es la imagen completa, que contiene puntos oscuros, silencios, secretos. Por frustrante que sea, a menudo no tenemos forma de descubrir esos secretos o de conocer los detalles. Tal vez tengamos un conocimiento muy vago sobre una relación, un evento o un incidente (es decir, percibimos que algo sucedió), pero sabemos que nunca conoceremos toda la historia. Aunque esta situación pueda frustrarnos y hacernos temer que estamos atrapados en nuestras implicaciones sistémicas, todos tenemos una «salida de emergencia»: aceptar que a veces *el secreto es la historia*. Aceptar que hay un secreto envuelto en el silencio como un hecho en sí mismo, reconocer la fuerza de este secreto y dejarlo en el pasado con amor y respeto también puede sanarnos. Buscar sin cesar los detalles puede mantenernos en el pasado, en el mundo de quienes vinieron antes que nosotros, y hacernos olvidar que somos responsables de nuestra vida de aquí en adelante.

Cuando los fallecidos ocupan su lugar, están en paz y por fin se los experimenta como una energía positiva. Por lo tanto, la energía del fluir de la vida, la abundancia, la alegría y el amor regresan a todas las generaciones. Al cuidar de nuestros antepasados, cuidamos de nuestra próxima generación. En las constelaciones familiares, las fuerzas invisibles se hacen visibles, se traen a la luz. Podemos verlas y reconocerlas, se libera la tensión, y empezamos a avanzar conscientemente en lugar de que estas fuerzas sigan imponiéndonos su voluntad sin que nos demos cuenta. El sistema familiar vuelve a estar en orden, lo cual está unido al hecho de que cada miembro ocupa el lugar que le corresponde dentro del sistema. El sentimiento de pertenencia queda así restablecido, y cuando uno sabe que está donde debe estar, se siente más tranquilo. Esto es aplicable a cada miembro del sistema familiar y, por tanto, a la familia como grupo, a la que ya no le cuesta tanto respirar. El amor fluye más libremente.

AFIRMACIONES

Te veo y te hago un lugar en mi corazón.

Respeto lo que te tocó vivir, me inclino ante tu trayectoria vital
y te valoro como mi __________ [miembro de la familia].

Me aferraré al regalo de la vida que me has dado todo
el tiempo que pueda; solo cuando llegue mi momento
[de irme] te seguiré [al otro plano].

EJERCICIO:

Ceremonia de reconocimiento para restablecer el orden

Ahora que sabes más sobre el efecto que tienen las personas ausentes en el sistema familiar y que has explorado la posibilidad de que haya algunas en el tuyo, es hora de practicar el reconocimiento de estas personas, volver a incluirlas en el sistema y restaurar el orden (tienes que conciliar la influencia del pasado con tus obligaciones en el presente). Una ceremonia de reconocimiento para la persona ausente que te podría estar afectando a través de una implicación sistémica puede ser una muy buena manera de facilitar que vuelva a ocupar su lugar y liberarte del enredo. Si tu actividad de escritura en el ejercicio «No empezó conmigo» (página 90) no te trajo a la mente a un miembro de la familia ausente, le puedes preguntar a un pariente (con suavidad y respeto) sobre la posibilidad de que haya personas ausentes en la familia. En caso de que no obtengas respuestas útiles, te recomiendo que de todos modos hagas una ceremonia para tener en cuenta a las personas ausentes en tu familia. Una ceremonia de reconocimiento simboliza tanto un regreso a la pertenencia como una liberación respecto del enredo; es importante que el acto signifique una bienvenida y una despedida.

Puedes empezar por dirigir una carta a un miembro ausente o fallecido de la familia. Esta carta tiene que ser real, física. Puedes redactarla a mano o escribirla en el ordenador e imprimirla. Empieza con estas palabras: «Te tengo en cuenta y te dejo ir...». Seguidamente, confía en tu corazón y escribe lo que quieras expresarle a esta persona. Termina con estas palabras: «Respeto y valoro lo que has vivido. Te reconozco como miembro de mi familia y te hago un lugar en mi corazón». A continuación, una vez más, deja que tu corazón hable por ti. Lo único importante es que sientas en lo profundo que estás haciendo esta ceremonia por esta persona y que ahora por fin podrá estar en paz. Una vez que hayas escrito la carta, puedes quemarla o echarla en un buzón. Es importante que no guardes la carta y que te desprendas de ella respetuosamente (es decir, no la tires a la basura).

Patrones que reverberan

A veces, lo que nos atormenta no son los muertos, sino los vivos y su dolor y sus traumas no resueltos, los cuales transmiten a través de sus hijos y los hijos de sus hijos, configurando una especie de linaje de dolor y pérdida. Esto genera un desequilibrio en el sistema familiar tan potente como el de la pertenencia negada; también nos implica en sinos y destinos que no son los nuestros.

Cuando alguien está enredado en la suerte y el destino de otra persona, lamentablemente reproduce el desequilibrio que condujo a esa implicación sistémica, ya que se le llama a rendir cuentas por los padres o abuelos. Cuando ocurre esto, se genera un patrón en la dinámica familiar, persistente y sigiloso, pero visible si se decide buscarlo. Una de las formas más sencillas en que puedes sacar a la luz este patrón en caso de darse en tu familia (y, con suerte, ponerle fin) es repasar las respuestas que diste en el ejercicio «No empezó conmigo». Pon el título «Patrones» en la parte superior de una hoja de papel o documento. Lee atentamente tus respuestas, buscando primero *nombres repetidos* y *sucesos inusuales*. (En este contexto, un *suceso* puede ser una muerte temprana, la misma enfermedad en distintas personas, accidentes similares, múltiples matrimonios, episodios de migración, etc.). Toma nota de todo lo que adviertas.

Los nombres iguales son comunes en muchas culturas; son una manera de honrar tanto a los vivos como a los muertos. Respeto la intención, ya que honrar a nuestros seres queridos y a nuestros antepasados es un acto de generosidad y cariño. Sin embargo, ponerle a un niño el mismo nombre que a un miembro de la familia, especialmente un miembro fallecido, podría suponer el inicio de una implicación sistémica o tener un impacto en la vida de esta persona similar al de una implicación sistémica, ya que su suerte podría quedar conectada de alguna manera con la del familiar de una generación anterior que tenía el mismo nombre. La persona homónima más joven podría dar continuidad al mismo destino de la persona mayor o repetirlo (podría morir a una edad similar, por ejemplo) o no hacerlo, en cuyo caso las consecuencias serían igualmente dolorosas. Opino que ya tenemos tanto con lo que lidiar con origen en nuestro linaje que no necesitamos cargar con más peso todavía. Un recién nacido es una nueva vida y supone un comienzo y el inicio de un ciclo. Démosle la oportunidad de tomar lo mejor de su linaje y crear algo maravilloso a partir de ello empezando de cero. Siento con fuerza que si para ti es importante ponerle a tu hijo el mismo nombre de un ser querido, se lo pongas como segundo nombre, o que elijas un nombre de sonido similar o que empiece con la misma letra (esta es una tradición común entre las familias judías asquenazíes, por ejemplo).

Si tu nombre es el mismo que el de un ser querido fallecido, especialmente si murió joven o de forma trágica, no evites a esta persona. Intenta conocer mejor esta parte de tu herencia, si te es posible. Toma conciencia de cualquier hecho trágico que haya ocurrido y despréndete con amor de cualquier implicación sistémica que puedas estar manteniendo en relación con ese familiar fallecido.

Primero, honra al miembro más antiguo de la familia que sepas que llevó ese nombre. Supongamos por un momento que te llamas Sasha y que sabes que uno de tus bisabuelos o una de tus bisabuelas también se llamaba así. Si tienes una foto suya, tanto mejor; puedes sostenerla y decir, mirando a la persona: «Sasha, soy tu tocayo/a. Gracias por compartir esta parte de la identidad familiar conmigo». A continuación, valora su vida; puedes decirle: «Valoro tu vida y te doy las gracias por la mía. No estaría aquí sin ti». Finalmente, afirma que tu vida te pertenece con estas palabras: «No estoy aquí como una continuación o una prolongación tuya. Estoy aquí con mi propia vida, y al vivirla plenamente y con sentido, te honraré. Pero no necesito seguirte ni concluir tus asuntos pendientes».

Después de buscar nombres repetidos y sucesos inusuales, repasa tus notas para encontrar fechas y edades clave. Podría tratarse de días de nacimiento (o días de muerte) coincidentes o de edades en las que se producen sucesos significativos a través de generaciones. Por ejemplo, tú y tu tío podríais haber nacido el mismo día del mismo mes. O tal vez tú y tu bisabuela no nacisteis el mismo día del año, pero ella dejó atrás su país de origen a los treinta y un años y tú te divorciaste a esa misma edad: ambos sucesos constituyen una especie de abandono de una forma de vida en busca de un futuro mejor. Cada dinámica familiar incluye fechas clave de este tipo.

El ejercicio del árbol genealógico del capítulo uno (página 85) es un recurso potente para encontrar fechas y edades clave, y también constituyen una buena fuente de información los familiares a los que puedas pedir que te den detalles sobre el momento en el que se produjeron determinados sucesos en su pasado, como acontecimientos bélicos, abortos espontáneos, suicidios o desplazamientos. Las fechas de este tipo de sucesos no suelen figurar en los árboles genealógicos, en los que sí constan las fechas de los nacimientos, muertes y enlaces matrimoniales. Toma nota de si los momentos en los que se produjeron esos eventos coinciden con puntos de inflexión en tu propia vida. Estos patrones pueden mostrarnos que tal vez estemos atrapados en implicaciones sistémicas que forman parte del ciclo de una herencia traumática.

En mi familia, por ejemplo, el trauma y la tragedia aparecían regularmente a los trece años, esa curiosa época en la que estamos en el umbral entre la niñez y la adultez, en la que anhelamos gozar de independencia pero aún buscamos el amparo de nuestros padres. A los trece años, mi abuela paterna perdió a su abuelo y a su padre el mismo día, cuando fueron asesinados en el andén de una estación en el contexto de la Segunda Guerra Mundial. Y, como mencioné antes, mi abuelo paterno también pasó a ser huérfano, en un sentido menos literal, con trece años. Recordarás que sus padres y su hermana vivían en Argentina cuando estalló la Segunda Guerra Mundial, y que no pudieron llevarlo allí desde Francia (estaba en un internado). Al cabo de un tiempo lo reclutaron para luchar en la guerra, y los rusos lo hicieron prisionero. Terminada la guerra, conoció a mi abuela. Cuando ella se quedó embarazada fuera del matrimonio, él le pidió que lo acompañara a Argentina, pero ella decidió quedarse en Francia. Crecer en una pequeña ciudad francesa en los años cincuenta como hijo de una madre soltera no fue fácil para mi padre. Fue acosado sin piedad por ser el «hijo de una prostituta», hasta que, a los trece años, explotó y atacó brutalmente al niño que acaudillaba la pandilla más pendenciera. Y yo tenía trece años cuando me agredieron sexualmente en Londres; mis padres me habían mandado de viaje a esta ciudad para que mi inglés ganara en fluidez. Cada uno de nosotros fue un niño separado de sus padres que se vio obligado a crecer antes de tiempo. Nos despojaron de nuestra niñez; perdimos la inocencia en un punto muy concreto que dividió nuestras respectivas vidas en un antes y un después.

Creo que ninguno de nosotros era consciente de estar reproduciendo un patrón de abandono y trauma. Creo que cualquiera de nosotros podría haber roto la maldición si hubiese sido consciente de la existencia de un patrón que debía ser reconocido. Bueno, en mi caso, estoy a tiempo de hacerlo. De hecho, espero haberlo hecho. A través del trabajo con las constelaciones familiares, pude arrojar luz sobre esa oscuridad y hacer frente a las profundidades de mi propio dolor. No tengo hijos, pero si los tengo en el futuro, espero haber puesto fin al patrón de manera permanente. He procurado hacerme responsable de mis propios problemas para que ningún miembro de la próxima generación tenga que repararlos o arreglarlos por mí; espero que lo peor a lo que tengan que hacer frente mis hijos a los trece años sean los típicos conflictos y asuntos con los que debe lidiar todo el mundo a esta edad tan incómoda.

Tú también tienes el poder de poner fin a un legado de pérdida o violencia. Te prometo que no estás en manos de hechos que sucedieron o de personas que vinieron a este mundo antes que tú. Cuando somos capaces de ver nuestra vida en el contexto más amplio del sistema familiar, podemos tomar cierta distancia y comprender mejor las maneras en que nuestros ascendientes son una fuente de poder: por una parte, irradian fuerza vital; por otra parte, cuentan con la sabiduría que les brinda la experiencia que han acumulado. Y nosotros podemos aprovechar este poder para avanzar en nuestra vida con conciencia y claridad de propósito.

Voltaire escribió: «Cada jugador debe aceptar las cartas que le reparte la vida. Pero una vez que las tiene en la mano, solo él o ella debe decidir cómo jugarlas para ganar la partida». La mano que se nos reparte es nuestra suerte. Está predeterminada por el universo, por la Fuente, por lo divino, por la genética y la historia..., elige el marco con el que te sientas más a gusto. La palabra *suerte*, en esta acepción, tiene varios sinónimos: uno de ellos, *sino*, es usado a menudo en esta obra. *Estrella* es otro sinónimo; lo encontrarás ocasionalmente en este libro. Otro sinónimo, *hado*, proviene de la palabra latina *fatum*, que significa, literalmente, 'ha sido dicho'. Hace referencia a algo que ya está hecho, que ya está cerrado. La cuestión es que no tenemos el control en lo relativo a dónde o cuándo nacemos, o en lo relativo a quiénes son nuestros padres; esta es nuestra suerte. Mi suerte (mi estrella, mi sino, mi hado) fue nacer en Francia a finales del siglo XX como mujer y ser hija de los padres que tuve. Nuestra suerte está conectada a nuestros predecesores, inevitablemente. Sin ellos no podríamos existir. Pero nuestro porvenir no tiene por qué estarlo. Nuestro porvenir (nuestro *destino*, entendido como el futuro que nos labramos) es el resultado de cómo jugamos esa mano, de las decisiones que tomamos en el camino que recorremos a lo largo de nuestra vida. Nuestra suerte es de dónde venimos; nuestro porvenir es adónde vamos. ¿Cuál es tu suerte? ¿Y cuál es tu porvenir?

Cuando estamos enredados con la suerte de otra persona, asumimos su destino como propio y perdemos nuestro camino. Cuando reconocemos las implicaciones sistémicas a las que estamos sujetos, podemos anticiparnos y romper viejos patrones, y cambiar así no solo el curso de nuestra propia vida, sino también el de la vida de quienes han venido y vendrán después de nosotros. Tomamos el control de nuestro porvenir, nuestro sistema familiar recupera el orden y cada uno de nosotros está en el lugar en el que debe estar.

AFIRMACIONES

Mi nombre/fecha de nacimiento puede coincidir con el/la de mi __________, pero mi estrella no es la misma que la suya.

Tengo mi propia estrella.

Ocupo el lugar que me corresponde en mi familia
al seguir mi propio camino.

EJERCICIO:
Identificación de patrones — Un inventario personal

Al principio de este capítulo, comenzamos mirando el pasado de nuestra familia a fin de contar con una base para aprender a reconocer las señales indicativas de una implicación sistémica. Aquí invertiremos este orden y empezaremos con *tu* pasado; harás una relación de los sucesos determinantes que te han moldeado. Seguidamente, usarás esta lista de sucesos como base para hablar con los miembros de tu familia que estén dispuestos a mantener este diálogo, con la finalidad de identificar patrones.

Si tus abuelos aún están vivos, te animo a preguntarles si estarían dispuestos a contarte ciertos detalles de su pasado. Puedes explicarles que quieres conocer, o conocer mejor, los eventos determinantes en la vida de los miembros de la familia para entender mejor la historia familiar.

Sin agobiarte, haz una lista de los sucesos importantes, traumáticos o significativos que hayan tenido lugar en tu vida desde que naciste. Anota la edad que tenías en el momento en el que se produjo cada uno de esos incidentes y usa esta información para orientarte en tu conversación: identifica qué año o años de tu vida deseas explorar. Por ejemplo, puede que desees obtener información sobre un suceso impactante que viviste a los dieciséis años y que marcó tu vida. Cuando te sientes con tus abuelos, empieza por preguntarles cómo era su vida a los dieciséis años (o a la edad tuya que estés explorando). A continuación, pregúntales qué destaca en su memoria como el suceso más impactante que tuvo lugar en su vida a esa edad. Hacerles preguntas específicas, en lugar de abiertas, puede ser útil para facilitar una conversación más productiva; estoy hablando de preguntas como «¿dónde vivías?», «¿con quién vivías?», «¿tuviste alguna enfermedad?», «¿qué trabajo tenías?»,

«¿cuál era tu libro favorito?» o «¿quién era tu mejor amigo?». Pregúntales cómo se llamaban sus padres, hermanos y otros familiares en caso de que no lo sepas. *Registra sus respuestas.* Puedes tomar notas mientras hablan, sí, pero ¿no sería un vídeo un maravilloso recuerdo que conservar? Avanza año por año si quieres explorar más momentos de tu vida.

Dales espacio a tus abuelos para que te cuenten lo que quieran contarte. Si no desean revelar alguna información, no insistas; respeta su decisión. Comunícate con ellos de forma respetuosa y sin juzgarlos, tal como te gustaría que se relacionaran contigo los demás. Esta es una clave fundamental para tener una dinámica familiar saludable. Una vez que hayas hablado con tus abuelos, repasa sus respuestas y compáralas con lo que has escrito en la lista de sucesos de tu vida. Busca fechas, experiencias que se repitan, etc. Busca cualquier patrón. Confía en ti y tómatelo con calma. Como humanos, estamos programados para reconocer patrones, aunque parezca poco probable que lo que estamos viendo corresponda a un patrón realmente.

Espero que este ejercicio te ayude a identificar patrones en tu propia familia y a obtener nuevas perspectivas sobre las maneras en que puedas estar manteniendo una identificación o una implicación sistémica con miembros de la familia, de tal modo que puedas tener la capacidad de poner fin a viejos patrones. Cuando podemos vernos a nosotros mismos dentro de un cuadro más grande, tenemos la capacidad de entender nuestro sino en el contexto del sistema familiar, lo que nos ancla con mayor firmeza en el lugar que ocupamos en el sistema. A partir de aquí, estamos mejor preparados para labrar nuestro propio porvenir.

Capítulo 3

Los únicos padres adecuados

No tienes por qué amar a tus padres

Nueve de cada diez veces, sea cual sea el problema que trae a los clientes a mi consulta (una carrera estancada, una vida amorosa complicada, problemas con las relaciones, dificultades económicas...), siempre, y quiero decir *siempre*, terminamos hablando de sus padres. Bueno, sí, este sistema se llama constelaciones *familiares* por algo. Y, por supuesto, muchas personas vienen a mí específicamente porque tienen una relación difícil con uno de sus padres o con ambos. En este sentido, las constelaciones familiares pueden parecer bastante similares a la terapia convencional. Después de todo, si has visitado a un terapeuta, supongo que no tardó en preguntarte por tu infancia. En inglés, hay un dicho acerca de que los padres nos arruinan la vida. Apuesto a que nueve de cada diez terapeutas comulgan con esta afirmación, sea cual sea el tipo de terapia que practiquen.

En mi trabajo, he visto una y otra vez lo mucho que nuestra relación con los padres puede afectar a nuestra autoestima, nuestra capacidad para conformar relaciones saludables, nuestro éxito profesional y nuestra solvencia económica, entre otras dinámicas de la vida. Pero cuando se trata de la manera de restablecer la paz en las relaciones, de darle la vuelta a una dinámica difícil con los padres o de sanar las heridas que tal vez sufrimos en la infancia y que ahora cargamos en la adultez, ahí termina la semejanza inicial entre la terapia convencional y las constelaciones familiares.

Según mi experiencia, la terapia convencional muy a menudo se enfoca en qué personas o sucesos de nuestro pasado son responsables de nuestros problemas actuales. Nos enseña a hurgar en el almacén de nuestros recuerdos para descubrir *quién nos hizo qué*, para identificarnos como víctimas. En particular, se nos anima a juzgar a nuestros padres: a identificar lo que nos faltó en nuestra infancia, las carencias de nuestros progenitores y las heridas que sufrimos debido a su pésima forma de criarnos.

Está claro que muchos de nosotros tenemos unos padres que no supieron satisfacer nuestras necesidades. Es posible que hayamos tenido un progenitor frío y poco receptivo a nuestras emociones, o para quien nuestros sentimientos eran un incordio, o que nos trataba como a un sustituto de su pareja, o que tenía unas expectativas que nunca podíamos cumplir, o que negaba nuestra identidad, o que no respetaba los límites (o que nunca los estableció), o que tenía un carácter iracundo, o que era alcohólico, o que murió joven o estuvo ausente de alguna otra forma. O, lo que es aún peor, muchos tuvimos padres que nos maltrataron emocional o físicamente. Por supuesto, la madre y el padre biológicos y quienes llevan a cabo la crianza no siempre son las mismas personas; es posible que tengamos padres biológicos a los que nunca conocimos (ten en cuenta que todo lo que sigue es aplicable a ambos tipos de cuidadores; ya verás por qué esto es así en el ámbito de las constelaciones familiares). Esto son hechos. Pero muy a menudo en la terapia o en la vida elaboramos un relato alrededor de estos hechos, una historia subjetiva sobre lo que significan para nosotros.

Revisamos este relato a menudo para hacer responsables a nuestros padres de nuestra infelicidad actual; elaboramos una especie de guion –en el que nuestro papel es el de víctima– a partir del cual vivimos y limitamos nuestra vida, renunciando a nuestro libre albedrío. Son nuestros padres, no nosotros, los responsables de nuestras elecciones, conductas y dificultades presentes.

Si nunca has puesto un pie en la consulta de un terapeuta, es probable que de todos modos tengas tu propio guion respecto a tus padres. Tómate un minuto y conecta con tu interior. Agarra un cuaderno o abre una aplicación de notas en tu teléfono. Cierra los ojos y visualiza a tus padres. Toma conciencia de todo tu cuerpo, por partes. ¿Cómo se siente? ¿Tenso? ¿Constreñido? ¿Relajado?

Ahora, pregúntate lo siguiente con toda honestidad y anota las respuestas: «¿Siento algún resentimiento hacia uno de mis padres o hacia los dos? ¿Por qué? ¿De qué los culpo? ¿Cómo los juzgo; qué creo que deberían haber hecho de otra manera?».

Escribir las respuestas a estas preguntas es una forma de obtener claridad en cuanto a cómo te sientes y de tomar distancia de ello. Cuando «salimos de nuestra cabeza» y plasmamos nuestros pensamientos sobre el papel, adoptamos una perspectiva más amplia y podemos ver estos pensamientos como algo separado de nuestra dimensión interior.

Ahora, haz dos listas, una titulada «Hechos» y otra titulada «Relato». Lee lo que has escrito e intenta distinguir los hechos (lo que pasó) del relato (lo que crees que significan esos hechos). Por ejemplo, tal vez tu madre trabajaba muchas horas y a menudo estaba ausente o no disponible en la vida diaria o para los eventos de la escuela, las actividades extraescolares o determinados momentos clave. Esto son hechos. El relato es cómo te sientes al respecto y lo que sientes hacia ti: «Mi madre priorizó su carrera por encima de mí», «Mi madre amaba más su trabajo que a mí», «Es culpa de mi madre que nunca aprendiera a tener relaciones cercanas con mujeres», «Mi adicción al trabajo es culpa de mi madre», «Mi madre no se preocupó lo suficiente por mí como para estar cuando la necesitaba», «Mi madre no me quiso –y no me quiere– lo suficiente», «No merezco el amor de mi madre», «No merezco nada»...

¿Te das cuenta de lo dañino que puede ser este relato? ¿Te das cuenta de lo fácil que es que se convierta en un guion en el que tu papel es no dar nunca la talla en la vida y en el amor, y en el que tus propias elecciones parecen una consecuencia natural de las acciones de tu madre en lugar de ser una expresión de tus propios valores? En el caso hipotético expuesto, es verdad que la madre trabajaba muchas horas. Y es verdad que se perdió eventos importantes en la vida de su vástago. Pero el relato («mi madre amaba más su trabajo que a mí») no es demostrable, no es un hecho. Si lo fuera, la madre u otros miembros del hogar, como los hermanos, pensarían exactamente lo mismo. Pero, obviamente, esto no es así; nunca lo es. Quizá el relato de la madre es más del estilo «me sacrifiqué para darle a mi hijo la vida que yo no tuve» o «mi arduo trabajo le enseñó a mi hija a ser autosuficiente e independiente después de mi divorcio».

Vivir según este guion presenta dos grandes problemas. Por una parte, nos desempodera increíblemente; literalmente estamos renunciando al poder que tenemos sobre nuestra propia vida. Y por otra parte, ocurre algo más grave si cabe, y es que estamos negando la vida misma: cuando vivimos en el pasado, rechazamos el presente. Aunque creamos que estamos trabajando para avanzar, estamos atrapados en la zona muerta del pasado, un lugar en el que ni el cambio ni el crecimiento son posibles.

Vuelve a examinar tu relato, con mucha atención: ¿en qué momentos has culpado a tus padres en lugar de asumir el control de tu propia vida? ¿En qué áreas o puntos se ha estancado tu vida mientras perdías tiempo y energía lamentando lo que tus padres hicieron o no hicieron, lo que pudieron o no pudieron darte, o la manera en que te amaron, la cual consideras que debió ser diferente o mejor?

Cuando conocí a mi clienta Jane, estaba en cuarentena con su madre. Jane tenía casi treinta años y no vivía en casa desde que se fue a la universidad. Pero era camarera, y cuando llegó el COVID-19, se quedó sin trabajo temporalmente. En lugar de seguir pagando el alquiler de un apartamento pequeño y caro en Nueva York del que no podía salir, regresó a la casa de su infancia en Nueva Jersey, donde podía vivir sin pagar alquiler. En nuestra primera reunión por Zoom, Jane se pasó toda la sesión explicando por qué no soportaba a su madre. Me contó que su madre nunca la había querido realmente ni le había hecho mucho caso. Sentía que su hermana siempre recibía toda la atención y que a ella la trataba como al patito feo. Tenía una larga lista de agravios que le encantaba enumerar con detalle cada vez que hablábamos. Vivir con su madre equivalía a vivir en un estado de furia; se tomaba personalmente todos sus comportamientos, incluidos los menos relevantes. Me dijo que su madre era pasivo-agresiva y calculadora por no servirle una taza de café. Me resultaba muy interesante que, a pesar de cuánto parecía detestarla, Jane hubiera elegido volver a vivir con ella, especialmente en un momento de inseguridad e inestabilidad global sin precedentes. «No tuve otra opción, Marine», me dijo más de una vez.

El padre de Jane había muerto cuatro años antes. Sin embargo, ella no lo tenía idealizado, sino todo lo contrario: lo veía como el cómplice de su madre, como alguien que siempre estaba decepcionado con ella y no creía en ella. De hecho, a Jane le molestaba que su madre todavía estuviese llorando a su marido: «Actúa como si hubiesen tenido un matrimonio perfecto, pero discutían todo el rato», lamentó. La principal queja que tenía de su madre era que estaba «viviendo en el pasado».

Jane sufría ataques de pánico y ansiedad. Detestaba ser camarera, pero no tenía nada claro qué quería ser. No parecía creer que pudiera hacer otra cosa. Se sentía resentida e insegura con respecto a sus amigos de la universidad, todos los cuales estaban construyendo su carrera. No creía en sí misma ni sabía quién era. ¿Te resulta familiar su situación?

Al regresar a casa de su madre, Jane se estaba refugiando en la seguridad: la seguridad de su relato. El COVID-19 era la coartada perfecta. Jane ya no tenía que responsabilizarse de nada. En su pensamiento, no tenía otra opción. Trabajar con ella se pareció un poco a jugar a «golpear al topo»: cada vez que llegábamos a una resolución, recordaba un nuevo agravio que mencionaba para recuperar la tesis de que era culpa de sus padres que X, Y o Z no estuviera funcionando en su vida como ella esperaba.

A lo largo de nuestras sesiones, Jane pudo comenzar a salir de su cabeza. La culpabilización es un tipo de pensamiento fijado. Al salir de su cabeza, pudo reconectar con su cuerpo, poco a poco. Jane estaba bloqueada. No quería sentir sus emociones, y esa era una de las razones por las que había estado sufriendo ataques de pánico. Estos ataques eran como el sistema de alerta de emergencia de su cuerpo. Sus padres no estaban conectados con sus propias emociones, y ella había interiorizado la idea de que el ámbito de los sentimientos no era seguro.

A medida que se fue sintiendo más cómoda con sus emociones, pudo ir haciéndose cada vez más responsable de ellas; sobre todo, pudo ir reconociendo que quería mucho a sus padres, y el miedo que le producía este sentimiento. Pudo ir conectando con este amor y con su propia capacidad de decisión, a la vez que pudo ir soltando el relato al que se había estado aferrando con tanta fuerza. Al reconectar con sus emociones, por fin pudo ver la verdad: solo deseaba que la quisiesen y reparasen en ella, y cuando empezó a prestarse atención y quererse a sí misma, su vida comenzó a fluir. En lugar de permanecer centrada en sus padres, fue dándose a sí misma lo que necesitaba y, por tanto, lo que necesitaba su niña interior. En sintonía por fin con sus verdaderas necesidades, aceptaron a Jane en un programa de máster para convertirse en terapeuta ocupacional, y se fue de la casa de su madre en paz.

Cuando culpamos y juzgamos a nuestros padres, no solo rechazamos el presente; también los rechazamos a ellos. Y aquello que rechazamos, lo repetimos. Aquello que rechazamos, lo excluimos. Por eso, en el ámbito de las constelaciones familiares no jugamos al juego de la culpa (como se dice en Estados Unidos, «si juegas a juegos tontos, ganarás premios tontos»). Cuando excluimos a uno de nuestros padres, o a ambos, de nuestro sistema familiar, generamos desorden en el sistema, un desequilibrio. Recuerda que el sistema familiar siempre buscará restaurar su equilibrio e integridad, a través de las implicaciones sistémicas principalmente.

Nuestro bienestar depende de que restituyamos a nuestros padres al lugar que les corresponde en nuestro sistema familiar. Debemos restablecer su pertenencia, por mucho que nos resistamos a esta idea o por más desagradable que pueda parecernos al principio. Porque la reconciliación no llega –no puede llegar– al señalar cómo nos arruinaron la vida nuestros padres y quedarnos ahí, aunque tengamos el objetivo de perdonarlos con el tiempo. La clave para cambiar la dinámica con nuestros padres es la aceptación, no el perdón.

Esto no significa que no debamos considerar que nuestros padres no son responsables de sus actos, de ninguna manera. Son responsables de lo que hicieron. No excusamos ni perdonamos. En el campo de las constelaciones familiares siempre insistimos en que cada cual es responsable de sus actos; una vez que somos adultos, somos los únicos responsables de nuestras decisiones y acciones. Por eso vale la pena repetirlo: tus padres son los únicos responsables de sus acciones. Pero esto también significa que *tú no eres responsable de lo que les corresponde a ellos*.

Puede que esto parezca obvio. No obstante, en cierto sentido, cuando te fijas obsesivamente en los errores o defectos de tus padres y deseas una reparación –o incluso perdonarlos–, estás intentando controlar los resultados de sus decisiones, determinar su sino, algo que no puedes hacer. No puedes asumir la responsabilidad por las acciones de otra persona; tienes que dejar que esa persona afronte su propia suerte (es esto lo que queremos decir cuando hablamos de respetar la experiencia vital de alguien y sus consecuencias). No desperdicies tu energía y tus recursos ni te arriesgues a entrar en una implicación sistémica o a perpetuar un enredo implicándote con el sino de esa persona.

Cuando conocí a mi cliente Jonathan, acababa de vender su primera *startup* por una buena suma y había conseguido una cantidad sustancial de capital para su próximo proyecto. Tenía poco más de treinta años, estaba sano y ahora era rico. Debería estar disfrutando de su éxito, que había logrado trabajando duro, pero en cambio estaba lidiando con una ansiedad intensa. Cada noche soñaba que lo enviaban a prisión sin juicio previo y que le imponían una condena de duración desconocida.

Tuve una sorpresa cuando me dijo que diez años antes había estado en prisión. Con veintipocos años había robado en un supermercado. Mientras estaba en prisión, su hermana le regaló un ejemplar de *Los cuatro acuerdos*, de don Miguel Ruiz, un código de conducta espiritual que lo puso en el camino del crecimiento personal y el desarrollo espiritual. Jonathan se convirtió en un preso modelo: comenzó a estudiar programación, asumió la responsabilidad de sus acciones y ayudó a otros presos a preparar sus apelaciones y citas en tribunales. Tras ser liberado anticipadamente por buena conducta, lo admitieron en un prestigioso programa de ciencias de la computación. Cuando lo conocí, Jonathan ya estaba completamente «reformado».

Escucharlo contar su pasado era como escuchar a alguien hablando del personaje de una novela. Pero a pesar de los años que hacía que estaba llevando una vida honrada, lo atormentaba el miedo a volver a acabar en un lugar oscuro de alguna manera; casi parecía no tener el control de su propia vida. No podía disfrutar de su éxito y, aunque se sentía listo para formar una familia, tenía poca suerte con las citas.

Una vez que Jonathan me hubo puesto al día sobre su vida adulta, iniciamos su constelación. Fue una constelación «a ciegas»: antes de comenzar con ella, basándome en nuestras conversaciones y en los temas que me dijo que quería trabajar, había hecho una lista de los personajes que íbamos a incluir. Yo sabía a quién representaba cada par de huellas de pies, pero Jonathan no. Jonathan las dispuso sobre una mesa y luego fuimos abordando cada par; tuvo que decir cómo se sentía en relación con cada uno. Cuando hubo terminado, le dije a quién representaba cada conjunto de huellas y repasamos lo que había dicho sobre cada par.

Tras terminar de hablar sobre su constelación y los hallazgos que obtuvimos, me di cuenta, algo avergonzada, de que habíamos pasado por alto un par de huellas. En una esquina de la mesa estaba el último par, el que representaba al padre de Jonathan. Incluso yo, la terapeuta, lo había olvidado por completo. Cuando le pregunté a Jonathan qué sentía ante él, respondió: «Nada..., no siento nada». Entonces le dije, con delicadeza, que esas huellas representaban a su padre. «¿Ah, sí?», dijo. Enseguida quedó claro que literalmente no tenía ni idea de dónde estaba su padre. «No lo sé, y no me importa –comentó–. No lo he visto desde que era un niño pequeño, y ya ni siquiera pienso en él».

Jonathan me explicó que cuando tenía cinco años su padre fue a prisión por atracar un banco. Su madre se divorció de él mientras estaba en la cárcel; nunca lo visitaron, y su madre se había esforzado por evitar incluso hablar de él después de ese episodio. Cuando mencionaba a su exmarido, era para lanzar una advertencia («no te conviertas en tu padre») o para rebajarlo frente al carácter y los comportamientos de Jonathan («eres mucho más inteligente/mejor/más amable que tu padre»). Cuando se volvió a casar, pasó a estar prohibido mencionar siquiera al padre de Jonathan.

«Ya sé, es un poco un cliché: mi padre fue a prisión, crecí sin padre y luego yo también estuve en la cárcel –Jonathan se encogió de hombros–. Ya he hablado de esto en terapia hasta la saciedad». Desde su perspectiva, había trabajado para perdonar a su padre y seguir adelante, por lo que aseguraba que ya no pensaba en él. Suponía que soñaba con la cárcel de resultas del estrés. Pero la realidad era que Jonathan no había dejado de culpar a su padre. No lo había vuelto a admitir en el seno de su sistema familiar; de hecho, nunca lo había aceptado verdaderamente como *su padre*. Vivía en un estado permanente de rechazo, especialmente hacia su propia vida y la posibilidad de ser padre él mismo. Estaba claro que Jonathan permanecía unido a su padre por una implicación sistémica; subconscientemente, era leal al hombre que había sido excluido, y estaba asumiendo su sino para ocupar su lugar, por más que afirmase que esto no era así.

En el contexto de la constelación, Jonathan pudo facilitar que su padre regresase al lugar que le correspondía. Se dirigió a él; primero, formuló una sencilla declaración de aceptación: «Papá, soy tu hijo; tú eres mi padre». Luego abandonó la culpabilización y estableció un límite: «Lo hiciste lo mejor que pudiste; de ahora en adelante, yo llevaré las riendas». Al respetar el derecho de su padre a pertenecer, Jonathan logró deshacer el enredo. No quería buscar a su padre ni iniciar una relación con él, pero al dejar de negar su paternidad, por así decirlo, pudo reconciliarse con la vida tal como es, con la vida misma. Dejó de soñar con la cárcel y de temer que no sería un buen padre.

Sé que culpar a nuestros padres nos hace sentir bien de algún modo. Hay algo dulce en la ira justa que experimentamos cuando enumeramos las maneras en las que nos hicieron daño quienes en teoría debieron querernos más. Y hay una sensación perversa de seguridad, incluso de consuelo, asociada al rol de víctima, a pesar de que este rol nos hace volver constantemente al origen del malestar y el dolor, porque es un papel con el que estamos familiarizados; además, el victimismo nos ofrece una excusa protectora. Pero ahora eres una persona adulta y tienes poder: te corresponde a ti tomar tus propias decisiones en cuanto a tus relaciones. La única persona en la que puedes confiar para cambiar la dinámica con tus padres, para romper el patrón, eres tú.

Sé que esto es difícil cuando tenemos que lidiar con personas o dinámicas tóxicas. Y es aún más difícil y doloroso cuando estas personas son la madre o el padre. Pero mantener el rol de víctima y gritar constantemente que lo que has vivido o estás viviendo no es justo y no lo mereces es no hacerte responsable de tu vida y renunciar a tu poder. La queja, la culpabilización y la lamentación son tóxicas para nuestro bienestar. Estos comportamientos defensivos socavan nuestro poder. Cuando prescindimos de ellos, elegimos otorgarnos un mayor valor y defender nuestro verdadero yo. El amor va precedido del respeto. Cuando nos respetamos a nosotros mismos, atraemos el amor automáticamente.

No podemos cambiar el pasado, aunque no haya sido justo, pero sí podemos controlar nuestra relación con él. Podemos dejar a un lado la ira, el dolor y la decepción. Podemos, como siempre, dejar de discutir con la realidad y reconocer lo que es: nuestros padres son nuestros padres. La única opción que tenemos es soltar las expectativas y tomar lo que tengan para darnos, por limitado que sea, tal como es. No tienes por qué querer a tus padres, pero es necesario que los aceptes.

Y ahora llega lo verdaderamente complicado en el trabajo interior con los padres. Te advierto que lo que sigue no es fácil. Muchos de mis clientes se bloquean en este punto. Porque sería bonito –y hasta fácil, aunque un poco demasiado optimista– que te dijera que todo lo que tenemos que hacer para lograr la reconciliación es soltar nuestras expectativas. Sin embargo, cuando se trata de nuestros padres, reconocer lo que es no significa solamente aceptar y admitir la realidad de que nuestros padres son nuestros padres, sino que también implica aceptar que *nuestros padres son los únicos padres adecuados para nosotros*.

Vaya. Por un lado están las disfunciones parentales comunes y corrientes, pero ¿cómo podemos decir que unos padres dañinos son los únicos padres adecuados para nosotros? ¿Y por qué tendríamos que hacerlo? En el sentido más básico, nuestros padres son los únicos padres adecuados para nosotros porque son nuestros únicos padres. Sin ellos, no estaríamos aquí. Bert Hellinger escribió: «No hay otros padres que estos. Por lo tanto, son los mejores padres, los únicos padres posibles y, por ende, también los únicos padres adecuados».[1]

Nuestra existencia depende de la realidad de esas dos personas que combinaron su herencia genética para crearnos. Para nosotros no existió un camino hacia la vida distinto del que trazaron esas dos personas. Por lo tanto, son las únicas personas adecuadas. Cómo sean o hayan sido es irrelevante a todos los efectos. El mero hecho de que nos dieron la vida las convierte en «los únicos padres adecuados».

Pero ¿qué relevancia tiene que reconozcamos esto o no? Detengámonos un momento. Cierra los ojos, permítete relajarte y lleva la atención a los latidos del corazón. Con cada latido sientes la fuerza de la vida que fluye a través de ti. Esta vida llegó a ti por medio de tus padres biológicos. Los hayas conocido o no, la vida pasó por ellos para llegar a ti. Independientemente de la calidad de su crianza, te transmitieron esa fuerza vital en su totalidad; no hubo nada que pudiesen quitarle ni añadirle. Y a través del regalo de la vida tus padres te conectan necesariamente con algo más grande y profundo que tú; no solo con la cadena de familiares que te preceden, sino también con la fuente misma de la vida, como sea que la concibas.

Cuando logramos llegar al punto de reconocer que *nuestros padres son los únicos padres adecuados para nosotros*, alcanzamos un estado de sumisión completa y total a la fuerza de la vida misma y, por lo tanto, la aceptamos plenamente. Para vivir una vida realmente intensa, llena de vitalidad y plenitud, debemos recibir tanta fuerza vital como sea posible. Como hijos de nuestros padres, esta es realmente nuestra única tarea: tomar todo lo que tienen por ofrecer, que es la vida misma. Cuando cortamos la conexión con nuestros padres –cuando los negamos, rechazamos o excluimos, ya sea en nuestro corazón o en nuestra mente–, estamos desviando el fluir de la vida para que no llegue a nosotros.

Nada de esto significa que debas mantener una relación cercana con tus padres. Muchos de nosotros no conocemos a nuestros padres biológicos; podemos haber sido adoptados, o nuestro padre o nuestra madre pudieron haber recurrido a un donante de óvulos o esperma. Y, como ya he comentado, muchos tenemos padres abusivos o tóxicos. Aceptar que nuestros padres son los únicos padres adecuados para nosotros no implica aceptar el maltrato. Joy Manné, psicóloga y una facilitadora de constelaciones familiares magnífica, ayuda a los clientes que han sufrido maltrato parental a afrontar esta difícil tarea indicándoles que digan lo siguiente: «Ahora te acepto como mi [padre/madre], y acepto el precio que tuviste que pagar tú y el que tengo que pagar yo».[2] Me encanta esta declaración porque pone el acento en la responsabilidad del progenitor («el precio que tuviste que pagar» = el sino del padre o la madre) al mismo tiempo que valora la experiencia del hijo o la hija («el [precio] que tengo que pagar yo»).

Reconocer y aceptar que nuestros padres son los únicos adecuados para nosotros significa abrirnos a recibir lo que tienen para ofrecernos, que es, fundamentalmente, la vida misma. Hacer esto no es incompatible con establecer límites (por ejemplo, elegir no comunicarnos con unos padres tóxicos). Encontrar la distancia adecuada entre nosotros y nuestros padres, biológicos o no, es uno de los mayores regalos que podemos ofrecernos. Pero es imposible establecer estos límites o experimentar una verdadera autonomía si nuestros padres no están ahí, hablando en sentido figurado, para que podamos separarnos de ellos. Si no están ahí, no hay ninguna distancia que tomar en consideración. Ocurre entonces que la ausencia de nuestros padres del sistema familiar no es sinónimo de alivio y tranquilidad para nosotros, sino que hay una especie de agujero negro en el sistema que nos atrae con especial fuerza hacia una dinámica disfuncional. Reincorporar a nuestros padres en nuestro sistema familiar significa ponerlos en el lugar correcto, el que deben ocupar. Cuando están donde deben estar, podemos permitirnos dejar que sean ellos mismos. Entonces la conciencia sistémica no necesita buscar a nadie que llene los huecos que dejaron tras de sí.

AFIRMACIONES

No me corresponde a mí asumir vuestra responsabilidad.

Sois mis únicos padres adecuados.

La vida fluye a través de vosotros hacia mí.

Gracias por el regalo de la vida.

EJERCICIO: Haz una reverencia

Nos inclinamos ante la vida que ha llegado a nosotros tal como ha llegado y con todo lo que implica, y la aceptamos así en nuestro corazón y nuestra alma.

—Bert Hellinger,
Peace Begins in the Soul [La paz inicia en el alma]

Aunque es un movimiento sencillo, hacer una reverencia puede ser todo un reto. Requiere que dejemos de lado nuestro ego. Cuando nos inclinamos, nos mostramos físicamente humildes ante otro ser, ya sea divino o humano. Es un acto de confianza: al hacer la reverencia, estamos en una posición vulnerable, con la cabeza y el cuello expuestos y una visión limitada. En Occidente, el saludo por excelencia es el apretón de manos (o por lo menos lo era antes de la llegada del COVID-19), pero en muchas otras culturas la inclinación es el saludo habitual, además de constituir un acto de respeto, veneración o devoción. Cuando los actores saludan inclinándose al final de una función, están mostrando su gratitud al público; le agradecen que haya presenciado su arte, su creación. En cierto sentido, le agradecen que haya sido testigo de su energía creativa, o de su energía vital, que viene a ser lo mismo. La emoción palpable al final de una experiencia teatral increíble, cuando los actores salen al escenario y aplaudimos con entusiasmo mientras ellos saludan de la forma tradicional, también es estimulante para nosotros. Podemos sentir la vida misma fluyendo entre los presentes en ese momento.

Una manera de practicar la acogida de la fuerza vital que tus padres tienen para ofrecerte, de aceptarlos como los únicos padres adecuados, es inclinarte ante ellos, ante la vida misma. Bueno, no ante ellos literalmente. Si te animas a hacer el ejercicio, puedes usar una foto para representarlos, o cualquier objeto que asocies con tus padres o con la idea de la paternidad y la maternidad. Una vez tuve una clienta que usó una manta de muselina para envolver bebés como símbolo de la maternidad, y otra que usó una taza de café de un juego del que bebían sus padres cada mañana los fines de semana cuando era niña. Si no puedes tolerar inclinarte ante la imagen de tus padres o un objeto que represente a tus padres o la paternidad o maternidad en general, puedes hacerlo ante algo que sea sinónimo de vida, como una planta de interior saludable.

Busca un lugar tranquilo donde tengas espacio para poner una esterilla de yoga, una toalla o una manta cómoda para arrodillarte. Coloca el objeto elegido delante de ti, elevado sobre una mesita o una pila de libros (manifiesta tu creatividad). A continuación, arrodíllate ante él e inclina la parte superior del cuerpo hasta llegar al suelo (piensa en la postura del niño del yoga). Mientras lo haces, prueba a recitar alguna de las afirmaciones anteriores. Mantén la reverencia durante diez segundos por lo menos y lleva la atención al cuerpo. Siente tu propia energía vital (tus latidos, tu respiración) mientras descansas sintiendo el apoyo del fluir de la vida.

Recibir y tomar

Al aceptar a tus padres como los únicos padres adecuados, estás aceptando también que tu madre y tu padre, *cada uno en su rol*, son tu única madre y tu único padre adecuados. No puedes aceptar a uno sin aceptar al otro; sencillamente, no es posible. No ocurre solo que tu existencia requiere su unión genética, sino que también debes reconocer que tus padres se eligieron mutuamente; sus sinos están, en cierto sentido, inextricablemente ligados. Esto es cierto independientemente del grado en que se conocieran (el embarazo no distingue entre una aventura de una noche y una relación a largo plazo) e incluso de si llegaron a conocerse: en el caso de la donación de esperma, por ejemplo, está la elección obvia que hace la madre al escoger al donante, pero también está la elección que efectúa el donante de crear vida junto con la receptora anónima.

Como mencioné antes, nuestra madre y nuestro padre biológicos y las personas que nos criaron (las que nos educaron como padres) no siempre son las mismas. Pero como seres humanos todos llegamos a este mundo a través de la unión de un óvulo y un espermatozoide, mediante el encuentro de la fuerza vital femenina por un lado y la fuerza vital masculina por el otro. Por medio de esa herencia, cada uno de nosotros llevamos una mezcla de energías femeninas y masculinas, sea cual sea nuestra identidad de género.

Cada una de estas energías, cada legado, enriquece tu vida; cuando rechazas una, no solo rechazas esa parte de ti, sino que también se ven asfixiadas las partes de tu vida relacionadas con esa energía: el éxito, la creatividad o la salud, entre otros aspectos. En su forma más pura, estas energías son la esencia de recibir (la energía femenina) y tomar (la energía masculina). Déjame insistir en que estas energías no están correlacionadas con nuestra expresión de género; cada persona contiene ambas, en distintos grados, independientemente de si se identifica como hombre, mujer o no binaria. Piensa en la capacidad de recibir como la capacidad de estar *abiertos*: abiertos a los demás, a las ideas, a la intuición; consiste en ser personas receptivas y perceptivas. Y piensa en la capacidad de tomar como la capacidad de *actuar*: ser decididos, tener un propósito, apuntar a una meta, ser analíticos en nuestras valoraciones.

Lo femenino y lo masculino son energías complementarias. En cada uno de nosotros se entrelazan de formas únicas que moldean quiénes somos, lo que valoramos, cómo nos entendemos a nosotros mismos y cómo nos relacionamos con el mundo. Cuando rechazamos una u otra, sufrimos por ello; todos necesitamos ambas para prosperar. Para poder recibir estas energías y acogerlas en todas las formas en que se manifiestan en nuestra vida, debemos empezar por aceptar su origen: la primera mujer y el primer hombre que ha habido en nuestra vida, nuestros padres biológicos.

Según mi experiencia, la mayoría de las personas tienen una relación más difícil con uno de sus padres que con el otro. Muy a menudo se trata de la madre. Seamos honestos: solemos exigir a nuestra madre un nivel que rara vez imponemos a cualquier otra persona presente en nuestra vida. Esto es coherente con el hecho de que vivimos en una cultura que espera mucho más de las madres que de los padres; establece para las mujeres un listón que casi ninguna puede alcanzar, porque no está fijo, sino que es un objetivo móvil diseñado para ser siempre inalcanzable. (Mientras tanto, el listón para los padres está en el suelo). No importa que ese objetivo móvil opere en un campo minado de sexismo y desigualdades de género. Así que, por favor, cuando digo que al examinar tus problemas y relaciones actuales la primera persona más importante que has de tener en cuenta es la madre, la segunda persona más importante es la madre y la tercera persona más importante es la madre, debes saber que, aunque estoy siendo un poco sarcástica, de ninguna manera quiero dar a entender que nuestra madre sea de alguna forma el origen de todos los males que sufrimos en la vida. Solo quiero poner de relieve una realidad muy simple: las mujeres dan a luz.

Es a través de nuestra madre, literalmente, como llegamos a este mundo. Durante nueve meses nos lleva dentro de ella (y de hecho, cuando una mujer está embarazada, contiene dentro de sí la fuerza vital de tres generaciones: la suya propia, la de su hijo no nacido y la de la generación siguiente, que es un aspecto del bebé). Al dar a luz, la madre arriesga su vida por la nuestra (incluso hoy, cuando la ciencia y la medicina han reducido este riesgo, esta idea sigue muy presente en el inconsciente colectivo humano). Las mujeres llevan el peso mayor en lo que respecta a asegurar la supervivencia de la especie.

Nuestra madre es la primera mujer de nuestra vida, y nuestra vida depende de ella. La relación que tenemos con ella en el momento del nacimiento (una situación de extrema exposición y fragilidad) es nuestra primera experiencia de estar en una relación, por breve que sea. Todas nuestras relaciones futuras (de pareja y de otro tipo) son eslabones de una cadena que comienza allí, en los brazos de nuestra madre. La madre es la fuente primaria de cuidado, consuelo y crianza. Ella crea y sostiene la vida. Por todas estas razones y más, la madre es el arquetipo de lo femenino.

Cuando rechazamos a nuestra madre, esencialmente estamos rechazando todo lo que es arquetípicamente femenino. Como resultado, podemos mantenernos alejados de aquello que asociamos de manera subconsciente con la maternidad: la seguridad, la protección, el confort, el cuidado. Puede ser que no nos atendamos a nosotros mismos; puede ser que no cuidemos nuestro cuerpo o que no lo escuchemos, con la consecuencia de que perjudicamos nuestra salud o desconectamos de nuestra sensualidad y sexualidad. Podemos tener dificultades con la intimidad, ya sea física o emocional. Podemos descuidar nuestro hogar y nuestro entorno, permitiendo que caigan en el desorden o algo peor. O es posible que no nos sintamos en casa en el mundo. Podemos tener problemas con el dinero, una fuente de seguridad importante. Puede ser que nos cueste oír la voz confiable de nuestra intuición. Nuestra creatividad (por ejemplo, la capacidad de escribir, cultivar artes visuales, componer música o resolver problemas) puede verse bloqueada, y nuestra capacidad para conectar con lo creativo (emocionarnos hasta las lágrimas con una pieza musical, por ejemplo, o cambiar nuestra perspectiva gracias a una novela, una película o una pintura) puede quedar adormecida. En pocas palabras: para acoger lo femenino, debemos acoger a nuestra madre.

Independientemente de si sientes que tienes problemas con tu madre, pregúntate cómo la describirías. ¿Experimentas conexión o desconexión hacia ella? ¿Cómo era en tu infancia? ¿Cuáles son las primeras palabras que te vienen a la cabeza cuando piensas en ella? Escribe tu respuesta: puedes hacer una lista de adjetivos a medida que se te ocurran o, si te resulta más natural, escribir libremente tu respuesta como si fuera una entrada de diario. Sea cual sea la opción que elijas, no le des demasiadas vueltas a la cabeza; la idea es que conectes con las asociaciones que te vengan a la mente en el momento.

¿En qué áreas podrías tener dificultades con lo femenino en tu vida? Por ejemplo, ¿eres capaz de recibir ayuda cuando te la ofrecen? ¿Te sientes presente en tu cuerpo y en sintonía con tu propia sensualidad? ¿Confías en que eres capaz de cuidarte? Si te identificas como mujer, ¿eres capaz de apoyar y sostener a otras mujeres presentes en tu vida, especialmente en terrenos en los que percibes que las oportunidades son limitadas, como el ámbito del trabajo? Si te identificas como hombre, ¿has experimentado una cercanía significativa con mujeres ajenas a tu familia, tal vez con una profesora o una mentora? ¿Puedes conectar con tu creatividad, ya sea apreciando el trabajo de otros o mediante tus propias actividades creativas? De nuevo, escribe tu respuesta y trata de no pensar demasiado, aunque reconozco que esta pregunta es un poco menos concreta.

Ahora, lee lo que has escrito. ¿Ves alguna conexión entre el lenguaje que has usado para describir a tu madre y tus actitudes y experiencias respecto a lo femenino?

Para mi clienta Vivienne, una vida rígidamente controlada era la sombra oscura de la vergüenza y el enojo que sentía en relación con su madre. Vivienne acudió a mí en un momento de su vida difícil desde el punto de vista emocional: su madre estaba gravemente enferma de cáncer y se había mudado a vivir con Vivienne y sus hijos. Vivienne la cuidaba. No era algo que la molestase especialmente, pero la situación había reabierto heridas dolorosas: durante la infancia de Vivienne, su madre había estado en gran medida ausente; había sido mucho más alguien que aparecía de vez en cuando de una manera brillante que una presencia continua.

Vivienne fue concebida en el festival de Woodstock, de resultas de una aventura fugaz entre dos *hippies* apasionados que nunca volvieron a verse. No tenía ni idea de quién era su padre y parecía que su madre no tenía ni el más mínimo interés en el tema. Cuando mencioné lo notable que era la historia de su concepción –después de todo, Woodstock fue un evento histórico de gran importancia cultural–, Vivienne pareció sorprendida. «Parece que allí había mucho ruido, humedad y suciedad», dijo encogiéndose de hombros. La presencia de leyendas como Jimi Hendrix y Janis Joplin en el momento de su concepción no significaba nada para ella.

Vivienne fue criada por su abuela materna mientras su madre perseguía su sueño de ser actriz. Describió a su madre como una mujer poco convencional, salvaje, libre, extraordinariamente hermosa, muy deseada y sexualmente abierta de una manera socialmente inaceptable en esa época («dormía con mucha gente, por decirlo suavemente», me dijo Vivienne con sequedad). Aunque todas esas cualidades podrían interpretarse como admirables, su expresión mientras las enumeraba era la que habría manifestado si un hedor terrible hubiese invadido la habitación. Como actriz, su madre había llegado a actuar en «películas artísticas» con contenido sexual explícito. «Probablemente solo eran pornografía –dijo–. Me avergonzaba de ella».

Cuando Vivienne era adolescente, su madre regresó para quedarse definitivamente. Vivienne encontró muy incómoda su intrusión en su vida y la de su abuela. «No sabía quién era yo ni lo más mínimo sobre mí como persona. Se comportaba como si yo tuviera todavía dos o tres años (la última vez que había pasado más de un día conmigo yo tenía esa edad) en lugar de dieciséis. Seguía siendo increíblemente hermosa (mucho más guapa que yo) y no tenía interés en ocultar su sexualidad, justo cuando yo me estaba sintiendo incómoda con mi propio cuerpo, que estaba cambiando, y estaba empezando a tomar conciencia de mi propia sexualidad». Vivienne consideraba que su madre no maduraría nunca; a menudo perdía las llaves, le pedía dinero prestado y le pedía que la llevara al pueblo. «Era como si yo fuera la adulta y ella la niña», comentó. Le pregunté a Vivienne si creía que su madre la quería. «Sí –dijo sin pensarlo–, pero era egoísta. Nunca creció ni se hizo responsable de nada».

Vivienne era una mujer llamativa y se mostraba de una manera muy «femenina»: nunca la vi sin el cabello perfectamente peinado, un maquillaje impecable y unas uñas perfectamente recortadas y esmaltadas. Su estilo era elegante, pero mantenía un control férreo. Irradiaba un tipo de inflexibilidad: era estricta con el ejercicio y lo que comía, pero, según reconocía ella misma, estaba completamente desconectada de su propio placer físico. Estaba divorciada y hacía varios años que no tenía relaciones sexuales. «El sexo nunca ha sido mi punto fuerte», dijo con pesar. Más allá de mantener su apariencia, no practicaba ningún tipo de autocuidado. «No tengo tiempo para eso –explicó–. Soy madre soltera y tengo que cuidar a mis hijos, y ahora a mi madre».

Vivienne quería tener una pareja y una vida sexual plena, pero se le daban muy mal las citas. Le costaba abrirse a los hombres; cuando se empezaba a entrar en las cuestiones personales, en la tercera o cuarta cita, levantaba un muro y eso suponía el final de la relación. Y no quería saber nada de hombres que no se ajustaran a su idea de cómo debía ser una vida adulta exitosa: debían tener la formación «correcta» y el trabajo «adecuado».

Toda la vida de Vivienne me parecía un acto de negación: a la vez que negaba a su madre, se negaba a sí misma el amor, el bienestar, la relajación, la espontaneidad y la compañía. Al acoger a su madre en casa, en muchos sentidos estaba recreando la «intrusión» de su madre en su vida treinta años atrás. Al cuidarla en su enfermedad, se veía obligada una vez más a enfrentarse con la corporalidad de su madre, tal como lo había hecho en la adolescencia. Y ahora la consumía la culpa por estar todavía tan enfadada con esa persona que, habiéndole dado la vida, se estaba acercando al final de la suya.

La resolución de Vivienne fue contundente y bonita de presenciar. En nuestra primera constelación a ciegas, colocó las huellas de su madre delante de las suyas.

–¿Cómo te sientes? –le pregunté.

–Triste y confundida –respondió–. Quiero acercarme a las huellas, pero tengo miedo.

Vivienne y su madre no estaban donde debían estar. Vivienne le había estado negando a su madre el lugar que le correspondía en la constelación: había un vacío detrás de ella donde debería estar su madre. Experimentó la sensación de no tener a nadie cercano en quien poder apoyarse. Cuando devolvió las huellas de su madre a su lugar legítimo, detrás de ella, se relajó visiblemente. «Perdóname por juzgarte, mamá –dijo–. Acepto cómo has vivido tu vida y tomo lo que tienes por ofrecer». Vivienne me dijo que ahora sentía más fuerte su espalda. En nuestra siguiente sesión, trabajó en el establecimiento de unos límites claros en la relación con su madre, límites que habían sido violados en su infancia cuando tuvo acceso a información sobre la vida sexual de su madre. «Mamá, te dejo con tus asuntos; no son cosa mía –dijo–. Soy tu hija, no tu madre. Tú eres la madre».

En las sesiones siguientes, Vivienne descubrió que al dejar de tener a su madre «delante de ella» podía ver mejor a sus propios hijos, que también estaban acercándose a la adolescencia. Al soltar la vergüenza vinculada con la sexualidad de su madre, empezó a sentirse más empoderada para explorar la suya. Con cuarenta y seis años se compró su primer vibrador. Se sintió fortalecida por su feminidad y su sexualidad, en lugar de seguir agobiada por sus obligaciones. Comenzó a pasar menos tiempo arreglándose para parecer «perfecta» y más tiempo escuchando a su cuerpo. Abandonó las clases de cardio y empezó a nadar: se sentía apoyada y ligera en el agua, como si volviese a encontrarse en el útero de alguna manera. Sintió ternura estando al cuidado de su madre, consciente de que le había transmitido el regalo de la vida. Al aceptar a su madre, Vivienne pudo acoger lo femenino, y al acoger lo femenino, por fin pudo estar receptiva a la fuerza y el poder que formaban parte del legado de su madre.

La relación que tenemos con nuestro padre no es menos importante que la que tenemos con nuestra madre, pero a menudo implica una mayor distancia, tanto física como emocional, lo que puede hacer que parezca secundaria. El vínculo con nuestra madre empieza en el útero, mientras que el vínculo de un padre con sus hijos es más indefinido hasta el momento del nacimiento. E históricamente los hombres han roto este vínculo (han eludido su responsabilidad hacia él) con mayor facilidad y frecuencia. La creación de otra vida conlleva consecuencias mucho menos concretas para los hombres: no tienen que llevar al niño en el vientre, no tienen que dar a luz, no tienen que recuperarse del parto, no tienen que amamantar. Podría pensarse que, al tener que afrontar tan pocas exigencias al principio el padre, el listón de lo que se espera de él debería estar situado muy arriba, pero no es así. En el caso de los padres, el listón está situado mucho más abajo que en el caso de las madres: si un padre cambia un pañal, prácticamente se le considera un superhéroe. Aprendemos del entorno cultural que es a nuestra madre a quien debemos exigirle un nivel altísimo, lo que a menudo nos lleva a sentir que no ha estado a la altura. En relación con el padre, curiosamente, con frecuencia sentimos que es él quien nos exige que estemos a una altura a la que no podemos llegar.

Esta sensación se ve reforzada en una cultura que denigra lo femenino y pervierte lo masculino. Toda persona contiene tanto energía femenina como masculina. Sé que ya lo he dicho varias veces, pero merece la pena repetirlo. Cualidades propias de la energía femenina, como la expresividad, la emoción, la intuición y la receptividad, son muy necesarias para vivir bien y con profundidad, sobre todo a la hora de relacionarnos con los demás, pero nuestra cultura las trata a menudo como si fueran debilidades y enseña a los niños y a los hombres que deben temerlas y evitarlas. Mientras tanto, cualidades necesarias e igualmente bellas de la energía masculina, como la estructura, la lógica y la razón, se explotan al servicio del ego y del poder; se les da una importancia desproporcionada y no hay un contrapeso que las equilibre. Así, el padre puede convertirse en una figura fría y rígida, que ejerce dominio y exige sumisión. En la cultura judeocristiana, el Padre arquetípico es la autoridad ante la que debemos rendir cuentas.

Cuando dejamos de lado las formas en que nuestra cultura ha distorsionado la energía masculina, podemos ver con mayor claridad hasta qué punto necesitamos esas cualidades, cómo hacen posible una vida funcional y provista de sentido. Y como ocurre con la madre y lo femenino, la aceptación de lo masculino en nuestra vida empieza por aceptar al primer hombre que ha habido en ella: nuestro padre biológico, independientemente de cómo haya expresado esa masculinidad, del grado en que estuvo presente y de los otros hombres que pudieron habernos hecho de padre en su ausencia. El padre es el refugio, el protector, el guía, el explorador. Él crea y protege el espacio en el que la madre puede centrarse en nutrir; sale al mundo para traer aquello que hace posible el cuidado continuo.

Cuando rechazamos a nuestro padre, en el fondo estamos rechazando todo lo que es arquetípicamente masculino. En consecuencia, puede que nos mantengamos alejados de todo aquello que asociamos, de forma subconsciente, con la figura paterna: la capacidad de protegernos a nosotros mismos y brindar protección a otros, la autoridad *sobre nuestra propia vida*, el desarrollo de habilidades, la lealtad, la aventura. Puede que nos cueste comprometernos; que tengamos dificultades para conservar amistades y relaciones; que temamos lo desconocido y nos falte el impulso para salir de nuestra zona de confort, con la consecuencia de que nunca lleguemos a desplegar nuestras capacidades por completo; que rechacemos la toma de decisiones racional y nos dejemos llevar por la impulsividad; que sintamos que nuestra vida es errática y azarosa, como si nos ocurriera en lugar de surgir de nuestra voluntad.

Tanto si sientes que tienes problemas evidentes con tu padre como si no, pregúntate cómo lo describirías. ¿Sientes una conexión con él o desconexión? ¿Cómo era durante tu infancia? ¿Cuáles son las primeras palabras que te vienen a la cabeza cuando piensas en él? Escribe tu respuesta: puedes anotar una lista de adjetivos a medida que se te ocurran o, si esta segunda opción te resulta más natural, puedes fluir con la escritura libre, como si estuvieses escribiendo la entrada de un diario. Sea cual sea la opción por la que optes, no le des demasiadas vueltas a la cabeza; la idea es que conectes con las asociaciones que te vengan a la mente en el momento.

¿En qué áreas de tu vida podrías estar teniendo dificultades con lo masculino? Por ejemplo, ¿eres capaz de pedir ayuda cuando la necesitas? (Ten en cuenta que pedir es distinto de recibir). ¿Te sientes con la confianza suficiente para poner límites y proteger tu bienestar? ¿Te propones metas y las alcanzas, o titubeas al tomar decisiones y te falta voluntad para acometer un cambio? Si te identificas como hombre, ¿tienes relaciones de cercanía significativas con otros hombres en las que te sientas cómodo hablando de tu vida? Si te identificas como mujer, ¿tienes relaciones de cercanía con hombres (excluyendo al padre o a la pareja) a quienes no estás tratando de agradar? ¿Eres capaz de conectar con el espíritu de la aventura, ya sea buscando ideas nuevas, probando comidas desconocidas o realizando actividades desafiantes? ¿Sueles plantearte retos en general? Nuevamente, escribe tus respuestas sin pensarlo demasiado.

Ahora lee lo que has escrito. ¿Ves alguna relación entre el lenguaje que has empleado para describir a tu padre y tus actitudes o experiencias respecto a lo masculino?

En el caso de Pierre, su padre no estuvo ausente, pero su madre era el sol en torno al cual él giraba. Pierre era el menor. Tenía dos hermanas mayores y no solo era el benjamín, sino también el único varón. Como resultado, su madre lo mimó mucho y su relación era altamente simbiótica. Pierre parecía rechazar por completo cualquier importancia que su padre hubiera tenido en su vida. «Trabajaba todo el tiempo», me dijo. Describió a su padre como aburrido, distante y cerrado. «Cuando volvía del trabajo, se ponía a ver la tele. Pero ni siquiera programas, solo noticias por cable», añadió, girando los ojos hacia arriba. Los fines de semana, en lugar de pasar tiempo con sus hijos, su padre jugaba al tenis con su hermano, el tío de Pierre. «No tenemos nada que decirnos», me comentó acerca de su relación actual.

Pierre describió a su madre como efervescente, el alma de la fiesta, la mejor amiga de todos y el ama de casa perfecta: una cocinera increíble, muy hábil con las manualidades y con un gran sentido de la belleza. «Ni siquiera sé qué le vio mi madre a mi padre –me dijo–. Son polos opuestos. Mi madre era muy animada y divertida; siempre sacaba tiempo para jugar con nosotros; tenía una imaginación increíble; se inventaba los mejores juegos». La forma en que hablaba de su madre me pareció curiosamente desfasada; era como si todavía fuera un niño que estuviese recitando por qué «mamá es la mejor». No mencionó ninguna cualidad que un hijo *adulto* pudiera considerar valiosa en un progenitor.

Pierre había acudido a mí porque su matrimonio se estaba desmoronando. Su esposa quería divorciarse y estaba destrozado. Me expresó su sorpresa por el hecho de que el divorcio le estuviera ocurriendo a él (esas fueron sus palabras), dado que sus padres llevaban casi cuarenta años casados. Parecía pensar que solo la gente procedente de «hogares rotos» se divorciaba.

Quiero señalar algo importante aquí, y es que, curiosamente, la idealización también es un tipo de rechazo. Cuando idealizamos a un progenitor, negamos la realidad de que es una persona compleja, con todo lo que eso implica, lo bueno y lo malo. Al rechazar los aspectos menos ideales de alguien insistiendo en que no existen (negándonos a verlos), no estamos viendo realmente a la persona que tenemos delante en toda la plenitud de su humanidad.

Pierre idealizaba a su madre a la vez que rechazaba a su padre. Su padre no era «lo bastante bueno» para su madre perfecta.

Y ahora, la esposa de Pierre no era lo bastante buena para él; ella le había dicho, sin rodeos, que sentía que la menospreciaba e infravaloraba constantemente. Pierre admitió que a veces le «sugería» una forma diferente de hacer las cosas: la manera en que las hacía su madre. Pero fuese lo que fuese lo que su esposa hiciera o dejara de hacer, nunca era suficiente, porque las expectativas de él estaban basadas en la idea fantasiosa que tenía de su madre: un ser sobresaliente. Pierre me contó que su esposa se quejaba de que él le hacía promesas que no cumplía, especialmente en lo relativo a acudir a terapia de pareja, y que estaba descontenta con su negativa constante a probar algo nuevo. Sentía que era controlador y que su vida y su matrimonio se habían vuelto asfixiantes y se encontraban estancados.

Mientras tanto, Pierre lidiaba con un cúmulo de inseguridades: el barrio en el que vivían él y su esposa no era el más seguro y se avergonzaba de que no pudiesen permitirse mudarse, y lo habían descartado para un ascenso en el trabajo porque, según su jefe, le faltaba iniciativa. Le preocupaba no poder mantener a sus futuros hijos y sentía que sus hermanas lo consideraban inferior. La única mujer con la que parecía tener una relación positiva era su madre. Una vez por semana, aún conducía casi cien kilómetros de ida y vuelta para cenar en casa de sus padres. «Solo voy por mi madre», me dijo. Le pregunté si su padre se unía a las cenas. «Sí, pero es incómodo –me respondió–. La última vez que fui, me preguntó si quería subir a jugar al tenis algún día. Odio cuando me lo pregunta porque siempre tengo que inventarme una excusa». Resultó que el padre de Pierre llevaba años invitándolo a jugar un partido cada semana y que, de hecho, Pierre había jugado al tenis con su padre cuando era niño. «Pero era aburrido –dijo–. Odio el tenis».

Cuando hicimos la primera constelación de Pierre, se resistió a lo que esta le estaba revelando: que el verdadero problema en su matrimonio no era su esposa, ni las dificultades de la pareja para comunicarse, ni siquiera la relación de ella con la madre de él (según Pierre, su madre adoraba a su esposa), sino el hecho de que tenía a su madre en un pedestal y estaba desconectado de su padre. Pierre estaba muy desvinculado de lo masculino en su vida, y eso lo tenía paralizado. Tenía sentido que describiera a su madre como si aún fuera un niño: la adultez, con sus exigencias asociadas, lo desbordaba. También estaba emocionalmente ausente para su esposa; la constelación reveló que se encontraba en el lugar de la pareja de su madre, por lo que estaba ocupando el lugar de su padre. Cuando salió de ese lugar y se colocó en el sitio que le correspondía, dejando espacio para que su padre pudiera ocupar el suyo, expresó su pesar: «Papá, lo siento. Nunca hubo espacio para ti entre mamá y yo». Aunque no culpó a su madre, pudo ver que ella había generado una dinámica poco saludable. Aceptó que probablemente ella también estaba atrapada en un patrón familiar que venía de antes y estableció un límite para sí mismo: «Mamá, te quiero, pero soy tu hijo, no tu pareja».

En los días posteriores a la constelación, Pierre empezó a sentir el cuerpo más ligero. Se sentía con más energía, menos cansado. Se informó sobre un curso acreditado que lo ayudaría a avanzar en su carrera y se apuntó a clases nocturnas. Le pidió a su esposa que fuesen a terapia de pareja y comenzó a jugar al tenis de vez en cuando con su padre. Cada vez que jugaban, se sentía más y más en paz. «No hablamos mucho, pero solo por estar juntos en la cancha se genera una especie de ritmo que hace que conectemos».

No pude evitar pensar en el concepto de desarrollo infantil conocido como *servir y devolver*, que hace referencia a una dinámica entre el niño y su cuidador muy parecida a la que se da en un partido de tenis. En esta dinámica, el bebé «sirve» intentando iniciar una interacción –haciendo contacto visual, balbuceando, gesticulando– y el cuidador «devuelve» el servicio reflejando la acción: respondiendo al balbuceo, imitando el gesto, sonriendo. El patrón de servir y devolver nos enseña cómo conectar. Al hacer espacio para su padre, Pierre estaba haciendo espacio para lo masculino, para sí mismo, para crecer y dejar de resistirse a tomar las riendas de su propia vida. Y al bajar a su madre del pedestal, hizo aún más espacio para lo verdaderamente femenino dentro de sí y en los demás, especialmente en su esposa.

Las razones por las que podemos rechazar a nuestros padres son complejas. En el caso de la madre, siempre podemos rastrear el rechazo hasta una ruptura del vínculo: es posible que hayamos vivido una separación literal respecto de nuestra madre en la infancia (por ejemplo, si fue hospitalizada, si tuvo que salir del país para atender asuntos familiares propios, etc.) que interrumpió nuestro «movimiento hacia ella» (en el ámbito de las constelaciones familiares lo llamamos *el movimiento interrumpido*). En otras palabras: tendimos la mano (en sentido literal o figurado) hacia nuestra madre porque la necesitábamos y ella no estaba allí. Un movimiento interrumpido como ese nos enseña que no podemos confiar en que otra persona satisfaga nuestras necesidades; a partir de ahí, muchas veces dejamos de tender la mano por completo, como comportamiento defensivo. Más frecuentemente, lo que se experimenta es una ruptura emocional del vínculo: quizá sentimos que nuestra madre estaba ensimismada, que no estaba disponible para nosotros, que no se interesaba por nosotros o que no nos veía tal como éramos. En algunos casos nos vemos obligados a ocupar el lugar de la pareja en vez de permanecer en el lugar que nos corresponde como hijos, rompiéndose así el vínculo adecuado y verdadero.

Nuestro rechazo hacia el padre suele tener su origen en el sentimiento de haber sido rechazados, en una distancia que no elegimos. De bebés, compartimos con nuestra madre una especie de intimidad que no compartimos con nuestro padre, lo cual puede dificultar que este encuentre un espacio propio. Tanto la distancia física como la emocional son frecuentes en la dinámica con el padre: hay padres que se van, padres que nunca estuvieron presentes, padres adictos al trabajo, padres que no saben expresar su amor y se mantienen distantes a pesar de lo que sienten. Muchos de nosotros hemos tenido un padre autoritario o dominante que trataba a la familia y al hogar como extensiones de su voluntad. Y muchos sentimos, en relación con nuestro padre, que nunca seremos «lo bastante buenos».

Fuese cual fuese la razón por la que tu madre o tu padre no te amaron como necesitabas o querías (exploraremos todas estas dinámicas y sus secuelas con más detalle cuando abordemos las dinámicas de la familia extendida y las relaciones en los próximos capítulos), probablemente lo viviste como algo personal. ¿Cómo no iba a ser así? Pero la verdad es que su actitud o su conducta no tuvo nada que ver contigo, probablemente (lo cual puede resultar aún más doloroso). Tendemos a ver a nuestros padres como PADRES con mayúsculas; este rol es toda su identidad para nosotros, sus hijos. Pero es poco probable que ellos se vean a sí mismos de esta manera, dado que, por supuesto, nuestros padres ya tenían su propia vida mucho antes de que nosotros llegáramos. Nuestras madres y nuestros padres tenían, y tienen, sus propias esperanzas y aspiraciones, sus propias dificultades, sus propios sistemas familiares, sus propios traumas tanto heredados como personales. Si has experimentado falta de amor por parte de un progenitor, es posible que dicho progenitor no tuviese acceso a ese amor para podértelo dar. Aunque te amara, es posible que sus propios traumas apartasen de ti su atención y su energía. No importa si sabes o no qué situación o situaciones traumáticas vivió; solo necesitas saber que la raíz de su comportamiento estaba en sí mismo o en sí misma, no en ti. Tus padres hicieron lo que pudieron con las herramientas que tenían.

En mi relación con mi madre, pasé muchos años infelices insistiendo (no de forma abierta, pero sí a través de la forma en que me relacionaba con ella) en que, por ser adulta y por ser mi madre, tenía que comprender mi manera de pensar, cuidarme como yo quería y quererme como yo esperaba. Para mí, mi madre era perfecta, una especie de supermujer: increíblemente inteligente, además de hermosa y amable, era una abogada que tenía éxito en su carrera; parecía que la vida le sonreía en todos los aspectos. La verdad es que la envidiaba. Pero aunque la tuviese en un pedestal, estaba resentida con ella, porque sentía que mi vida era muy difícil en comparación con la suya, lo cual no era justo: yo era sensible y vulnerable, mientras que mi madre, según mi percepción, era despreocupada y no tenía problemas. A causa de ello, sentía que me debía algo.

Mi madre era mi heroína, pero también mi antagonista involuntaria. Me veía a mí misma como víctima de sus decisiones. Estaba profundamente enfadada por mi experiencia en Inglaterra, un viaje que mis padres habían organizado, y también por su divorcio, ya que sentía que yo había pagado el precio más alto, un precio que nunca acepté: el abandono de mi padre. No solo creía que mi madre no había sufrido como yo, sino que pensaba que había añadido un dolor constante a mi carga. (Por supuesto, ella también sufría, pero yo, en mi egoísmo, solo pensaba en mí).

Con el tiempo, gracias a prácticas terapéuticas como las constelaciones familiares, llegué a comprender que mi madre era una mujer con múltiples facetas que dieron lugar al tipo de madre que fue. Al entender que mi madre no solo no era perfecta sino que no podía serlo, comencé a permitir que cometiese errores. Reconocer que mi madre tenía defectos fue inmensamente liberador para mí, porque dejé de exigirme estar a una altura que no podía alcanzar. También dejé de considerar que estaba compitiendo con ella. En aquellos tiempos no habría dicho que estaba compitiendo con mi madre, pero ahora reconozco que, en el fondo, la comparación es un tipo de competencia. Cuando abandoné esa actitud, me volví menos egocéntrica y comencé a interesarme más por sus puntos de vista. Empezamos a tener largas conversaciones sobre su vida y sus experiencias. Ahora nuestra relación parecía intencionada en lugar de inevitable. Elegí a mi madre. O, mejor dicho, elegí aceptarla tal como es.

Aunque siempre habría descrito mi relación con mi madre como cercana, la verdadera cercanía llegó cuando dejé de ser «la niña de mamá». Mi amor obsesivo por ella se transformó en un amor más auténtico o más consciente, que me llevó a acogerla en mi corazón con toda su humanidad; por fin pude verla tal como es y acepté lo que tiene para dar, sin pretender que ese algo fuese otra cosa.

Ser un buen padre o una buena madre es una tarea increíblemente difícil, y cuando llega el momento de abordarla, algunos padres estamos más preparados que otros. Es inevitable que incluso los «buenos» padres cometan errores y hieran a sus hijos, aunque no lo hagan intencionadamente. El verdadero problema no es lo que nos hicieron nuestros padres, sino el daño que nos hacemos a nosotros mismos al aferrarnos a la experiencia que hemos tenido con ellos. Cuando insistimos en cómo deberían ser nuestra madre o nuestro padre o en lo que deberían haber hecho por nosotros, no podemos recibir lo que tienen para ofrecernos, por limitado que sea. Aceptar que tu madre y tu padre son los únicos adecuados para ti significa aceptar lo que tienen para darte, tal como es.

AFIRMACIONES

Acojo lo femenino dentro de mí;
acojo lo masculino dentro de mí.

Mamá/papá, eres la única madre/el único padre
adecuado para mí.

Mamá/papá, no tienes que demostrarme tu amor.

Mamá/papá, recibo tu amor tal como me lo das.

EJERCICIO: Practicar el movimiento

Tales interrupciones vienen acompañadas de sentimientos intensos de dolor, rechazo, desesperación, odio, resignación y aflicción. Estos sentimientos cubren el amor primordial, pero solo son su reverso. Cuando los niños pequeños no pueden acceder a la persona a la que aman, tienden a sentirse rechazados, como si hubiera algo malo en ellos, y dejan de practicar el movimiento.

—Bert Hellinger,
Love's Hidden Symmetry [La simetría oculta del amor]

La interrupción del movimiento (la ruptura del vínculo) es una de las heridas más profundas que puede sufrir un niño. Sin embargo, estas interrupciones suelen ocurrir cuando somos demasiado pequeños para recordarlas, o bien pueden no parecer traumáticas a primera vista. Contestar las siguientes preguntas puede ayudarte a identificar si viviste una ruptura del vínculo con alguno de tus padres. Si respondes que sí a alguna, es probable que experimentases la interrupción del movimiento. Tómate el tiempo que necesites para escribir las respuestas y esfuérzate por ir más allá del sí o el no. Si la respuesta es *sí*, ¿qué edad tenías cuando ocurrió el suceso? ¿Cómo lo recuerdas? Si el acontecimiento se produjo antes de que tuvieras memoria, ¿qué has oído al respecto?

¿Tu madre tuvo ansiedad, estuvo deprimida o bajo un gran estrés cuando estaba embarazada de ti?

¿Hubo dificultades entre tus padres durante el embarazo?

¿Hubo complicaciones durante el embarazo o en tu nacimiento?

¿Tuvo tu madre depresión posparto?

¿Experimentaste un trauma o una separación respecto de tu padre o tu madre durante tus primeros tres años de vida?

¿Alguno de tus padres experimentó un trauma durante tus primeros tres años de vida?

¿Sufrió un aborto espontáneo tu madre antes de que nacieras?

¿Alguno de tus padres vivió la muerte de un hijo antes de tu nacimiento?

Para sanar la herida causada por la interrupción, debemos completar el movimiento. En otras palabras: debemos dar el paso de buscar el contacto, y alguien debe responder. Pero debido al miedo al rechazo que llevamos dentro, a veces nos es imposible reunir el valor para hacerlo. Por eso, a menudo guío a mis clientes en la práctica de este gesto de acercamiento, de modo que finalmente puedan cerrar el círculo del amor.

En una sesión de constelaciones, le pido a quien representa al padre o a la madre de la persona «constelada» que la abrace y que trace pequeños círculos en su nuca con las manos, con ternura y cuidado. Este gesto recrea el movimiento de amor que quedó interrumpido entre el padre o la madre y el niño. También podemos tomar la mano derecha de quien representa al padre o a la madre y caminar juntos en círculos, para cerrar simbólicamente el ciclo.

Fuera del contexto de una constelación, puedes pedirle a tu madre o a tu padre que te abrace y dibuje esos pequeños círculos en tu cuello con las manos. Si tú o tu progenitor no os sentís cómodos con esta actividad, o si lo prefieres, puedes pedirle a otra persona en quien confíes o con quien te sientas a gusto que te abrace y trace los círculos. Por último, puedes ser tú quien realices esta práctica contigo. De hecho, sería muy conveniente que lo hicieras. Puedes ser tu propio padre, tu propia madre. Puedes ofrecerte el regalo de acercarte a ti y responderte con amor, estar presente para ti, darte ternura y tratarte con delicadeza. Masajea tu propia nuca con movimientos circulares hasta que sientas paz en tu interior. También puedes tumbarte y, con la ayuda de una almohada cervical o una hamaca para el cuello, dejar que tu cuerpo se relaje por completo, mientras esos apoyos ejercen una leve contratensión. En este caso, lo relevante es que experimentes un sostenimiento que te permita soltar. Cuanto más dispuestos estemos a aceptar el amor y el respeto que nos brinda nuestra «madre interior», más fácil nos resultará llegar a una reconciliación.

Capítulo 4

Amor consciente

Orden y desorden

Hacerse responsable de la propia vida es endiabladamente duro. Así que tómate un momento para reconocerlo... y para concederte el mérito por todo el esfuerzo que estás realizando. El dolor que hayan podido causarnos nuestros padres es muy real. Precisamente por eso empezamos por aceptarlos como los únicos padres adecuados. Si lo primero que hiciésemos fuese detenernos en las razones por las que los rechazamos, fácilmente quedaríamos atrapados en las excusas, que son una forma de evitar implicarnos, ensuciarnos las manos y hacer lo que hay que hacer. Y, por supuesto, empezamos con esta aceptación porque las razones concretas del rechazo son tan únicas como las personas que lo experimentan. Pero las constelaciones familiares revelan que hay un porqué universal en el núcleo del rechazo: un desorden en el sistema familiar.

En la práctica de las constelaciones familiares nos esmeramos mucho en generar orden. El sistema familiar siempre busca el orden; si algo has aprendido hasta ahora, es eso. El sistema siempre quiere que todo esté en su sitio correcto y que todos los lugares estén ocupados. Cuando las personas no están en su sitio o están fuera de lugar, se rompe el equilibrio y el sistema se desajusta.

El orden es un concepto muy interesante cuando exploramos las capas de los distintos significados que tiene. En su primer significado, y más evidente, hace referencia a la disposición de las cosas o personas en relación entre sí, en una determinada secuencia o patrón. Por otra parte está el significado más social del orden, el que es aplicable cuando hablamos de «la ley y el orden» o del «orden del día» de una reunión o incluso cuando explicamos qué es una orden religiosa: el orden como conjunto de normas que regulan el funcionamiento de un grupo y el estado de las cosas cuando estas normas se siguen (es decir, cuando todo está «en orden»). Hasta ahora hemos hablado sobre todo del primer tipo de orden, pero los sistemas familiares se basan en los dos: el orden de las personas en una cierta secuencia y al ocupar lugares o tener roles específicos en relación entre sí, y el orden de las normas derivadas de esta secuencia y que permiten que el sistema funcione.

Una de las normas o reglas fundamentales que rigen el sistema familiar, tal vez la más esencial, es el derecho a pertenecer. En lo que respecta a padres e hijos, asegurar y proteger la pertenencia de los hijos es la función fundamental de los padres. Es responsabilidad de estos garantizar que sus hijos experimenten seguridad en relación con su sentido de pertenencia. Lo hacen comunicando, con palabras y hechos, tres promesas básicas:

- Te veo.
- Te escucho.
- Te valoro.

«Te veo» significa ver al niño por lo que es: un niño. El hecho de «verlo» implica permitirle ocupar el lugar que legítimamente le corresponde en el sistema familiar. Los niños nunca deberían convertirse en sustitutos de un adulto ausente en la vida de uno de los padres, especialmente de su pareja. Los padres que tratan a sus hijos como confidentes no los están viendo. Los padres que acuden a sus hijos para obtener apoyo emocional no los están viendo. Los padres que dicen que su hijo es su mejor amigo no lo están viendo. ¿Te ha molestado esta última afirmación? Es habitual oírla de boca de los padres *millennials*, pero la realidad es esta: tu hijo no es tu amigo. Los niños dependen de sus padres para sobrevivir. Los niños dependen de sus padres para desarrollar una estructura socioemocional. Los niños dependen de sus padres para llegar a tener las habilidades que necesitan para convertirse en adultos funcionales. Estas no son las necesidades de un amigo. Por último, los amigos se eligen entre sí. Nuestros hijos no pueden elegirnos, ni nosotros podemos elegirlos a ellos, aunque muchas personas parecen olvidarlo (profundizaremos en esta cuestión dentro de un momento). Cuando nos negamos a permitir que nuestros hijos ocupen el lugar que les corresponde en el sistema familiar, no estamos dejando que pertenezcan a él.

«Te escucho» significa estar emocionalmente disponible para nuestro hijo. Significa aceptar la realidad del amplio abanico de emociones y sentimientos del niño; escucharlo de verdad cuando nos dice, de tantas maneras posibles, lo que necesita de nosotros. Cuando le dices a un niño que es «demasiado sensible», en realidad le estás diciendo que sus sentimientos te resultan molestos. Cuando no dejas de consultar el móvil mientras tu hija compite por obtener tu atención, le estás enviando una señal clara sobre cuáles son tus prioridades. Cuando ignoras los miedos de tu hija, le estás enseñando que no merece que se la tome en serio. Con el tiempo, los niños que no son escuchados aprenden a permanecer callados o a comportarse de maneras negativas que obliguen a los adultos a prestarles atención. Los niños silenciados son niños excluidos.

«Te valoro» significa ver al niño como una persona individual y apoyarlo tal como es. Los niños no son una extensión de sus padres, aunque muchos de nosotros –y nuestros propios padres– lo olvidemos. No están aquí para cumplir los objetivos o sueños no realizados de sus padres. No están aquí para reforzar el ego de ninguno de sus padres. No podemos elegir quiénes son ni cómo serán. Podemos ayudarlos a conformar su identidad mediante una orientación que los apoye, pero no estamos aquí para moldearlos según la imagen que más nos gusta. Los padres que exigen que sus hijos sean de una determinada manera, especialmente en lo relativo a la expresión de género o, más adelante, la sexualidad, están negando su identidad. Esta negación también conduce a la pérdida del sentimiento de pertenencia.

Puede esperarse que se produzca el desorden (y, con el tiempo, el rechazo) cuando los padres no satisfacen las necesidades de su hijo de ser visto, escuchado y valorado, es decir, cuando no satisfacen su necesidad de pertenecer. Porque independientemente de cómo se lo trate o de cómo se lo excluya, el niño hará lo que sea para pertenecer a su familia. Los niños son tremendamente leales, especialmente y ante todo a sus padres. Pero se trata de una lealtad que va más allá de la autopreservación; es un amor ciego y peligroso, potencialmente autodestructivo –un «amor loco»– que no necesariamente beneficia al niño, sino que puede llevarlo a anularse a sí mismo: puede renunciar a su estrella y su porvenir para asumir el sino y el destino de sus padres. Como escribió Bert Hellinger:

> Lo peor que podría pasarle a un niño es que quedase excluido de la familia; esta cuestión es muy fundamental. Los niños viven con la

> conciencia de que pertenecen a su familia; es donde quieren pertenecer y comparten el sino de su familia, sea cual sea este sino. Por eso, los niños harán cualquier cosa para defender esta pertenencia, sin tener nada en cuenta su propio bienestar.[3]

Para mi cliente George, la lealtad de su niño interior a su padre se había convertido en un obstáculo para su propia felicidad en la edad adulta. Cuando George tenía apenas dos años, su madre dejó a su padre, y no volvió a verla hasta nueve años después. George se convirtió en el «mejor amigo» de su padre, en su «hombrecito». Su padre se desahogaba constantemente con él acerca de las mujeres; las tachaba de locas, conflictivas e indignas de confianza, entre otros calificativos que les dedicaba. George aprendió rápidamente a no mostrar jamás ningún interés por su madre: dónde estaría, qué estaría haciendo o si volvería a saber de ella alguna vez. Aprendió, sobre todo, a no mostrar tristeza; cuando lo hacía, su padre le decía en tono ligero: «¿Qué pasa, hombrecito, no soy suficiente para ti? No te preocupes, no necesitamos a tu madre; nos tenemos el uno al otro».

Al apoyarse emocionalmente en George y al hablar con él de su vida amorosa (sobre todo, al transmitirle generalizaciones sexistas y tóxicas sobre las mujeres), su padre estaba generando un desorden muy significativo en el hogar. No *veía* a su hijo como el niño que era, sino que lo trataba como un confidente adecuado para asuntos de adultos. Y tampoco lo *escuchaba*: George aprendió a callar de forma preventiva para no dar voz a sentimientos que pudieran incomodar a su padre. George no se sentía seguro en su pertenencia al sistema familiar; en un nivel profundo, se sentía rechazado por su padre, que se negaba a verlo y a escucharlo.

De adulto, George tenía dificultades en sus relaciones románticas con mujeres. Era necesitado y dependiente, pero también ponía a prueba constantemente a las mujeres de su vida, lo que inevitablemente las alejaba. Tras las rupturas, se obsesionaba con «vengarse» de sus ex; publicaba fotos en las redes sociales con fines demostrativos y competía mentalmente con ellas. Nunca había tenido una relación que durara más de unos pocos meses. George era lo bastante consciente como para darse cuenta de que el problema estaba en él y no en las mujeres con las que salía, *pero* atribuía todos sus conflictos a su madre. Mientras tanto, su padre era su «héroe», su «pilar» y su «mejor amigo».

Juntos, George y yo trabajamos mucho con su niño interior en relación con su madre; este trabajo lo llevó a reconciliarse con la realidad de que ella lo había hecho lo mejor que pudo y de que dejarlo había sido un acto de amor, porque no se sentía capaz de cuidarlo. La aceptó como su única madre adecuada. Empezamos con su madre porque esa relación debía sanarse; George necesitaba dejar de rechazarla para poder abrirse plenamente a la vida y recibir todo lo que la vida tenía para darle. Pero también empezamos con su madre porque George se resistía mucho a ver a su padre como alguien menos que perfecto; su pertenencia dependía de que compartiese el sino de su padre. No fue hasta que su ira y su resentimiento hacia su madre empezaron a disminuir que pudo abrirse a reconocer lo que pasaba con su padre. Es posible que ni siquiera fuese consciente de esta apertura, hasta que en una constelación reveladora se situó al lado de su padre sin darse cuenta, en lugar de colocarse delante de él. Pudo ver el desorden de inmediato y ya no tuvo interés en negarlo. Cuando George ocupó el lugar que debía ocupar como hijo, delante de su padre, sus hombros se relajaron visiblemente, a la vez que su columna se enderezó. «Me siento tan... liviano –me dijo. Y a su padre le dijo–: Soy tu hijo, no tu amigo. No necesito sabotear mis propias relaciones para demostrarte mi lealtad. No necesito compartir tu estrella».

Después de ese momento decisivo, George decidió no iniciar ninguna otra relación de pareja por un tiempo y enfocarse en conocerse a sí mismo. Se dio cuenta de que estaba tan fusionado con su padre que en realidad no sabía qué quería de la vida, y mucho menos de una relación. Dejó de ver a su madre como una villana y a su padre como un héroe y les permitió ser individuos normales con sentimientos normales, es decir, humanos. A la vez, este movimiento interno le permitió concederse la misma compasión.

AFIRMACIONES

Soy visto/a, soy escuchado/a, soy valorado/a. Pertenezco.

Tengo un lugar, tengo una voz, soy una persona con identidad propia.

Estoy aquí para recorrer mi propio camino.

EJERCICIO:
El orden del amor — Cultivar el sentimiento de pertenencia

Algo que he observado en muchísimos clientes –y que también he vivido en carne propia– es que el deseo de pertenecer sigue impulsándonos en la adultez, especialmente si experimentamos falta de pertenencia en la infancia. Intentamos que nuestros amigos, nuestros compañeros de trabajo o nuestra pareja (nuestra pareja sobre todo) nos vean, escuchen y valoren..., y el resultado más habitual es la decepción.

He aprendido que en nuestras relaciones adultas la certeza de ser comprendidos y muy valorados tal como somos solo la obtenemos cuando ofrecemos esto mismo a los demás. Cuando vemos, escuchamos y valoramos a quienes ocupan un lugar central en nuestra vida, la conexión que tenemos con estas personas se vuelve más profunda. Es a través de estas conexiones auténticas y significativas como llegamos a experimentar el sentimiento de pertenencia.

El propósito de este ejercicio es que mejores en tu habilidad de hacer que los demás se sientan vistos y escuchados, a través de la escucha profunda principalmente. Puedes practicarlo en cualquier momento en que estés conversando con alguien, ya sea que estés hablando con tu mejor amiga por videollamada (por encontrarse muy lejos), jugando a imaginar con un niño, compartiendo una taza de té en la cocina con uno de tus padres, en una reunión de trabajo en la oficina o en la cama con tu pareja.

LEVANTA LA MIRADA. Ver, escuchar y valorar a otras personas empieza por estar presente con ellas. Es imposible que te des cuenta de que alguien pretende conectar contigo (de que intenta obtener tu atención, afecto o aceptación, ya sea hablando o por otros medios) si tu teléfono móvil o tus propios pensamientos acaparan tu atención. Deja el teléfono a un lado cuando estés con otra persona, sobre todo cuando esté hablando. Puede parecer un comportamiento obvio, pero la gran mayoría de la gente parece incapaz de hacerlo.

MIRA A LOS OJOS. Bien, ya has guardado el móvil (¡todo un éxito!), pero no está todo hecho todavía. Ahora, *mira* de verdad a la persona que tienes delante. No te quedes mirando por la ventana mientras habla, ni a otra persona que se encuentra al otro lado de la sala, ni tus propias manos mientras juegas con un hilo suelto en tus vaqueros. No tienes que mantener una mirada fija e ininterrumpida (eso sería inquietante), pero para ver a alguien debes empezar por verlo, valga la redundancia.

ESCUCHA SIN UN MOTIVO. Cuando estás escuchando a alguien de verdad, estás oyendo lo que dice y absorbiéndolo, sin empezar a preparar tu respuesta en tu cabeza. No planees una réplica ni comiences a pensar que esta persona no te ha entendido bien, en las razones por las que está equivocada ni, incluso, en las razones por las que tiene razón. En cuanto haces esto, dejas de escuchar; entonces, la única conversación en la que estás participando es la que estás manteniendo contigo.

NO INTERRUMPAS. Eso es todo. No tengo nada más que decir a este respecto. Sencillamente, no interrumpas a la otra persona mientras está hablando. Es algo muy simple y, a la vez, muy difícil de hacer.

VALORA Y REFLEJA. Cuando la otra persona haya terminado de hablar, valora lo que ha dicho reflejándolo. No te apresures a contarle que tú has vivido algo similar. Muchos creen que hacer esto es una demostración de empatía, pero en realidad suele percibirse como un comportamiento egocéntrico. Si tu amiga te está hablando de que ha perdido su empleo y de lo poco imparcial que era su jefe, podrías decirle: «Es muy injusto que te despidan después de todo el trabajo que has hecho, solo porque tu jefe tiene favoritismos». No le digas: «Yo tuve un jefe impresentable que me echó para contratar a su yerno y también me sentí furiosa».

DEJA QUE TU AMIGO, FAMILIAR, COMPAÑERO O PAREJA SIENTA LO QUE SIENTE. No intentes quitar hierro a la situación ni arreglarla, ni rescatar a la persona. Cuando hacemos esto, muchas veces es porque no soportamos el dolor o las emociones negativas del otro, aunque pensemos que solo estamos intentando ayudar. Cuando decimos algo para tratar de mejorar la situación, en el fondo estamos diciendo que no estamos realmente ahí para la persona en ese momento; de nuevo estamos centrados en nosotros y en cómo nos sentimos. Después de haber reflejado lo que ha dicho, podrías hacerle una pregunta de este estilo: «¿Estás en un momento en el que solo necesitas hablar de lo que te está pasando o quieres que pensemos juntos en la forma de abordar la situación?».

Proteger al niño interior

Pocas páginas atrás encontrábamos la afirmación de Hellinger de que los niños están dispuestos a hacer «cualquier cosa» para preservar su sentimiento de pertenencia. Esto significa que muchos de nosotros, en la niñez, no solo «aceptamos» no ser vistos, escuchados o valorados, y adaptarnos de forma consciente o inconsciente para satisfacer las necesidades de nuestros padres, sino que también asumimos inconscientemente su dolor, a partir de la ingenua creencia de que podemos cargar con él por ellos. Creemos que si soportamos esta carga se sentirán aliviados y el orden se restablecerá, por lo que volveremos a pertenecer al sistema familiar (o quedará restablecida la pertenencia del padre o la madre, si uno de estos progenitores estaba excluido). Intentamos arreglar la infelicidad de nuestros padres sufriendo en su lugar. De este modo, las implicaciones sistémicas siempre revelan dónde está nuestra lealtad –y nuestro amor–, incluso si creemos, como mi cliente Jonathan, que no sentimos nada por un progenitor, o incluso si sentimos rechazo hacia él o ella. Quedamos implicados con nuestros padres a causa de una lealtad que es un tipo de amor ciego.

Pero la creencia de que podemos liberar a alguien de su sino, o al menos asumir parte de él para aliviar su carga, es una especie de fantasía propia de la arrogancia infantil, en la que creemos saber más que nuestros padres. Es una modalidad ingenua y, sí, infantil de pensamiento mágico. Al entregarse a esta fantasía, los niños violan uno de los principios más básicos del orden de la vida: que *los padres dan y los hijos reciben*. De hecho, el desorden familiar más frecuente que he presenciado en las constelaciones familiares (como facilitadora, representante u observadora) es el de que el niño cuida de su madre o su padre y se convierte en el adulto, mientras que el adulto se convierte en el niño. Y ya sabemos adónde lleva eso. Pero ahora somos adultos, ¿no? No niños. Sabemos más, ¿verdad? Bueno..., más o menos.

La mayoría de nosotros entendemos que nuestra infancia moldea de una manera muy significativa lo que llegamos a ser. Es fácil establecer la conexión entre los valores evidentes que nos transmitieron (como las creencias religiosas o políticas) o las circunstancias socioeconómicas de nuestra familia y nuestras actitudes adultas hacia la educación, la carrera profesional o la familia, por ejemplo. Pero pocos estamos en sintonía con la existencia continua de nuestro niño interior (esa parte de nuestra personalidad que siente la vida y reacciona ante ella como lo haría un niño) o somos conscientes de lo mucho que sigue influyendo en nuestras elecciones y comportamientos. Nuestro niño interior permanece leal. Y esta no es solo la razón por la que repetimos los errores e infortunios de nuestros padres, sino que también es la razón por la que tan pocas personas se manejan mejor que ellos: porque «superarlos» nos parece un tipo de traición.

Nuestro niño interior permanece herido hasta que hacemos el trabajo de sanarlo. Y la sanación empieza cuando aceptamos que no podemos cambiar a los demás ni rescatarlos. Sin embargo, aceptar esto conlleva una pérdida muy importante. Bert Hellinger lo expresó maravillosamente cuando dijo que sufrir por un problema es «más fácil de sobrellevar que una resolución», dado que «sufrir y seguir cargando con un problema está profundamente vinculado a un sentimiento de inocencia y lealtad. [...] Es la esperanza profunda de que otra persona sea rescatada a través del sufrimiento propio».[4]

Nadie puede sanar a sus padres. La única persona a la que podemos sanar es a nosotros mismos. En cualquier caso, esta sanación es un regalo importante que le hacemos a nuestra familia, porque al sanarnos ofrecemos un espacio de sanación para las siguientes generaciones.

Cuando la niña interior de mi clienta Leslie por fin aceptó que no podía rescatar a su madre, experimentó una sanación profunda..., pero también lloró. Leslie tenía cuarenta y tres años cuando empezamos a trabajar juntas. Llevaba trece años casada, y al menos diez de esos años habían sido infelices. Me explicó cómo la menospreciaba y humillaba su marido de manera habitual; a partir de lo que me contó, tuve claro que él tenía comportamientos de maltrato verbal y emocional, si bien Leslie nunca usó estos términos. Ella estaba centrada en la idea de que debían mejorar su comunicación. Leslie me dijo que era una mujer fuerte y que su fortaleza intimidaba a su marido, y que esta era la causa de sus «arrebatos». Esta fortaleza contrastaba fuertemente con el carácter de su madre tal como la describió. Leslie sentía lástima por su madre (y parecía estar resentida con ella). Su madre no dejó al padre de Leslie, un hombre maltratador, hasta que Leslie tuvo trece años. «Al final, mi padre agredía a mi madre al menos una vez por semana –me dijo–. La situación había ido empeorando con los años. Pero no fue hasta que la apuntó con un arma que ella lo dejó. Todo ese tiempo, yo tuve que cuidar de mi hermanita. Tenía que protegerla. Tenía que ocultarle lo que estaba pasando. Mi madre era una sombra de sí misma; hacía lo mínimo por nosotras. Juré que nunca sería como ella. Por eso soy tan fuerte. No dejo que nadie me pase por encima».

Pero Leslie estaba cargando con el dolor de su madre, aunque no lo viera. A pesar de que al principio describió el comportamiento de su marido como «frustrante», pronto quedó claro que Leslie vivía en estado de alerta permanente, intentando anticiparse a sus arrebatos para evitarlos. A menudo me explicaba la razón por la que, aunque la reacción de su marido había sido «un poco exagerada», ella tenía parte de culpa en aquello por lo que la recriminaba. Y su autoestima estaba por los suelos. Sin darse cuenta, había terminado por creerse todas las ofensas con las que la bombardeaba su marido: le decía que era estúpida, insensible, egoísta y poco atractiva.

Leslie estaba en una relación abusiva. Tal vez no estaba presente la violencia física, como en el caso de su madre, pero sí permanecía en un matrimonio que la estaba convirtiendo en «una sombra de sí misma». Y su identidad de «mujer fuerte», aparentemente construida a base de citas inspiradoras y que exhibía sobre todo en el trabajo y en su vida social (aunque decía que algunas amigas le habían dicho que era «áspera»), era más un escudo para protegerse de la verdad que otra cosa.

No me pasó desapercibido el hecho de que Leslie había decidido pedir ayuda trece años después de casarse. Recordemos que su madre reunió el valor para poner fin a su matrimonio cuando su hija tenía trece años. La niña interior de Leslie, su niña pequeña, estaba totalmente en sintonía con su madre. Al meterse en una relación abusiva y permanecer en ella, Leslie estaba asumiendo el sino de su madre e intentaba arreglar el destino de esta a través de su propia historia: trataba de rescatarla.

Cuando hicimos la constelación pertinente, Leslie abrazó a su «madre», que se había sentado, y trató de ayudarla a levantarse. Cuando ambas intercambiaron sus lugares, Leslie empezó a llorar. Finalmente, cuando estuvo lista para ponerse en pie, su madre ocupó su lugar detrás de ella. «Fue como si al sentarme en la silla volviera a ser una niña. Y por fin me permití sentir de verdad el miedo y la tristeza que, siendo niña, me esforcé tanto por reprimir, con el único fin de sobrevivir. Fue como si le dijera a mi niña: "Está bien estar triste y tener miedo. Ya no tienes que fingir. Yo cuidaré de ti". Cuando me levanté y mi madre ocupó su lugar, por fin me sentí realmente adulta».

Al aceptar el amor de su madre y restituirla al lugar que le correspondía, Leslie descubrió que su rabia y su resentimiento daban paso a la empatía. Su rabia la había protegido de tener que reconocer abiertamente la desesperación y el miedo que su madre había sentido. Cuando la empatía la inundó, Leslie sintió una profunda tristeza hacia su madre. Ya no reaccionaba como su niña interior –a quien ahora estaba cuidando–, sino como una adulta que había renunciado a la fantasía de poder corregir los males del pasado.

El reto de sanar consiste en aprender a reconocer al niño interior, conocerlo, aceptarlo y amarlo. Como adultos, tenemos que decirle, a modo de promesa: *te veo, te escucho, te valoro*. Una de las mejores formas de cumplir esta promesa es pasar del *amor ciego* al *amor consciente* en lo que respecta a nuestra familia, especialmente en lo que respecta a nuestros padres. El niño interior experimenta el amor ciego; un adulto plenamente realizado transita hacia el amor consciente.

Cuando amamos ciegamente, sacrificamos nuestro mayor bien con tal de pertenecer. No vemos a las personas como son, y no vemos –no podemos ver– la realidad tal como es. O rechazamos o idealizamos. Con el amor ciego, lo que nos mueve es el miedo y la obligación. Cuando el amor es consciente, no sacrificamos nuestro mayor bien para apaciguar o complacer a los demás. Tomamos decisiones coherentes con nuestros valores y, al hacerlo, apoyamos a los demás de la mejor manera posible. *Vemos a las personas como son, sin juzgarlas*; somos capaces de reconocer no solo sus defectos, sino también lo que nos han dado. Aceptamos la realidad y también lo que no podemos controlar: a los demás.

La clave del amor consciente es poner límites. Cuando pones límites, reconoces tácitamente que la única persona a la que puedes controlar eres tú. Establecer límites es una forma de asumir el mando de la propia vida. Un límite es una frontera; es una línea o borde que separa un lugar de otro. Un límite marca el punto donde termina una persona y empieza otra. Es una línea que no cruzas y que impides que otros crucen. Cuando no tienes límites, permites que otros determinen lo que piensas, haces y sientes. Tu sentido de la identidad –separado de los deseos y las necesidades de los demás– puede ser débil. Sin embargo, cuando pones límites, trazas una línea clara entre lo que tienes la predisposición de aceptar y lo que no, lo cual tiene relación con lo que te pertenece y lo que no, como la responsabilidad por los sentimientos de otra persona. Al poner límites, creas un espacio propio, un espacio inviolable en el que tienes la libertad de explorar quién eres y cómo deseas ser, sobre todo en relación con los demás.

De entrada podrías tener la idea de que establecer límites te alejará de aquellos que te rodean, pero los límites saludables generan respeto y en realidad mejoran las relaciones: nos acercan a los demás en lugar de alejarnos de ellos.

Encontrar la distancia adecuada entre uno mismo y los padres –determinar los propios límites– es, literal y metafóricamente, la única manera de ganar perspectiva. Cuando no estamos acostumbrados a poner límites, el hecho de hacerlo puede parecernos una transgresión, curiosamente. Pero piensa en ello de esta forma: en las familias sanas, los hijos aprenden a separarse de sus padres. Estas primeras separaciones son, en cierto modo, una transgresión. Los niños empiezan a mentir hacia los dos o tres años, y es una buena señal; es uno de los primeros indicios de que entienden la diferencia entre ellos y mamá o papá, de que tienen un mundo interior propio al que sus padres no pueden acceder. En la adolescencia, ponemos a prueba estos límites a otro nivel: desobedecemos la hora límite que nos imponen para regresar a casa, salimos con alguien que no les gusta a nuestros padres, fumamos o probamos el alcohol... como preparación de lo que será volar del nido. Los padres amorosos celebran estos comportamientos aunque se preocupen, porque significan que su vástago está avanzando hacia la independencia. Y la independencia requiere de la existencia de límites entre los padres y los hijos.

Hellinger subrayó la importancia saludable de la crisis adolescente cuando dijo: «Todo hijo tiene que transgredir las reglas para poder seguir desarrollándose. Así es como se progresa. Los padres prohíben algo porque sienten que deben hacerlo, pero secretamente a menudo esperan que el hijo desobedezca la prohibición».[5]

Mi clienta Rachel me dijo que su familia estaba «muy unida» y que era «muy amorosa». Tenía veinticuatro años y hablaba con sus padres todos los días, aunque ella vivía en Nueva York y ellos en Florida. Rachel acudió a mí porque estaba lidiando con una ansiedad intensa: las decisiones más pequeñas la paralizaban; vivía con el miedo constante a equivocarse, convencida de que detrás de cada elección podía esconderse una catástrofe. «Mis padres están obsesionados con la seguridad –me dijo–, y algo tendrá que ver con lo que me pasa. Tienen cámaras *en todas partes*, por lo que debe de ser normal que me emparanoie y quiera evitar cualquier riesgo».

Pronto supe que Rachel no solo creció con unos padres obsesionados con la seguridad, sino que, además, la seguridad de Rachel (y la de su hermano pequeño) era una de sus mayores fijaciones. Sus padres tenían que aprobar cada decisión que tomaba sobre su vida: lo que estudiaba, el tipo de empleo que tenía, dónde trabajaba, dónde vivía, con quién salía... Incluso elegían a sus médicos.

Cuando Rachel abandonó Florida tras terminar los estudios universitarios para iniciar su carrera profesional en Nueva York, sus padres insistieron en que viviera en el Upper East Side en lugar de Brooklyn, donde residían todos sus amigos. De resultas de ello, se sentía socialmente aislada y sola: para ver a sus amistades tenía que viajar más de una hora en metro y después invertir la misma cantidad de tiempo en el regreso, o pagar un taxi, que salía carísimo; sus amigos pocas veces estaban dispuestos a cruzar el río Este y luego subir hasta el Upper East Side.

Pero Rachel tenía veinticuatro años..., ¿por qué no hacía lo que quería, sin más? La respuesta era algo complicada, sobre todo para la propia Rachel, que nunca se había planteado la cuestión. «No estoy aquí por tener un problema con mis padres –me recordó–. Solo quiero entender de dónde vienen esta ansiedad y este miedo constantes. Mis padres me apoyan muchísimo».

Apoyan era la palabra clave: los padres de Rachel, que eran bastante adinerados, la mantenían económicamente. Le pagaban el alquiler, las facturas y la comida; incluso le ingresaban todos los meses un dinero extra «para caprichos». Si su hija no hacía lo que querían, podía irse olvidando de estas aportaciones. La controlaban económicamente. Aunque actuaran desde el amor –o al menos eso creían ellos, y también ella–, lo que hacían era ejercer un tipo de control. No veían a Rachel como un ser individual; más bien la concebían como una extensión de ellos mismos, como una propiedad más que había que vigilar y proteger.

Los padres de Rachel habían tomado todas las decisiones por ella durante tanto tiempo que apenas sabía qué era lo que quería realmente. En consecuencia, estaba muy desconectada de sí misma en cuanto ser humano independiente de ellos. No tenía una identidad propia. No sabía cómo *ser*. Cuando tomaba decisiones que sabía que sus padres no aprobarían (por ejemplo, en lo relativo a su voto en las elecciones presidenciales), mantenía el secreto, lo cual aumentaba aún más su ansiedad.

Era paradójico: la necesidad de sus padres de mantenerla a salvo había provocado que Rachel se sintiera profundamente insegura, porque no había definido unos límites. No solo no había puesto unos límites en la relación con sus padres, sino que, debido al dominio que ejercían estos sobre su vida, nunca había aprendido a ponerlos en general.

Cuando no contamos con unos límites saludables, es natural que nos sintamos inseguros: no hay una frontera entre nosotros y los demás, nada que impida que invadan nuestra vida. La intensa ansiedad de Rachel era una consecuencia directa del «apoyo» de sus padres. Su ansiedad había empezado cuando se mudó a Nueva York y no había hecho más que aumentar, porque por primera vez en su vida tenía que confiar –al menos parcialmente– en su propio criterio, en el cual no tenía prácticamente ninguna confianza. No confiaba en sí misma; no se sentía segura consigo misma. Rachel no se valoraba: tanto complacía a sus padres, tanto valía.

Cuando tomó conciencia de cómo la necesidad de control de sus padres había destruido su sentido de la identidad y aplastado su espíritu, experimentó ira y resentimiento en lo más hondo. Su primer impulso fue cortar completamente toda relación con ellos, romper el contacto. Quiso rechazarlos, lo cual tenía pleno sentido: la niña interior de Rachel se sentía rechazada y quería contratacar. Pero después de que hubo aceptado que sus padres eran los únicos padres adecuados para ella, hablamos de lo que podíamos hacer para apoyar de veras a su niña interior. ¿Cómo podría Rachel ser un nuevo tipo de madre para sí misma? ¿Y cómo podría llegar a valorarse?

Decidió que, por difícil y aterrador que fuera, necesitaba poner un límite firme a sus padres en el aspecto económico. Dejó de aceptar su ayuda a este respecto. Fue, en efecto, una decisión difícil y aterradora, pero cuando la hubo tomado, empezó a establecer otros límites: tuvo que aprender qué estaba dispuesta a tolerar y qué no, qué valoraba y en qué estaba dispuesta a ceder o no, siempre en función de esos valores. Hacer presupuestos implicaba efectuar elecciones y descartes en cuanto a la comida, la ropa, incluso las amistades. ¿Quién continuaría a su lado cuando ella ya no pagara las salidas nocturnas? ¿Seguiría aceptando un trato sexista y deficiente en el trabajo ahora que las demoras en los ascensos implicaban que tendría que vivir al día durante uno, dos o incluso tres años más? Ahora que ya no estaba protegida, incluso podría decirse anestesiada, por la seguridad que le proporcionaba el dinero de sus padres, ¿qué era lo que realmente le importaba?

Las amistades de Rachel se volvieron más sólidas. Cambió de rumbo en su sector. Comenzó a cocinar en casa (ya no podía permitirse pagar por el servicio de comida a domicilio todos los días) y descubrió un pasatiempo por el que se apasionó. Empezó a salir con alguien (las citas la habían abrumado en el pasado, cuando la persona tenía que contar con la aprobación de sus padres). Ya no les contaba todos los detalles de su vida a sus progenitores, ni les pedía consejo siempre que debía tomar una decisión importante. Al principio, la relación con ellos se resintió. Se sintieron heridos, enojados y rechazados. Pero a medida que Rachel siguió tratándolos con un amor consciente y mostrando que era capaz de manejar su vida y que iba ganando confianza en sí misma, ellos también empezaron a confiar en ella.

En última instancia, el rechazo es un mecanismo de defensa. Aunque a la larga puede ser una estrategia que nos haga más daño que bien, es una reacción totalmente comprensible al dolor que nos han causado nuestros padres. Porque en relación con ellos es nuestro niño interior quien toma las decisiones. Y los niños tienen muy pocos medios para valerse por sí mismos, sin el amparo de un adulto. Pero nosotros somos adultos y podemos ofrecerle este amparo a nuestro niño, a nuestra niña interior. Podemos cuidar de él o ella nosotros mismos; podemos hacer de padre o madre para él o ella. No solo podemos hacerlo: debemos hacerlo.

AFIRMACIONES

No puedo cambiar, arreglar ni rescatar a otras personas.

Elegir mi mayor bien es un acto de amor.

Me doy permiso para cuidar de mí.

EJERCICIO: Poner límites

A la mayoría nos cuesta poner límites debido al miedo. Podemos temer perder una relación, herir los sentimientos de alguien, que nos perciban como personas difíciles o renunciar a la validación o aprobación de los demás. Esencialmente, tememos el rechazo, dejar de sentir que pertenecemos a un sistema. En la primera infancia interiorizamos ciertas lecciones sobre los límites; principalmente, las que nos transmiten nuestros padres. Cuando impera el desorden en nuestro sistema familiar, aprendemos rápido que tener unos límites porosos puede asegurar nuestra pertenencia (tener unos límites porosos significa subordinar nuestras propias necesidades a las de los demás). Entonces, cuando intentamos establecer límites en la adultez, nuestro niño interior puede entrar en pánico. Puede insistir en que se avecina un desastre. Puede intentar manipular, suplicar o negociar para evitar trazar esa línea en la arena. Pero recuerda esto: ahora eres una persona adulta. Y lo mejor que puedes hacer por tu niño interior para que se sienta cuidado es ser el padre o la madre, *ser el adulto*. Protégelo, mantenlo a salvo y ayúdalo a sentirse seguro de sí mismo mostrándole que realmente lo ves, lo escuchas y lo valoras. Hazlo poniendo límites, unos límites que refuercen lo que ves, escuchas y valoras. En otras palabras: atiende primero tus propios valores y necesidades, antes que los de los demás.

Los límites pueden ser rígidos, porosos o saludables. Aspiramos a que sean saludables, pero la realidad es que muchos de nosotros lidiamos con los dos primeros, al menos en algún área de nuestra vida. Los límites rígidos son demasiado inflexibles: son como muros, mecanismos de defensa diseñados para impedir que irrumpa todo aquello que se percibe como amenazador. Los límites rígidos entorpecen el crecimiento y la intimidad. Por otra parte, los límites porosos son demasiado permeables: son fáciles de derribar o traspasar, dado que la distinción entre uno mismo y el otro se difumina o desaparece. Si nuestros límites son porosos, permitimos que otros tomen decisiones por nosotros, ya sea de forma directa o indirecta.

Hay muchos tipos de límites: físicos (los que determinamos en cuanto a nuestro cuerpo), emocionales (los que ponemos con respecto a nuestros sentimientos), intelectuales (los que establecemos en lo que se refiere a nuestros pensamientos e ideas), materiales (relativos al dinero y las posesiones) y los que tienen que ver con el tiempo (con cómo lo usamos y cómo otros esperan que lo usemos), entre otros. Nuestro grado de comodidad a la hora de hacer que los demás respeten estos límites varía según el límite; por ejemplo, podríamos tener unos límites físicos saludables en general, pero unos límites intelectuales porosos. Y el momento y la manera en que ponemos cada límite también dependen del contexto; es probable que la naturaleza de nuestros límites cambie según el entorno y las personas: probablemente no ponemos los mismos límites en una reunión de trabajo que en un almuerzo informal, ni con las mismas personas (seguramente son diferentes al relacionarnos con los amigos, los familiares, los compañeros de trabajo, la pareja, etc.).

Sé que poner límites no es fácil; no voy a tratar de convencerte de lo contrario. Pero no necesito hacerlo, porque tú puedes con esto. Como ocurre con todo aquello que es difícil, se vuelve más sencillo con la práctica y el tiempo. Para experimentar la mínima incomodidad posible afirmándote, empieza poco a poco. Practica establecer límites poco exigentes al principio, y con cada éxito te sentirás más capaz de hacer frente a situaciones más difíciles. Un límite poco exigente podría ser decir *no* a alguien en quien ya confías y con quien tienes una relación saludable (por ejemplo, alguien que no se enfada si no consigue lo que quiere). Tal vez sea un buen amigo que te propone salir a cenar. Cuando sugiera un restaurante que no puedes permitirte, dile que no. En lugar de aceptar y experimentar después ansiedad y resentimiento por ese dispendio, prueba a decirle, por ejemplo: «Estoy deseando verte. Pero Chez Louis se sale de mi presupuesto ahora mismo. ¿Qué tal Joe's?». La reacción probablemente normal de tu amigo (recuerda que debes elegir a alguien en quien confíes y que no tenga un carácter demasiado egocéntrico) será una pequeña victoria que te dará confianza para hacer frente a desafíos mayores. Veamos cómo debes proceder, paso a paso.

DEFINE TUS LÍMITES. El primer paso que debes dar para poner límites es saber cuáles quieres poner. Una buena manera de averiguarlo es empezar por reconocer con total honestidad qué necesitas y quieres en cualquier relación, ya sea con tu madre o con tu jefe. Escríbelo. Seguidamente, enfócate en tus derechos y valores. ¿A qué tipo de derechos me refiero? Pues a los derechos fundamentales que todos tenemos por el solo hecho de haber nacido: el derecho a la autonomía corporal, a que no nos inflijan daño o a expresar nuestros sentimientos sin que debamos temer los juicios de los demás, por ejemplo. Haz una lista de los derechos que sientes que tienes. Finalmente, enfócate en tus valores. Apunta entre quince y veinte si es posible, después reduce la lista a diez y después a cinco. A continuación, lee estos valores y pregúntate si hay algún caso en el que podrías pasarlos por alto y en qué grado. Ahora repasa lo que has escrito sobre lo que necesitas y quieres en las relaciones. Enfocándote en tus relaciones más relevantes, pregúntate lo siguiente: ¿satisfacen tus necesidades? ¿Respetan tus derechos estas personas? ¿Puedes mantenerte fiel a tus valores en estas relaciones? La respuesta a estas preguntas puede ayudarte a identificar en qué áreas necesitas poner unos límites más claros.

COMPROMÉTETE CON TUS LÍMITES. Comprométete a poner tus propias necesidades en primer lugar y a no olvidar el alcance de tus responsabilidades. Tú eres responsable de tus sentimientos, elecciones y comportamientos; no eres responsable de los sentimientos, elecciones y comportamientos de los demás. Comprométete a estar bien contigo; tu bienestar no depende de la aprobación de otras personas. Comprométete a no intentar controlar a los demás; no puedes arreglar, rescatar ni salvar a otros. Establece consecuencias para las violaciones de tus límites y hazlas efectivas. Prevé y acepta posibles resultados negativos por establecer límites, como la posibilidad de que se enojen y molesten contigo quienes están acostumbrados a pasarte por encima. Hacer todo esto hará que te resulte más fácil superar el miedo, ceñirte a tus decisiones y mantener los compromisos enunciados.

COMUNICA TUS LÍMITES. Es fundamental que te expreses, preferiblemente antes de que alguien tenga la oportunidad de violar tus límites (otra vez). Habla de manera clara, calmada y sin titubeos. Esto significa que debes expresarte de forma directa (no te andes con rodeos), con asertividad (manifestando confianza) y con respeto (no lances acusaciones ni tengas una actitud agresiva). Di *no* sin ambigüedades. «No» es una frase completa. Explica por qué es importante para ti ese límite y las consecuencias de violarlo. Mantén el foco en ti en lugar de centrarte en el comportamiento de la otra persona, que no puedes controlar de todos modos; tampoco se trata de plantear un tipo de castigo a modo de consecuencia. Por ejemplo, si necesitas ponerle un límite de tipo temporal a un compañero de trabajo, podrías decirle «solo respondo correos en horario laboral», en lugar de decirle «no me envíes correos fuera del horario laboral». Si le estás poniendo límites a un familiar, podrías decirle «para mí es importante sentirme escuchada en las conversaciones; si siento que me interrumpes o que me atropellas, me retiraré de la conversación», en lugar de «si me interrumpes mientras hablamos, dejaré de hablarte». No te compliques, es decir, no justifiques, discutas, defiendas ni expliques. Tienes derecho a determinar lo que sea en aquello que te concierne. En la mayoría de las interacciones personales, si alguien quiere traspasar tus límites no tienes ninguna obligación de explicarle tus razones (a menos que te encuentres en el trabajo, donde tu empleo podría depender de eso), y nunca tienes que disculparte. Cuando alguien no respeta tu límite y sigues interactuando con esa persona, estás reconociendo la posibilidad de que haya una buena razón para cuestionar tu límite. No la hay.

Precedencia y prioridad

«Los órdenes del amor» fue un título que consideré para este capítulo, en referencia al concepto de Hellinger de que el sistema familiar está regido por tres órdenes (entendidos como conjuntos de reglas que rigen el funcionamiento del sistema) que actúan casi como leyes naturales. Cuando estos órdenes están presentes, el amor consciente puede fluir libremente dentro del sistema familiar y llegar a las siguientes generaciones. Hemos estado explorando estos órdenes desde el principio, si bien no los he llamado explícitamente así, para evitar el vocabulario técnico en la medida de lo posible. Pero ya que estamos explorando el orden y el desorden, y dado que hemos sentado las bases, ha llegado el momento de abordar directamente esta cuestión.

Ya conoces el primer orden del amor: la *pertenencia*. Según este orden, todos los miembros de un sistema tienen derecho a pertenecer a él. El segundo orden del amor es el *equilibrio*: a cada cual le corresponde un lugar natural. El tercer orden del amor puede parecer un poco arbitrario de entrada: es la *precedencia*. Básicamente, en el contexto de las dinámicas de relación dentro de la familia, hace referencia a que quien viene primero tiene prioridad. Tiene que ver con el orden secuencial que mencioné al principio del capítulo. Los padres (y su relación) tienen prioridad sobre los hijos, los hijos tienen prioridad sobre las nuevas parejas de los padres, los hermanos mayores tienen prioridad sobre los hermanos menores (no os preocupéis, hermanos menores; esto no significa que vuestros padres os quieran menos ni que os deban menos, ya veréis por qué), etc. El que llega primero es atendido primero. La precedencia nos dice quién tiene prioridad. Esta es una de las informaciones que debemos tener en cuenta para saber cuál es nuestro lugar.

La prioridad no significa de ninguna manera que un miembro de la familia merezca un trato mejor o más atención. Este concepto nos permite saber adónde conviene dirigir la mirada en el sistema. Ignorar o no respetar la prioridad en el sistema familiar es una de las mayores amenazas para su orden y está en el centro de las dinámicas disfuncionales en las que muchos de nosotros crecimos, y que ahora corremos el riesgo de perpetuar.

Aunque nuestra relación con nuestros padres es la dinámica familiar primaria que experimentamos, las dinámicas familiares secundarias, como la relación de nuestros padres entre sí, la presencia de padrastros o madrastras, los lazos con los hermanos (o la ausencia de ellos) y la adopción, entre otras, suelen distorsionar las prioridades y, con ello, el fluir libre del amor en el sistema familiar, dando lugar a un desorden muy significativo.

De niños, nuestra relación con nuestros padres o cuidadores es la relación más central e intensa que vivimos. Pero algo fundamental para la calidad de esta es la relación (o la falta de relación) entre nuestros padres. Los padres van antes que los hijos; la precedencia es el orden que lo determina. Dos personas deben unir su material genético para crear un nuevo ser humano; el hijo viene después de que esta unión ha tenido lugar. La precedencia nos dice que esta relación entre los padres tiene prioridad sobre la relación de los padres con los hijos. Esta afirmación puede parecer herética, especialmente en nuestra cultura, que aplaude la devoción casi fanática hacia los hijos. «¡Tu hijo debería ser lo primero, qué duda cabe!», podrías estar pensando. Cualquier otro planteamiento reflejaría un egoísmo imperdonable. Sin embargo, cuando pensamos en la prioridad como una herramienta para dirigir la atención adecuadamente, esa declaración presuntamente herética es más fácil de entender. Los niños quieren sentirse seguros. Y se sienten seguros cuando su vida en el hogar es segura, es decir, cuando dan por sentada la fuerza del vínculo entre sus padres y no se les ocurre cuestionarla. Los padres que se enfocan en la calidad de su relación y que, por tanto, nutren y sostienen su amor y su compromiso, crean un ambiente amoroso para sus hijos. Priorizar a la pareja no significa dejar de atender las necesidades de los hijos ni tratarlos como si tuviesen menos importancia, sino todo lo contrario: al priorizar a la pareja, estamos valorando simultáneamente el bienestar de los hijos.

Convertirse en el sujeto de la relación primaria de un progenitor puede ser muy dañino para el niño. Esta dinámica no solo tiende a generar inestabilidad en el hogar (por ejemplo, una mala relación entre los padres), sino que también puede provocar un sentimiento injusto de obligación o deuda hacia ese progenitor en el niño, un sentimiento de culpa por el que siente que le debe algo: atención, tiempo, amor, etc. Los niños no deben sentir jamás que están en deuda con sus padres. El regalo que es la vida es imposible de devolver; solo puede transmitirse hacia delante.

Por supuesto, hay niños que crecen felices en hogares monoparentales. No estoy diciendo que los niños necesiten tener a los dos padres en el mismo hogar (ni siquiera tener dos padres) para estar bien adaptados e ir madurando. Estoy diciendo que los padres deben respetarse. Incluso aquellos que se separan deben continuar priorizando la salud de su relación antes que la que tienen con sus hijos. Un dato estadístico que se menciona a menudo es que el cincuenta por ciento de los matrimonios terminan en divorcio. Este porcentaje es anecdótico, sí, pero refleja lo común que es el divorcio en nuestra sociedad y lo normalizado que está. No obstante, que algo sea común no significa que no tenga un impacto. Es cierto que la mayoría de los niños cuyos padres se han divorciado están mejor que si vivieran en medio de una relación nefasta. Pero el divorcio no deja de ser un momento de enorme importancia en la vida de los niños: es el fin de algo que veían casi como un hecho natural, un cambio repentino en la realidad, una transición hacia una nueva forma de vivir y relacionarse.

Desafortunadamente, muchos adultos que comparten hijos manejan su ruptura de la peor manera posible: con una acritud, una amargura y un resentimiento manifiestos, es decir, con una falta de respeto absoluta hacia la relación anterior, la relación que dio lugar al hijo o los hijos. Muy a menudo, la tormenta que generan los adultos arrastra a los niños. Los padres les piden que elijan bando, ya sea de forma abierta o encubierta. Los ponen en medio de esta guerra y esperan que hagan de consejeros o mediadores, lo cual es inapropiado y devastador.

Priorizar la relación parental en caso de divorcio no significa que nuestros padres no puedan o no deban sentir enojo y dolor, especialmente después de una relación abusiva. Tampoco significa que tenga que gustarles su ex, ni siquiera un poco. La gente termina con parejas que no son buenas. Aunque en casi todas las relaciones ambas partes tienen algo de responsabilidad en la ruptura, esta responsabilidad podría ser del uno por ciento solamente. Cuando estás dejando a alguien que es responsable en un noventa y nueve por ciento de la ruptura de la relación, ¿cómo podrías priorizar la relación con esa persona? Pues poniéndole fin respetando toda tu experiencia vital con esa persona, la cual incluye, de manera destacada, a vuestros hijos, que llevan elementos tuyos y de tu ex dentro de sí. Mi mentora, Suzi Tucker, enseña que «rechazar al otro progenitor es rechazar al otro progenitor dentro del niño». Si no aceptamos a un ex con amor y respeto, ¿cómo podemos imaginar que podemos amar y aceptar adecuadamente a nuestros hijos tal como son? Al igual que ocurre con un progenitor, cuando rechazamos a una pareja con la que hemos tenido hijos (en lugar de aceptar a esa persona tal como es, sin juzgarla y con amor consciente), estamos rechazando la vida misma: la vida de los niños y el regalo vital que llevan dentro proveniente de esa pareja.

El sistema familiar seguirá igual después de un divorcio. Aunque un divorcio significa el fin de una historia de amor entre los padres, el amor hacia los hijos no debe ponerse en duda. El sistema familiar siempre ofrecerá una plataforma segura para los niños si los padres permanecen unidos «dentro» de sus hijos, es decir, si siguen ejerciendo activamente de madre y padre y mantienen a los hijos al margen del divorcio. Están y siempre estarán «juntos» para sus hijos como pareja. En cuanto a la relación de los padres como hombre y mujer dentro del matrimonio, eso es asunto suyo y debe seguir siéndolo. A este respecto, Suzi indica que «si los padres se incluyen mutuamente incluso cuando se distancian, la transición es más fácil para los niños». Los niños no deben interferir en los asuntos de sus padres; estos deben asumir las consecuencias de sus propias decisiones. Nosotros debemos ceñirnos a nuestro rol y nuestros hijos deben mantener el suyo; tenemos que enfocarnos en nuestro propio futuro, para no vivir en el futuro de ellos. Como dijo Hellinger, «el divorcio es un asunto entre los padres; los hijos no deben involucrarse».

Tras divorciarse, muchas personas se vuelven a casar o vuelven a tener pareja. La llegada de una madrastra o un padrastro a la vida de un niño suele ser complicada en el mejor de los casos, y dolorosa en el peor, tanto para el niño como para la nueva pareja. Fusionar dos familias –equilibrar dos sistemas familiares existentes– no es tarea fácil. Entender el lugar que ocupamos y el rol de los demás en esta nueva dinámica es confuso y desconcertante. Los hijos de una relación anterior de un individuo, obviamente, tienen precedencia sobre la nueva relación, es decir, tienen prioridad. O al menos deberían tenerla. Desafortunadamente, los padres a menudo deben enfrentarse a dos conjuntos de necesidades aparentemente opuestas, dos conjuntos de inseguridades: la nueva pareja que quiere sentirse importante, y el niño que quiere sentirse seguro de la lealtad de su progenitor. El arquetipo de la madrastra malvada, muy arraigado en nuestra cultura, ilustra este miedo profundo a ser reemplazado y quedar desprotegido por un progenitor que elige una nueva familia. Pero cuando tanto el niño como la madrastra o el padrastro pueden ocupar el lugar que les corresponde en el sistema familiar, cuando se respetan la precedencia y la prioridad, ambos se sienten más seguros y pueden abrirse el uno al otro. Un niño que siente el compromiso inquebrantable de su madre o su padre puede relajarse en esta confianza. Confía en que su madre o su padre no elegirá a su padrastro o madrastra antes que a él y deja de ver a esa figura como un competidor; entonces se abre a la madrastra o al padrastro y a una relación sana de respeto mutuo.

De manera similar, una madrastra o un padrastro que acepta, entiende y apoya plenamente el compromiso de su pareja con sus hijos está fomentando una relación más fuerte y amorosa con su pareja, un vínculo de más calidad con ella. Una madrastra o un padrastro que no sobrepasa los límites y que respeta y valora al padre o la madre biológicos también está fomentando un vínculo de mayor calidad con sus hijastros. Los padrastros o madrastras que hablan mal del ex de su pareja o que lo menosprecian de alguna manera someten a los niños a una prueba de lealtad sin pretenderlo, en la cual el padrastro o la madrastra tiene todas las de perder. Recuerda que los niños son leales a sus padres, por lo que pueden sentir como una traición incluso una relación positiva con una madrastra o un padrastro. Cuando permitimos que los niños tengan la seguridad de que no somos una amenaza para el otro progenitor, aliviamos su posible sensación de culpa.

Aunque nuestros padres se separen cuando ya no somos niños, la disolución de su matrimonio y la formación de nuevas relaciones posteriores pueden resultar muy inquietantes. Durante una de las clases a las que asistí para formarme como facilitadora de constelaciones familiares, la profesora dedicó toda una jornada a hablar de las familias reconstituidas, es decir, aquellas en las que hay padrastros o madrastras, hermanastros y mediohermanos. Al comienzo de la clase, nos pidió que levantáramos la mano si teníamos un padrastro o una madrastra. No supe cómo responder. En ese momento tomé conciencia, con una intensidad sorprendente, de que no tenía nada claro el lugar que ocupaba en mi sistema familiar. Me había centrado en la relación con mi padre, pero tuve que afrontar el hecho de que mi relación con mi madre –a quien, como ya sabes, idolatraba– no era tan sencilla como me gustaba imaginar.

Mis padres se divorciaron cuando yo tenía veintidós años, así que para entonces ya me habían criado hasta la adultez y en teoría me habían enseñado todo lo que necesitaba saber. El trabajo estaba hecho. Mi madre se volvió a casar dos años después. No sentía animadversión hacia su nuevo marido, pero tampoco tenía interés en conocerlo. Ningún interés, lo cual fue tal vez un poco mezquino por mi parte. Me irritaba la idea de decir que era mi padrastro. Desde mi perspectiva, el nuevo marido de mi madre era solo una parte de la nueva pareja que habían formado, y yo no tenía nada que ver con eso. Yo no vivía en casa; de hecho, ni siquiera vivía en el mismo país. En mi opinión, él no era parte de mi familia.

Sin embargo, mi madre quería que, con el tiempo, nos relacionáramos como familia. Esta actitud me generaba un gran resentimiento. En mi interior, sentía que mi madre había hecho estallar en pedazos una familia perfectamente funcional. Y aunque supuestamente era adulta, me sentía rechazada, como si ella hubiera elegido una nueva vida en lugar de la vieja, es decir, a mí. Aun así, me sentía culpable por mi resistencia. Quería saber si mi comportamiento hacia el marido de mi madre (una indiferencia estudiada) era correcto o si tenía que realizar algún ajuste. Le expliqué mi situación a mi profesora. Su respuesta fue clara como el cristal y me ayudó a aceptar a ese hombre: «Él no es tu padrastro –me dijo–. Es la pareja de tu madre. Ella te mira con ese hombre al lado. Encuentra la forma de abrir tu corazón al de él para incluirlo en tu esfera privada, estableciendo unos límites saludables».

El hecho de darme cuenta de que no tenía que aceptar al marido de mi madre como mi padrastro me ayudó a aceptarlo como la pareja de mi madre. Pude hacer espacio para esta dinámica, lo que me permitió regresar a mi posición original como hija de mi madre. Esta solución tan sencilla fue muy apropiada para mí y me trajo paz respecto a la nueva relación de mi madre.

Cuando los padres se divorcian y vuelven a casarse cuando los hijos ya son independientes, por lo general la nueva pareja no será un padrastro o una madrastra en el sentido convencional. Como hijos, ya estamos recorriendo nuestro propio camino. Tratar a la nueva pareja como madrastra o padrastro puede introducir desorden en nuestro sistema familiar. Podríamos estar dándole un lugar que le corresponde ocupar a otra. Podríamos intentar dirigir hacia esa persona lo que sentimos hacia uno de nuestros padres, ya se trate de sentimientos negativos o positivos. En mi caso, podría haber buscado una relación cercana con el marido de mi madre en un intento erróneo de sanar mi relación con mi padre.

Los niños adoptados se encuentran dentro de un sistema familiar particularmente complejo (en realidad, dos sistemas) en el que el respeto a la precedencia y la prioridad es especialmente importante. Para decirlo sin rodeos, los padres adoptivos deben reconocer que los padres biológicos son los primeros. Sin ellos, el niño o la niña no estaría ahí. Aunque los padres biológicos pierden sus derechos, no pierden su lugar. Los padres adoptivos deben reconocer y respetar la realidad de la existencia de los padres biológicos (y de su etnia, raza y cultura, cuando difieren de las propias). Solo así pueden respetar realmente a su hija o hijo. Cuando los padres adoptivos pueden decir de corazón «gracias a vosotros hemos podido ser padres», hacen espacio para su hijo o hija tal como es y también para que termine por aceptar su adopción.

Es fundamental decirles la verdad a los niños: que fueron adoptados. No podemos quitarles su derecho fundamental a conocer su origen. Si no respetamos este derecho, ¿cómo podemos esperar que encuentren su lugar o que acepten plenamente los hechos como son? Es imperativo que los niños adoptados acepten lo que decidieron sus padres, es decir, que admitan la realidad. Los niños adoptados solo pueden crecer serenamente si saben la verdad y la asumen. Cuando les mentimos, distorsionamos su realidad. Al basar nuestra relación con ellos en el miedo y la inseguridad, los despojamos de parte de su identidad. Generamos desorden.

Cuando se anima a los niños a amar abiertamente la realidad de sus padres biológicos, es menos probable que busquen asumir la situación de maneras encubiertas y destructivas. Y se los prepara correctamente para entender que la adopción fue una decisión de adultos, una decisión que de ninguna manera refleja lo que son ni su valía, sino que en realidad pone de relieve el valor de su vida. Los niños no tienen ninguna responsabilidad en el acto de la adopción y no tienen que cargar con esa elección ni expiar nada en nombre de ningún adulto.

Mi cliente Michael no descubrió que era adoptado hasta que tuvo casi veinte años. La revelación lo desorientó por completo;

trastocó todo lo que creía saber sobre su familia y sobre quién era en esencia. Además, la historia que le contaron sus padres sobre su adopción fue irritantemente vaga. No le dijeron el nombre de la agencia de adopción con la que habían trabajado, tampoco dónde había nacido. Lo único que sabía era que había sido adoptado en California, el estado más poblado del país, donde sus padres vivían en ese momento. «Fue una adopción cerrada por una razón», le dijo a Michael su madre. En un momento extremadamente crítico (la adolescencia tardía, justo cuando Michael se preparaba para dejar el hogar e ir a la universidad), su confianza en sus padres se rompió y su sólida base quedó destruida.

Ya con veintitantos años, con la aparición de sitios de rastreo genético como 23andMe, Michael decidió buscar familiares por su cuenta, frustrado por la negativa de sus padres a cooperar. Pero lo que ocurrió después sacudió aún más su sentimiento de valía: encontró a una persona que parecía ser su hermana biológica. Tenían la misma madre y el mismo padre. Michael terminó por descubrir que sus padres biológicos habían permanecido juntos tras darlo en adopción y que posteriormente habían tenido una hija a la que criaron. Tras conectar con su hermana, supo que sus padres biológicos solo le habían revelado su existencia una vez que se había quedado embarazada (ahora tenía un bebé varón). Michael, que había sido hijo único, se sintió tanto eufórico por descubrir que tenía una hermana como profundamente rechazado por sus padres biológicos, quienes lo «dieron en adopción» pero «se quedaron» con su hermana.

Michael no podía evitar preguntarse qué habría sido diferente si ambas familias hubieran sido sinceras con sus hijos. Durante toda su vida había lidiado con un sentimiento de no pertenecer, la vergüenza y la depresión. ¿Y si sus padres le hubieran contado la verdad en los inicios de su infancia? Michael sentía que habría crecido percibiendo su existencia como el producto de actos de amor: el amor por parte de las personas que se esforzaron por encontrar una vida mejor para él y el amor por parte de quienes quisieron darle esa vida. A partir de este sentimiento, habría crecido aceptándose mejor a sí mismo y como una persona más segura de sí misma, no menos. Sus padres temían que decirle que era adoptado lo hiciera sentir mal y lo llevara a quererlos menos. Sin embargo, su secretismo y su silencio dejaban traslucir que estaban ocultando algo.

Michael comenzó a proteger a su niño interior tan pronto como empezamos a trabajar juntos. Tras varios encuentros por videollamada, estableció unos límites con sus padres biológicos, quienes querían acelerar una relación familiar intensa para la que Michael no estaba listo; ni siquiera estaba seguro de quererla. También estableció unos límites con sus padres adoptivos, quienes querían conocer cada detalle de sus interacciones con su familia biológica. Dejó claro a todos que no estaba interesado en mantener relaciones que incluyeran mentiras. Él y su hermana decidieron encontrarse sin que ninguno de los padres estuviese de por medio. Michael empezó a sanar realmente cuando conoció a su hermana y a su sobrino. A ella la habían mantenido en la ignorancia como a él, por lo que pudieron compartir sus respectivas historias sin acritud, recriminaciones ni culpabilizaciones. Pudieron explorar lo que habían vivido y hablar de ello en un espacio seguro. Michael se sintió cómodo creando un vínculo con su hermana, ya que ella no había tenido ningún papel en su adopción. Ella también había sido hija única y siempre había sentido que en su vida faltaba «algo» (o alguien). A medida que Michael fue integrando en su vida a su hermana (la única persona con la que compartía al menos una parte de su extraño sino) y a su sobrino, cada vez se fue sintiendo más capaz de aceptar la realidad de los hechos. Al desarrollar empatía hacia sus padres (al reconocer sus miedos, sus decisiones y su gran amor), su ira se fue aplacando. Finalmente, al respetar la experiencia vital de ellos y habiendo alcanzado un amor lúcido, pudo aceptar tanto a sus padres biológicos como a los adoptivos como «los únicos padres adecuados». La aceptación es siempre la forma más rápida de seguir adelante y vivir plenamente nuestra vida.

Después de la relación con nuestros progenitores, la dinámica íntima más común que la mayoría de nosotros experimentamos en la infancia es la relación con un hermano o hermana (incluso la denominación misma *hijo único* implica la ausencia de un hermano). Independientemente de la cercanía que experimentemos o hayamos experimentado con nuestros hermanos, ocupan un lugar único en nuestra vida, insustituible: son las únicas personas con las que compartimos nuestro origen en algún grado realmente. Nuestros hermanos son los únicos que han llegado a este mundo de la misma manera que nosotros: a través del mismo linaje. A menudo también son las personas con las que tenemos una relación más duradera.

Como nuestros primeros iguales, nuestros hermanos son los primeros sujetos de prueba en nuestros experimentos sociales. Es relacionándonos con ellos como aprendemos a lidiar con muchas de las dinámicas opuestas y complementarias de la vida: la cooperación y la competencia, la lealtad y el conflicto, la rivalidad y el trabajo en equipo, las alianzas y el individualismo. La manera en que compartimos y en que ocupamos nuestro lugar en el entorno en la adultez tiene su origen en estas dinámicas tempranas.

Nuestros hermanos pueden ser nuestros mejores amigos o nuestros adversarios más odiados. Nuestros hermanos están preparados para entendernos como nadie más puede hacerlo, pero también son igual de propensos a malinterpretarnos más gravemente que cualquier otra persona. Esto se debe a que en la infancia nuestra relación con los hermanos nunca es directa; la manera en que los vemos está influida por la relación que tenemos con nuestros padres y nuestra posición en la familia. La verdad es que las tensiones con los hermanos o la rivalidad fraternal nunca tienen que ver con ellos realmente, sino que siempre tienen que ver, en última instancia, con la manera en que nos trataron nuestros padres. Cuando sentimos la necesidad de competir con un hermano estamos compitiendo por los recursos de nuestros padres (su tiempo, su atención, su aprobación), independientemente de la edad que tengamos o de si nuestros padres aún están vivos o no.

Muchos progenitores cometen el error de comparar a sus hijos, a veces sin darse cuenta, en lugar de aplaudir sus cualidades particulares. Pueden trasladar sus expectativas en cuanto a uno de sus hijos (que «no cumplió» con ellas) a otro. Pueden identificarse más con uno de los hermanos que con otro. Las necesidades especiales de un hijo o hija pueden requerir que le dediquen más tiempo. Y es posible que tengan hijos favoritos. Debo aclarar que el favoritismo no tiene que ver con la prioridad basada en la precedencia. No es que el primogénito merezca más o algo mejor y que a todos los hijos que vienen después les toque recibir menos, como podía ocurrir en otros tiempos. De ninguna manera.

Entonces, ¿qué papel podrían tener la precedencia y la prioridad en lo que respecta a los hermanos? Pues resulta que muchos de los problemas mencionados constituyen una violación del orden; son la consecuencia de que no se respetan la precedencia y la prioridad. ¿Por qué? Como ya sabes, vinculo la prioridad al hecho de saber cómo dirigir la atención de manera apropiada. Cuando tenemos varios hijos, tener en cuenta la precedencia y la prioridad nos ayuda a satisfacer las necesidades únicas de cada uno según el lugar que ocupan en el sistema familiar. Nos permite verlos adecuadamente en el lugar que legítimamente les corresponde, no compararlos.

Por ejemplo, el hijo o la hija mayor es el único de los hermanos que tiene la experiencia de ser el centro absoluto de la atención de sus padres. Es posible que asuma el liderazgo entre los hermanos de manera natural. Comparar desfavorablemente con el hijo mayor al del medio, que tal vez destaque como mediador, o al menor, que quizá sepa muy bien cómo captar la atención, es resistirse al orden natural del sistema familiar. Con estas actitudes estamos alimentando el desorden en el sistema.

No se pueden comparar hijos cuando se entiende que cada uno está en el lugar que le corresponde. Los padres que comparan a sus hijos generan desorden. Cuando hay favoritismo, casi siempre es el resultado de una alteración de la precedencia. En una familia donde no se atiende a la prioridad y falta el sentido de pertenencia, los padres pueden esperar que uno de los hijos asuma el rol de un hermano de más edad o de menos edad, lo que da lugar a tensiones, celos y resentimientos entre los hermanos. Cuando los padres mantienen el orden de la precedencia, están mejor preparados para reforzar el sentimiento de pertenencia, es decir, para asegurarse de que sus hijos sean vistos, escuchados y valorados.

Como adultos, podemos elegir criar de manera diferente a como lo hicieron nuestra madre o nuestro padre, apoyando así el orden en la familia que creamos. Pero no podemos volver atrás en el tiempo para tomar otras decisiones por nuestros padres, ni podemos controlarlos en el presente. Si quieres reforzar los lazos con tus hermanos o soltar resentimientos tóxicos que te hacen más daño a ti que a cualquier otra persona, empieza por saber cuál es tu lugar y aceptarlo. No digo esto en el sentido negativo en que a menudo se dice a los demás que sepan cuál es su lugar, es decir, como una especie de instrucción de que se queden en el punto o la situación en que están y no sueñen con algo mejor. Me refiero a que deberías comprender verdaderamente todo lo que tiene de bueno el lugar único que ocupas en el sistema familiar y alegrarte por ello. Deja de enfocarte en tus hermanos; lo relevante no es lo parecidos o diferentes que sois ni las razones por las que es bueno o malo que os parezcáis más o menos.

La realidad es que es muy posible que tus puntos de vista y los de tus hermanos difieran de una manera considerable. Pide a dos hermanos que narren la historia de una experiencia familiar que han vivido ambos y probablemente obtendrás dos relatos muy diferentes. Aunque tu origen y el de tus hermanos son iguales en gran medida, casi podría decirse que cada hijo e hija tiene unos padres distintos. Tal vez cuando naciste tus padres eran jóvenes y no gozaban de estabilidad económica, pero cuando llegó tu hermana eran algo mayores y sí gozaban de esa estabilidad. Quizá cuando tu hermano vino al mundo tu madre aún ejercía la abogacía o la medicina, pero decidió dejar su empleo y hacerse ama de casa cuando naciste tú. Esta disparidad en las circunstancias puede hacer que tú y tus hermanos tengáis puntos de partida muy diferentes. Respeta el de cada uno de ellos como respetas el tuyo. Y relaciónate con ellos desde el amor consciente, un amor que acepta los hechos como son, sin juzgarlos y estableciendo unos límites saludables.

Para mi cliente Roberto, no había nadie con quien le importara menos tener una relación que su hermano menor, Víctor. A ojos de Roberto, Víctor le había «robado» la vida y había conseguido todo lo que debería haber sido suyo. En la mente de Roberto, Víctor nunca había tenido que esforzarse por nada, a diferencia de él mismo. Roberto había crecido en la granja familiar, pero no tenía interés en la agricultura. Soñaba con ser abogado o financiero, y se esforzó mucho en la escuela para hacer realidad ese sueño. Cuando lo aceptaron en una universidad prestigiosa, se convirtió en la primera persona de su familia en ir a la universidad. Encontrándose

Roberto hacia la mitad del primer año de carrera, Víctor sufrió un accidente de coche muy grave. Lo pusieron en coma inducido y el equipo médico preparó a los padres de Roberto para la posibilidad de que, en caso de sobrevivir, quedara discapacitado para siempre. Víctor tenía catorce años en esos momentos, y sus padres tuvieron que pasar a cuidar de él a tiempo completo. Le rogaron a Roberto que solicitara un permiso de ausencia en la universidad y fuera a ayudarlos en la granja para no perder su única fuente de ingresos (y de seguridad). El permiso de Roberto se extendió a un año, luego dos, luego tres. Finalmente, tuvo que anular su matrícula de forma definitiva, ya que la universidad dejó de reservarle la plaza.

Roberto terminó llevando la granja familiar a tiempo completo. Hizo crecer la finca de sus padres comprando tierras de granjas vecinas y diversificó los cultivos. Cursó estudios en la universidad agrícola local a tiempo parcial para seguir desarrollando sus habilidades y su capacidad de gestión. La granja prosperó enormemente y estaba generando más dinero del que había generado nunca bajo el cuidado de sus padres. Pero Roberto seguía odiando la agricultura. Se sentía atrapado, tanto porque parecía demasiado tarde para cambiar de rumbo como porque sus padres dependían de él: ya no podían manejar la granja aunque quisieran; el negocio era mucho más sofisticado ahora que cuando lo llevaban ellos.

Mientras tanto, Víctor se había ido recuperando poco a poco, a lo largo de muchos años. Aunque quedó discapacitado físicamente de forma permanente, no tenía problemas de tipo cognitivo. Al igual que Roberto, era inteligente y decidido. Pero encargarse de la granja estaba claramente más allá de sus posibilidades; había que hacer demasiado trabajo físico. Finalmente, Víctor fue a la universidad, la misma universidad de prestigio en la que había sido admitido Roberto y en la que solo cursó un semestre. Fue Víctor quien fue a la Facultad de Derecho y quien se convirtió en abogado.

Los dos hermanos se odiaban. Cuando le pregunté a Roberto si sabía por qué lo odiaba Víctor, admitió que era porque su hermano menor se sentía traicionado y dolido por la ira de Roberto. Víctor pensaba que Roberto era un cretino, básicamente. Roberto sabía intelectualmente que Víctor había sufrido, y también que no tuvo la intención de quitarle nada. Pero el hecho de saber eso no tenía un efecto en sus sentimientos.

Cuando los padres de Roberto murieron inesperadamente en un corto espacio de tiempo, se encontró en una encrucijada. Le habían dejado la granja a él. Lloró mientras me decía que quería venderla. Estaba abrumado por la culpa y el dolor.

Roberto y yo decidimos hacer una constelación en torno al tema de la granja. Quedó claro que la granja en sí representaba a sus padres, su relación con ellos. Al cuidarla, Roberto se había asegurado su amor. Estaba resentido con Víctor no por haberle robado su vida, sino por haberle robado ese amor. En el fondo, nunca se sintió tan amado por sus padres después del accidente de Víctor. Sabía que quería vender la granja, pero no podía hacerlo sin antes sanar su relación no solo con sus padres, sino también con su hermano.

La verdad es que Roberto nunca llegó a un punto en el que quisiera reconectar con Víctor en la vida diaria, lo cual no es incorrecto. Hizo las paces con él dentro de sí mismo. Trabajó en soltar el resentimiento hacia su hermano y estableció mejores límites en cuanto a «mantenerse al día» con él. Dejó de fijarse en lo que hacía Víctor en las redes sociales y de comparar sus vidas. Reconoció para sus adentros el sino muy real y muy difícil de su hermano. Aceptó el amor que sus padres pudieron ofrecerle; lo hicieron sobre todo a través de la granja misma, que podría asegurarle el sustento para toda la vida, o casi.

Finalmente, Roberto vendió la granja. De esta manera pasó a ser bastante rico con solo treinta y siete años, y decidió volver a la universidad para terminar su licenciatura. A los cuarenta años fue aceptado en la Facultad de Derecho. La última vez que supe de él estaba pasando noches en vela estudiando para los exámenes y nunca había sido tan feliz. «Marine, creo que en realidad no me habría gustado mucho la Facultad de Derecho cuando estaba en la veintena –me dijo riendo–. Pero todos estos años dirigiendo la granja me han hecho apreciar muy mucho una biblioteca con aire acondicionado. Supongo que las cosas debían ir así, dado que solo han ido de esta manera, ¿sabes?».

AFIRMACIONES

Sé cuál es mi lugar; mi lugar es solo mío.

Nadie puede quitarme mi lugar ni ocuparlo.

Tengo muy claro quién soy y dónde pertenezco.

EJERCICIO: Meditación sobre la pertenencia

Esta meditación está diseñada para ayudarte a asumir profundamente el principio de que a cada persona le corresponde un lugar dentro de su sistema familiar. Te sugiero que la leas primero y que, si te parece bien, uses el teléfono móvil u otro dispositivo para grabarte leyéndola. De este modo podrás escuchar la meditación y enfocarte en las visualizaciones sin parar para mirar qué debes hacer a continuación.

Encuentra un lugar confortable, un espacio donde puedas sentir paz y tranquilidad. Puedes sentarte con las piernas cruzadas; si estás en un sofá o una silla, apoya los pies en el suelo. Deja que las manos reposen sobre los muslos, con las palmas hacia arriba; esta es una postura de apertura y receptividad.

Haz tres respiraciones profundas y cierra los ojos. Dondequiera que estés, en este momento estás a salvo y cuentas con apoyo y protección.

Para empezar, solo necesitas conectar con tu cuerpo. Dirige la atención hacia él. Siente los pies apoyados en el suelo. Respira sintiendo el aire en las piernas, las caderas, el vientre, el pecho, los brazos, el cuello y el rostro. Te encuentras en un estado de conexión y sintonía interior. Toma conciencia de cualquier tensión o sensación que experimentes en el cuerpo. No intentes entenderlas; solo obsérvalas y acéptalas.

Ahora visualiza a tu familia. Tal vez solo veas una persona al principio, o tal vez veas diez o veinte. Quizá solo estén ahí tus padres y tus hermanos, quizá estén también tus abuelos. No importa. Solo invita a tus familiares a unirse a ti. Mientras lo hacen, no los sitúes; deja que vengan a ti y ocupen el lugar que les parezca adecuado. Presta atención a cualquier sensación presente en tu cuerpo: ¿los recibes con agrado? ¿Los rechazas? ¿Quieres alejarte un poco de ellos, esconderte, huir? ¿Quieres fundirte con ellos? Ahora, siente dónde quieres situarte tú. ¿Cerca de tu madre? ¿De una hermana o hermano? Tal vez desees estar atrás, tal vez delante.

Enfócate en cómo te sientes en compañía de tus familiares. Míralos, obsérvalos a todos. Detente en cada uno de ellos y dile, en voz alta o en silencio: «Como tú perteneces, yo pertenezco. Como tú perteneces, yo pertenezco». Tómate tu tiempo.

Ahora invita a tu niño interior (el niño o la niña que eras) a unirse a ti. Y deja que encuentre su lugar, como has hecho con tus familiares, sin intervenir. Tal vez ahora se haya situado un poco más lejos de ti, o más cerca, o detrás de ti. Míralo con amor y compasión, y cuando te sientas conectado con él o ella, di en voz alta o en silencio: «Te veo. Te escucho. Te valoro. Tienes un lugar y nadie puede quitártelo. Tienes derecho a ocupar tu lugar hoy. Y si aún no sientes que sea el momento, no pasa nada. Yo estaré aquí para ti. Estaré aquí, esperándote. Te veo, te escucho y te valoro. Eres importante».

Finalmente, invita a tu familia elegida: tu pareja, tus hijos si los tienes, tus amigos cercanos. Y, de nuevo, deja que estas personas busquen su lugar. No tienes que controlar nada. Solo entrégate a cómo, en este momento, todas las personas y todos los elementos de tu vida están conectados. Mira a cada miembro de tu familia elegida y di, en voz alta o en silencio: «Gracias a mi familia he podido crear mi familia elegida. Ninguno de vosotros está aquí para ocuparse de mi pasado, mi sanación, mis prioridades o mis responsabilidades. Estamos aquí para disfrutar nuestra vida juntos. Así que muchas gracias. Mientras valoro mi pasado y hago las paces con mi infancia y con mi niño/a interior, acojo totalmente mi vida presente y a mi familia elegida. Mi base es mi fortaleza. Soy yo quien debo extender mis alas, y lo haré cuando quiera. Siempre puedo volver a mi familia. Pertenezco. Tengo un lugar».

Cuando sientas que es el momento, abre los ojos, muy despacio y con mucha suavidad.

Capítulo 5

Sí, sí, sí

Problemas con el padre

Todos queremos amar y ser amados. Nuestra cultura nos bombardea continuamente con canciones e historias que nos transmiten el mensaje de que el amor romántico es el culmen de la realización personal. Sin embargo, a pesar de nuestro deseo y de nuestros esfuerzos, muy pocos parecemos capaces de entablar o mantener relaciones sanas. Seis de cada diez personas con las que trabajo acuden a mí con el deseo de transformar su vida amorosa. O tienen dificultades dentro de una relación o les cuesta encontrar una persona apropiada, y están listas para un cambio radical. La mayoría de estas personas empiezan enumerando todo lo que tiene de malo su pareja o todos los defectos que creen tener ellas mismas. Algunas mencionan, medio en broma, un tema clásico de la psicología popular: los problemas con su padre. Pero en el caso de la inmensa mayoría de mis clientes el problema no reside realmente en su pareja, ni en ellos, ni siquiera en la relación en sí, sino en asuntos no resueltos del sistema familiar y en las lealtades inconscientes, los enredos y las dinámicas que estos generan. El amor y las relaciones son siempre una extensión natural de las dinámicas de nuestro sistema familiar, y de la búsqueda continua de nuestro niño interior por demostrar su lealtad y asegurar su pertenencia.

Si echases un vistazo rápido a mi vida, no tendrías dudas en cuanto a la relevancia de mis problemas con mi padre. Como la mayoría de mis clientes, aceptaba que esto era así, pues me parecía obvio. Pero las constelaciones familiares nos muestran que la verdad a menudo es todo menos evidente. Como muchas de mis clientas, creía que el problema con mi vida amorosa obedecía a la repetición de un patrón: estaba eligiendo relaciones dolorosas con hombres por las heridas que había vivido con mi padre. Pero terminé por descubrir el amor ciego de mi niña interior, que ponía mucho empeño en demostrar su lealtad y asegurar su pertenencia.

El día más extraño de mi vida fue un domingo de enero de 2008, un día que, por lo demás, era de lo más normal. Era un día invernal parisino, frío pero luminoso, más frío de lo habitual a causa de la humedad y de que la nieve se estaba derritiendo en las aceras. Mi hermano había salido del internado en el que estudiaba, en Bretaña, para pasar el fin de semana en casa. Los cuatro (mi madre, mi padre, mi hermano y yo) estábamos sentados almorzando, un ritual que habíamos compartido incontables veces a lo largo de veinte años. Pero esta sería la última comida que compartiríamos como familia durante más de una década.

En las semanas anteriores, mi madre y yo habíamos embalado caja tras caja, preparando la mudanza al nuevo apartamento que compartiríamos. Mientras envolvíamos los platos en papel de periódico y doblábamos la ropa de cama, mientras apilábamos ordenadamente álbumes de fotos y libros, mientras revisábamos los recuerdos acumulados de toda una vida, separando lo que íbamos a conservar de lo que donaríamos, ni una sola vez mencionamos lo que estaba ocurriendo: después de veintiocho años de matrimonio, mis padres se estaban divorciando.

Había pasado un año desde que se hizo evidente que algo no marchaba bien entre mis padres: por una parte, mi madre estaba cada vez más ausente; viajaba sin cesar por trabajo, lo cual yo interpretaba como una estrategia de evasión, como una forma de poder sobrellevar el dolor y la preocupación. Por otra parte, mi relación con mi padre, que nunca había sido fácil desde que entré en la adolescencia, se volvió aún más fría y silenciosa; nos movíamos por la casa esquivándonos, evitando cualquier contacto. Pero mis padres nunca nos dijeron directamente lo que estaba ocurriendo a mi hermano y a mí; tuvimos que ir atando cabos a partir de indicios. Mis padres siempre habían sido muy reservados en cuanto a cualquier dificultad que pudiesen estar viviendo en su matrimonio; jamás discutían delante de nosotros y siempre se mostraban como un frente unido, algo que yo siempre había agradecido. Pero ahora era como si me estuviese volviendo loca. Nada era normal, nada volvería a serlo, y sin embargo todos fingíamos que no pasaba nada.

Solo hizo falta un instante para que esa ilusión se volviera completamente insostenible. Recuerdo que miré el reloj de la cocina, preguntándome cuánto tiempo nos quedaba antes de que mi hermano tuviera que salir a tomar el tren, cuando mi padre empezó a hablar. Su tono era formal, rozando la indiferencia. «Escuchad, no siento ninguna animosidad hacia vosotros –dijo, dirigiéndose a mi hermano y a mí–. Pero si vuestra madre se va, ya no seremos una familia. O estamos los cuatro, o se acabó».

No recuerdo el resto de la tarde. Sé que mi hermano intentó razonar con él; insistió en que el hecho de que él y mamá se divorciasen no significaba que tuviésemos que dejar de vernos. Aquel intento no llegó a ninguna parte; el único resultado de esa conversación fue un buzón abollado, pues fue el buzón el que absorbió la furia de mi hermano, cuando salió de casa. A la mañana siguiente, mi padre se levantó muy temprano y se fue al trabajo antes de que mi madre y yo nos despertáramos, para no tener que vernos salir. No nos despedimos. Aquella comida de domingo fue la última vez que vi a mi padre durante el resto de mi veintena.

Durante siete años, mi padre se negó a hablar con nosotros y evitó cualquier tipo de contacto. Mi hermano lo vio una sola vez en todo ese tiempo, cuando mi padre entró en la barbería donde él se estaba cortando el pelo: al verlo, mi padre se dio la vuelta y se fue, sin más. Solo hizo una excepción cuando llevaba ya unos años sin comunicarse con nosotros, cuando soñé que mi abuela paterna había muerto. Con el alma en vilo, le escribí un correo a mi padre para preguntarle por mi abuela. Terminé la nota con un «Espero que estés bien». La respuesta de mi padre, mordaz, fue más o menos esta: «Tu abuela está viva. En cuanto a mí, ¿cómo podría estar bien? Tu madre me dejó. Estoy solo». ¿¡Que estaba solo!? No podía creer que se viera a sí mismo como la víctima, o que esperara que yo lo compadeciera. ¿¡Que estaba solo!? ¡Había expulsado a sus propios hijos de su vida!

En agosto de 2008, apenas ocho meses después de que mi padre dejara de hablarme, me casé con un hombre al que había conocido solo dos meses antes. La relación, que al principio fue embriagadora, no tardó en volverse tóxica; estuvo marcada por el control y el maltrato. En menos de un año nos separamos y luego nos divorciamos, aunque mantuvimos un vínculo tortuoso y doloroso durante varios años. En 2014 me casé por segunda vez y, una vez más, no funcionó. Antes de cumplir los treinta ya tenía dos matrimonios fallidos a mis espaldas. Y con todas las relaciones de pareja que tuve entre estos dos matrimonios, y las que he tenido desde entonces, he encontrado una forma consciente o inconsciente de sabotear mi posibilidad de ser feliz, por mucho que desee el amor.

Como persona adulta, recrearás en tus relaciones de pareja todo aquello que está pendiente de resolución en tu sistema familiar. El miedo a la intimidad, el miedo al compromiso, el levantamiento de muros, la necesidad excesiva, la falta de confianza, los celos, la infidelidad, la pérdida, el autoboicot... Hay un noventa por ciento de probabilidades de que «le pidas» a tu pareja que resuelva por ti todo aquello que no pudiste sanar en la dinámica familiar, todo lo que no lograste comprender, todo lo que no supiste resolver. No quiero decir que se lo pidas de forma explícita, sino que a través de la dinámica con tu pareja tratarás de sanar inconscientemente viejas heridas. Tu pareja será tu siguiente blanco.

La incómoda verdad es que en el amor no hay coincidencias; no elegimos a nuestra pareja al azar. Sí, la sabiduría popular dice que elegimos a personas que nos recuerdan a nuestros padres (en el caso de las relaciones heterosexuales, suele tratarse del progenitor del sexo opuesto). Pero no es eso lo que quiero decir. Como ocurre con casi todo lo que afirma la sabiduría popular, hay algo de verdad en esta creencia, pero esencialmente es incorrecta. La mayoría de mis clientes, la mayoría de nosotros de hecho, no elegimos a personas que nos recuerdan abiertamente a nuestra madre o a nuestro padre (de hecho, creo que a la mayoría nos daría bastante repelús hacer algo así). Y tampoco buscamos de forma consciente repetir la historia. No pensamos «ah, mi abuela enviudó antes de los cincuenta, y también mi madre, así que voy a buscarme una pareja que muera joven». Cuando usamos las relaciones para resolver asuntos del sistema familiar, no debemos fijarnos tanto en el tipo de persona que eran o fueron nuestros padres como en la dinámica que había entre nosotros o en las dinámicas más amplias del sistema, y en cómo estas dinámicas moldean nuestras relaciones actuales.

Una de mis clientas, Lila, tenía un marido y un padre que no podían ser más distintos: su padre era introvertido, le gustaba trabajar con las manos, tuvo una serie de empleos extraños en lugar de cultivar una carrera profesional y cuando se enfadaba le retiraba el afecto a su hija; no le dirigía la palabra. Su marido, en cambio, era carismático y extrovertido; era poeta y profesor titular en una universidad prestigiosa y, cuando discutían, era experto en gritar y lanzar insultos. Cuando empezamos a trabajar juntas, se sentía profundamente infeliz con la forma en que veía limitada su vida por lo que percibía como una negatividad abrumadora en su marido; por lo que me dijo, todas las facetas de la vida de ambos giraban en torno a lo que él *no* quería: no quería tener hijos, no le gustaban las mascotas, era vegetariano y esperaba que ella no comiera carne en casa, no le gustaba el «desorden» y odiaba ver por la casa cualquiera de los proyectos de manualidades de su esposa (ella era una tejedora y bordadora experta), no quería que ella tuviera plantas porque le parecía que ensuciaban... La lista seguía, desde lo más trivial y mundano hasta aquello que tiene un impacto muy significativo en la vida.

Lila me explicó que había tenido una infancia tensa en lo relativo a la relación con su padre: se enfadaba con facilidad (aunque en silencio) y se tomaba cualquier petición como una ofensa personal. La tensión estaba servida si le pedía a su padre algo de tiempo o atención, que la llevara al parque, que le comprara un juguete o una golosina..., lo que fuese. «Sabía que con solo pedirle algo ya lo molestaba –me dijo–. Si íbamos a algún sitio, como el parque, y llegaba el camión de los helados, ni siquiera me molestaba en preguntarle si podíamos comprar alguno. Sabía que pedirlo lo molestaría y que de todos modos su respuesta sería que no». Al pronunciar esta última frase, se quebró. Era la primera vez que articulaba en voz alta el tema central de la dinámica que había vivido con su padre: el no. Durante los catorce años que hacía que conocía a su marido, siempre había comentado lo diferente que era de su padre, pero todo ese tiempo había estado repitiendo la misma dinámica de relegar y negar sus propias necesidades para mantener la paz.

La razón por la que reproducía esta dinámica era, por supuesto, el meollo de la cuestión: cuando el tema son los asuntos no resueltos del sistema familiar y nuestras relaciones, a menudo ocurre que nuestro niño interior sigue tratando de demostrar su lealtad y ganarse su lugar. En el caso de Lila, nunca se sintió escuchada por su padre; no estaba disponible para ella ni para satisfacer sus necesidades. Cuando los niños no se sienten escuchados, no sienten que pertenezcan. Se sienten rechazados. Al mantener esa dinámica con su marido, la niña interior de Lila seguía intentando demostrarle a su padre que era una buena niña y que pertenecía al sistema familiar. Así era como había aprendido a demostrar amor y lealtad: cediendo, sobre todo cuando eso implicaba sacrificar sus propios sueños y esperanzas.

Durante los años en que mi padre y yo no mantuvimos ningún contacto, recibía de vez en cuando noticias de él a través de amigos de la familia y conocidos. Una de mis mejores amigas seguía viviendo en el barrio parisino donde yo había crecido y donde mi padre aún residía, en el que había sido nuestro hogar familiar. Cada vez que hablábamos, me ponía al día sobre la aparente ausencia de vida en la casa. «Marine –me decía–, las contraventanas siempre están cerradas. Es como si nadie viviera allí». «Marine, la casa parece abandonada». Cuando volví a ver a mi padre por primera vez en 2015, me sorprendió el aspecto tan distinto que tenía; era como si su luz interior se hubiese apagado. Pensé en esa casa sin vida que había estado habitando como un fantasma durante buena parte de la última década, en cómo se desplazaba como un espectro por su propia vida. Incluso ahora, aunque ha restablecido el contacto con mi hermano y conmigo –un acto de amor y, por tanto, de vida–, sigo creyendo que el divorcio fue devastador para él.

Y todo ese tiempo me mantuve leal a él, profundamente leal, a pesar de su abandono, o tal vez *a causa de* su abandono. Cuando mi padre se fue, cuando esencialmente me repudió, una parte fundamental de mi identidad quedó hecha añicos: mi identidad como hija de mi padre. Perdí el sentido de quién era, y desde entonces he intentado recuperarlo. Cuando mi padre se fue, cuando rechazó su lugar en mi sistema familiar, hizo una rasgadura en su tejido que he estado tratando de arreglar desde entonces. No a través de «reemplazar» su amor con mis matrimonios fallidos, sino mediante la lealtad a su propio desgarro. Durante los últimos doce años he trabajado –sin darme cuenta– para demostrarle a mi padre que sí pertenezco a él. Si a él se le rompió el corazón, el mío también debía romperse.

Siempre permanecemos leales a nuestra familia, a nuestros padres sobre todo. El intenso amor, a la par que ciego, de nuestro niño interior arde en cada uno de nosotros, independientemente de si lo percibimos conscientemente o si sabemos que está ahí, o de si repudiamos o aceptamos a nuestra familia. Haremos lo que sea necesario para corregir los males de nuestro sistema familiar, aunque nos equivoquemos y aunque nos hagamos daño. Haremos lo necesario para restablecer el sentimiento de pertenencia, ya sea el nuestro o el de otros familiares. Por supuesto, los asuntos no resueltos con los que cargamos cada uno de nosotros con origen en el sistema familiar son demasiado particulares, individuales, diversos y numerosos como para intentar enumerarlos de forma exhaustiva, pero este no es mi objetivo. En lugar de intentar hacer una lista de todas las maneras en que nuestros padres pudieron haber fallado o de todas las formas en que puede descontrolarse un sistema familiar, quiero que recuerdes el deber principal de todo padre y madre (más allá de transmitir el don de la vida): garantizar la pertenencia de sus hijos asegurándose de que sean vistos, escuchados y valorados.

Las dinámicas adultas que socavan la conexión o nos impiden entablar relaciones (el miedo a la intimidad, el miedo al compromiso, el levantamiento de muros, la dependencia emocional, la falta de confianza, los celos, la infidelidad, la pérdida, la negativa a madurar, etc.) casi siempre expresan que no fuimos vistos, escuchados o valorados por alguno de nuestros padres cuando éramos niños. Ejemplos de dinámicas disfuncionales de este tipo en la infancia son violaciones del orden y las prioridades, ocupar el lugar de la pareja de un progenitor, atender las emociones del padre o la madre, fundirse con el padre o la madre, rechazar a uno de los padres, experimentar una ruptura del vínculo, ser víctimas de abusos o malos tratos, etc. No me sorprende que la mayoría de los pacientes que acuden para trabajar en sus relaciones sentimentales expongan los problemas que tienen *con su pareja* en estos mismos términos. He escuchado más veces de las que puedo contar las frases «no me siento visto», «mi pareja no me escucha» o «me siento rechazada».

Tuve una paciente que se convirtió en intermediaria entre sus padres después del divorcio. Ellos no podían hablar ni tratarse con cordialidad. De pronto, con cinco años, mi paciente tuvo que convertirse en la adulta de la relación y hacer de puente entre sus padres. No la veían por lo que era: una niña, su hija. Ahora, en su relación de pareja adulta, quiere ser la niña; espera que su marido la trate como a una criatura y cargue con la mayor parte del trabajo emocional.

Otra paciente, que permanecía soltera desde siempre y se sentía infeliz por ello, me contó que había crecido cuidando de su padre, que tenía esclerosis múltiple. Permanecía soltera porque en cierto sentido ya estaba en una relación. No estaba disponible: era la pareja de su padre; su niña interior se sentía culpable de traicionarlo si seguía adelante con su propia vida.

Con los hijos mayores de familias numerosas, a menudo se da una dinámica en la que ese hijo o hija tuvo que hacer de padre o madre para sus hermanos pequeños: era la persona que tenía a su cargo, habitualmente, cambiarles los pañales, darles de comer, hacerles de niñera, etc. Ahora, puede albergar un sentimiento de este tipo hacia su pareja: «¡Ni se te ocurra pedirme algo que no me apetezca hacer!». En este sentimiento está implícito este otro: «Como tuve que ser responsable desde muy corta edad, ahora me niego a asumir todavía más responsabilidades». Puede negarse a compartir cualquier responsabilidad con su pareja (pagar las facturas, resolver cuestiones de mantenimiento en el hogar, hacer la compra, cocinar, lavar la ropa, etc.), lo cual genera una gran tensión en la relación.

De adultos, los niños que tuvieron que dejar los estudios porque debieron ponerse a trabajar para ayudar a mantener a su familia suelen trasladar el resentimiento que albergan a sus parejas, a menudo en forma de infidelidad, ya sea sexual o financiera. Tienen la sensación de que al no haber podido tener la vida que querían, ahora tienen derecho a hacer lo que les dé la gana.

Una dinámica no resuelta con uno de tus padres podría estar condicionando tu forma de reaccionar ante tu pareja. Supongamos que en la infancia sentías que tu padre no te escuchaba. Y resulta que una noche tu pareja no te presta atención mientras hablas; ha tenido un día duro en el trabajo y solo quiere descansar. Pero tú, en un nivel inconsciente, sientes el mismo rechazo que experimentaste en la niñez. Entonces estallas: «¡Nunca me escuchas!». A tu pareja, este estallido probablemente le parecerá extraño y desproporcionado con respecto a la situación, y quizá le resulte doloroso o agotador si ya habéis tenido esta discusión antes. En este escenario, tu enfado ni siquiera tiene que ver con tu pareja en realidad; es el niño o la niña que llevas dentro quien está reaccionando, descargando en tu pareja los sentimientos de dolor y rabia que alberga en relación con tu padre. Estás trasladando al presente la responsabilidad del pasado, exigiendo que tu pareja compense lo que hizo (o no hizo) tu progenitor, o que ocupe el lugar del padre que te falló.

El marido de mi paciente Anne, René, era el menor de tres hermanos varones. Siendo niño, sus padres siempre «bromeaban» con que habían estado intentando tener una niña. Incluso ya tenían pensado un nombre de niña, Renée. En Francia es un nombre unisex –René y Renée se pronuncian igual, aunque la ortografía sea ligeramente diferente–, por lo que lo mantuvieron. En cierto sentido, René ni siquiera tuvo un nombre propio. Creció sintiendo que sus padres, por más que dijeran lo contrario, estaban realmente decepcionados de que hubiese nacido él, y no la niña con la que habían soñado. Creció sintiendo que no era suficiente para ellos. Más adelante, su primer gran amor le rompió el corazón diciéndole que se había dado cuenta de que nunca había estado enamorada de él.

Cuando conocí a Anne, su matrimonio estaba pasando por un mal momento. Ella había interrumpido el embarazo, en contra de la voluntad de René y sin decírselo. Ya tenían un hijo, y después de tenerlo Anne había sufrido un aborto espontáneo. Tras hablarlo, ambos decidieron que con un hijo era suficiente. Pero cuando Anne se quedó embarazada de nuevo de forma inesperada, le dijo a René que no quería tener otro hijo. Discutieron ferozmente al respecto, hasta que Anne tomó la decisión por su cuenta.

Por lo tanto, una vez más René se sintió rechazado por alguien que se suponía que debía quererlo. Literalmente le dijo a Anne: «Es como si al rechazar mi esperma me estuvieras rechazando a mí, a la persona que soy».

Desde el aborto, René se había vuelto extremadamente crítico con la forma en que su esposa ejercía de madre. Ella sentía que él la estaba alejando de su hijo. Cada vez que Anne quería compartir un momento de calidad con él, René se inmiscuía: «Deberías hacer esto»; «Deberías hacer aquello»; «¿Estás tocando la guitarra con él? Déjame enseñarte cómo se hace»; «Ya lo llevo yo a la clase de música». Poco a poco, iba empujando a Anne fuera de escena, asegurándose así de que su hijo estuviera locamente enamorado de papá. Se trataba de que el hijo estuviese convencido de que su padre lo sabía todo y de que no tuviese ningún motivo para rechazarlo.

Anne y yo hablamos sobre cómo se daba una doble dinámica: por un lado, René estaba intentando reparar la herida de su infancia a través de su propio hijo. Y, por otro lado, estaba reviviendo la dinámica de su niñez a través de su esposa: hacía todo lo posible para que su pareja lo rechazara con el fin de confirmar, así, que no era digno de amor, que sus padres tenían razón.

Por supuesto, los asuntos no resueltos en el sistema familiar no se limitan a las dinámicas con nuestros padres. Las implicaciones sistémicas y los patrones que se repiten a lo largo de generaciones en nuestra familia también pueden manifestarse en nuestras relaciones. Uno de mis pacientes llevaba diez años con su novia. La amaba profundamente y no podía imaginar su vida con otra persona. Estaba listo para comprar una casa con ella y empezar a iniciar una familia. Sin embargo, no se sentía «listo» para casarse. Esta cuestión se había convertido en un punto de fricción tan grande entre ellos que su novia se estaba planteando en serio dejarlo. Mi paciente no estaba en contra del matrimonio en teoría; no creía en el cliché de que «solo es un papel», y estaba claro que no le tenía miedo al compromiso. Pero cada vez que pensaba en proponerle matrimonio a su novia, sentía una ansiedad abrumadora. Resultó que en las tres generaciones anteriores de su familia todos los primeros matrimonios habían terminado en divorcio, después del cual hubo un segundo o incluso un tercer matrimonio feliz. Una constelación reveló su verdadero temor: que al casarse con su novia (sería su primer matrimonio) de algún modo arruinaría la relación y esta fracasaría inevitablemente. Su resistencia al matrimonio no se debía al miedo a comprometerse con ella, sino al miedo a perderla.

Otra persona que acudió a mí se encontraba en un punto muerto con su pareja respecto a tener hijos. Ella tenía treinta y cinco años y su pareja, con quien llevaba siete años, estaba preocupada por el tiempo de fertilidad que les quedaba. Aunque ambos estaban bien posicionados profesional y económicamente para criar hijos sin grandes dificultades, ella tenía la certeza de que una vez que tuvieran hijos pasaría «algo» que les impediría cuidarlos. También temía que su pareja se arrepintiera y la dejara, a pesar de que era su pareja quien insistía en tener un hijo. Esta clienta venía de una línea de madres solteras: su madre era adolescente cuando ella nació, su abuelo había dejado a su abuela por otra mujer poco después de que naciese su madre, y su bisabuela se había quedado viuda con tres hijos en la veintena. A pesar de que se iba acercando a los cuarenta años, tenía una relación sólida y feliz y contaba con los medios para criar hijos, estaba enredada con el sino de las mujeres que la habían precedido.

A la hora de pensar en tus propias relaciones y en cómo pueden estar influidas o incluso moldeadas por dinámicas del pasado familiar, puedes empezar por hacerte estas preguntas: «¿Me siento visto/a? ¿Me siento escuchado/a? ¿Me siento valorado/a?». Si la respuesta a alguna de estas preguntas es «no», tómate un tiempo para explorar en serio por qué esto es así. Date el espacio necesario para escribir lo que piensas. Una vez que lo hayas hecho, pregúntate si eso también fue así en tu infancia, aunque fuese por otros motivos.

Es decir, si no sientes que tu pareja te valora (por ser quien eres tal como eres, aquí y ahora), pregúntate si tuviste algún problema con la valoración en tu infancia. Tal vez tu pareja no muestra ningún interés por tu trabajo, que para ti es un aspecto central de tu identidad. Quizá en tu infancia o adolescencia tus padres rechazaron tu expresión de género o te impusieron ciertos roles de género que no sentías que encajasen contigo. Aunque las dos experiencias sean distintas en cuanto a los detalles, ambas son expresiones de una falta de valoración.

También puedes invertir el proceso anterior y preguntarte: «¿Qué quejas tengo de mi pareja? ¿Y con respecto a nuestra relación?». Es probable que las respuestas a estas preguntas te den información sobre dinámicas familiares no resueltas. Por ejemplo, si tu mayor queja sobre tu pareja es que está emocionalmente ausente, esto es indicativo de que no te sientes escuchado o escuchada. ¿Qué es para ti sentir que te escuchan? Y la siguiente pregunta es: ¿cuál fue tu experiencia a este respecto en tu infancia? Ahora, piensa en cómo has descrito a tus padres antes. Una vez más, los calificativos que usaste pueden ofrecerte pistas sobre los problemas que tuviste con ellos. ¿Describiste a tu madre como distante? ¿Crítica? ¿Señalaste que estaba deprimida de resultas de su divorcio? Ahora, lo siguiente: ¿existen similitudes entre la manera en que has descrito a tu pareja o vuestra relación y la manera en que describiste a tus padres y tu relación con ellos? ¿Cuáles son tus mayores miedos en tu relación? ¿Y cómo reflejan las dinámicas que has vivido con tus padres?

Emprender el camino de descubrir las conexiones existentes entre las dinámicas de nuestro sistema familiar y nuestra relación de pareja puede ser sorprendentemente sanador. Cuando recuperamos cierto control sobre nuestros actos y comportamientos y dejamos de actuar movidos por los caprichos o las exigencias de un sistema familiar desordenado, iniciamos el proceso de un cambio positivo. Podemos ver con claridad lo que tenemos delante y tomar decisiones bien fundamentadas que favorezcan lo máximo posible nuestra relación, en lugar de que alimenten las dinámicas de nuestro sistema familiar. Nos capacitamos para rechazar relatos que no escribimos nosotros y crear historias que reflejen mejor la realidad, historias que apoyen nuestras relaciones.

AFIRMACIONES

Mi relación de pareja no es un instrumento para sanar
mi relación con mis padres.

Soy leal al presente, no al pasado.

Digo sí a una relación que mira hacia delante, no hacia atrás.

EJERCICIO: Evaluación de las relaciones y sus dinámicas

En este ejercicio, vamos a profundizar en cómo tus relaciones podrían estar influidas o incluso moldeadas por dinámicas del pasado. Será pertinente que escribas tus respuestas. Permítete profundizar tanto como quieras o expresarte con el grado de detalle que consideres oportuno. Una vez que empieces a escribir, muy posiblemente tendrás una sorpresa al ver que tenías mucho que decir.

Comienza con tu relación actual. Si estás soltero o soltera, pasa por alto el primer bloque de preguntas. En cuanto al segundo bloque, que está centrado en las relaciones pasadas, responde todas las preguntas para cada relación que consideres significativa, sin importar su duración. Solo tú sabes cuáles han tenido un impacto real en tu vida; incluso una aventura de un mes puede enseñarnos mucho sobre quiénes somos y lo que queremos.

Relación actual:

- Cuando iniciaste esta relación, ¿cuáles eran tus expectativas respecto a ella?
- Cuando iniciaste esta relación, ¿cuáles eran tus expectativas en cuanto a tu pareja?
- ¿Sientes que tu pareja te ve? En caso de que no, ¿por qué?
- ¿Sientes que tu pareja te escucha? En caso de que no, ¿por qué?
- ¿Sientes que tu pareja te valora? En caso de que no, ¿por qué?
- ¿Qué sientes que es lo más difícil en esta relación? Es decir, ¿cuáles son las principales causas de los conflictos que surgen entre vosotros?
- ¿Cuál sientes que es la principal carencia en vuestra relación? Es decir, ¿qué sientes que falta entre vosotros?
- ¿Culpas repetidamente a tu pareja de ciertos problemas? Si es así, ¿cuáles son estos problemas?
- ¿Criticas repetidamente a tu pareja por ciertos comportamientos, actos o aspectos de su personalidad? Si es así, ¿cuáles son?
- Por último, con total honestidad y haciendo lo posible por dejar de lado cualquier actitud defensiva, piensa en la principal carencia que debe de sentir tu pareja en cuanto a vuestra relación y escribe cuál es.

Relaciones anteriores:

- Cuando iniciaste esa relación, ¿cuáles eran tus expectativas respecto a ella?
- Cuando iniciaste esa relación, ¿cuáles eran tus expectativas en cuanto a tu pareja?
- ¿Sentías que tu pareja te veía? En caso de que no, ¿por qué?

- ¿Sentías que tu pareja te escuchaba? En caso de que no, ¿por qué?
- ¿Sentías que tu pareja te valoraba? En caso de que no, ¿por qué?
- ¿Qué fue lo más difícil en esa relación? Es decir, ¿cuáles eran las principales causas de los conflictos que surgían entre vosotros?
- ¿Cuál sientes que era la principal carencia en vuestra relación? Es decir, ¿qué sientes que faltaba entre vosotros?
- ¿Culpabas repetidamente a tu pareja de ciertos problemas? Si es así, ¿cuáles eran esos problemas?
- ¿Criticabas repetidamente a tu pareja por ciertos comportamientos, actos o aspectos de su personalidad? Si es así, ¿cuáles eran?
- ¿Fuiste tú quien puso fin a la relación? Si es así, ¿cuál fue tu motivo para hacerlo?
- ¿Fue tu pareja quien puso fin a la relación? Si es así, ¿cuál fue su motivo para hacerlo?

Ahora que has respondido estas preguntas para todas tus relaciones significativas, tómate un tiempo para comparar las respuestas. ¿Surgen patrones? ¿A qué preguntas has dado una respuesta similar y cuál ha sido esta respuesta? Haz una lista con todas las respuestas que se han repetido (por ejemplo: «No me sentí vista por Juan, Álex y Marcos»).

A continuación, vamos a observar las dinámicas pasadas o incluso presentes entre tú y tus padres. Responde todas las preguntas en relación con tu madre y tu padre por separado. Verás que en las preguntas escribo «madre/padre»; si creciste con padres del mismo sexo, procede por separado con cada uno de los dos igualmente. Si tuviste relación con uno de tus padres solamente, responde en relación con ese progenitor. Si creciste con figuras parentales o tutores legales (abuelos, por ejemplo), responde en relación con estas personas. Varias de las preguntas hacen referencia tanto al pasado como al presente, ya que cuando tienen que ver con nuestros padres, los viejos hábitos pueden ser difíciles de romper.

Relación con tu madre/padre:

- En tu infancia, ¿sentías que tu madre/padre te veía? En caso de que no, ¿por qué?
- En tu infancia, ¿sentías que tu madre/padre te escuchaba? En caso de que no, ¿por qué?
- En tu infancia, ¿sentías que tu madre/padre te valoraba? En caso de que no, ¿por qué?
- ¿Qué fue (o sigue siendo todavía) lo más difícil en esta relación? Es decir, ¿cuáles eran las principales causas de los conflictos que surgían entre vosotros?
- ¿Cuál sientes que era (o sigue siendo todavía) la principal carencia en vuestra relación? Es decir, ¿qué sientes que faltaba entre vosotros?
- ¿Culpabas o culpas repetidamente a tu madre/padre de ciertos problemas? Si es así, ¿cuáles eran o son esos problemas?
- ¿Criticas o criticabas repetidamente a tu madre/padre por ciertos comportamientos, actos o aspectos de su personalidad? Si es así, ¿cuáles eran o cuáles son?

¿Ves alguno de los patrones que surgieron en tus respuestas sobre tus relaciones reflejados en las respuestas que has dado sobre tus padres? ¿Cuál o cuáles? Escríbelos. ¿Hay alguna coincidencia entre las respuestas que has dado para alguna pareja y las respuestas que has dado en relación con tus padres? ¿Cuáles? Escríbelas.

Ahora que has determinado el posible solapamiento de patrones en tus relaciones adultas con las dinámicas que has vivido o incluso estás viviendo con tus padres, pregúntate en relación con cada coincidencia: «¿Realmente se trata de mi pareja o estoy proyectando en ella problemas pasados con mis padres que quedaron sin resolver?». Si los problemas con tu pareja son reales, pregúntate: «¿He elegido a esta pareja para sanar mi pasado?». Y por difícil que te resulte, pregúntate: «¿Me beneficia realmente esta relación?». Pregúntate: «Si dejo de intentar sanar mi pasado a través de esta relación, ¿es lo que queda suficiente para que mantenga mi compromiso con esta relación? ¿Existe la posibilidad de que haya un amor saludable entre mi pareja y yo?».

Permanecer en una relación o decidir ponerle fin es una elección extremadamente personal. Pero no es posible tomar esta decisión desde un espacio de amor consciente, ni comprometerse con ella desde ese lugar, si no partimos de un verdadero autoconocimiento. En todos los casos, el sí a una relación solo puede empezar con el valiente reconocimiento de la realidad tal como es, en lugar de pensar que es como nos gustaría que fuera.

Decir sí

Para tener una buena relación, hace falta algo más que conciencia y que solucionar los problemas no resueltos del sistema familiar. La conciencia y esta resolución nos permiten estar presentes en nuestras relaciones aquí y ahora, sin someterlas a las cargas del pasado. Pero una vez que estamos libres de estas cargas, ¿qué más debemos hacer? Decir sí.

Decir sí es difícil. Decir sí es aceptar la realidad. Decir sí significa comprometerse con el amor consciente. Decir sí no significa aprobar o respaldar, pero puede parecerlo, lo cual nos lleva a resistirnos. Cuando decimos sí, estamos diciendo: «Sí, esta es la vida real. Puedo controlarme a mí, pero no puedo controlar a otra persona».

Una buena relación requiere que digamos sí tres veces. En primer lugar, debemos decir sí a nuestra pareja tal como es, sin desear cambiarla. Esto significa afirmar, con total sinceridad, «te digo sí a ti». Significa decir sí al pasado de nuestra pareja: sus relaciones anteriores, su experiencia con la sexualidad, sus errores, su historia. Nuestros compañeros no son proyectos ni personas que hay que arreglar, como si fuesen viviendas en mal estado. Podemos esperar que cambien y crezcan a medida que viven la vida, igual que lo esperamos para nosotros, pero esto no es lo mismo que esperar que cambien de una manera específica que nos resulte más agradable o aceptable, o que sea más acorde con la visión que tenemos de nuestro propio futuro.

Si tu pareja no ha echado raíces en ningún lugar en toda la veintena y te dice que le encanta viajar y que no cree que quiera tener hijos en ningún momento, no puedes decidir que vas a hacerle cambiar de opinión y que sentará la cabeza una vez que estéis casados. Si tu pareja nunca ha salido de su ciudad natal y te dice que quiere estar cerca de su familia, no puedes decidir que la vas a convencer de mudarse al otro lado del país, a la ciudad que más te gusta. Si tu pareja es poco ambiciosa, demasiado ambiciosa, adicta al trabajo, emocionalmente evasiva, necesitada, alérgica a los gatos, desordenada, obsesionada con la limpieza, o lo que sea, así es como es. Puede que decida ir a terapia o cambiar su estilo de vida, o podría pasar a ver las cosas de otra manera de pronto, pero eso no es algo que tú puedas iniciar, controlar o esperar.

En segundo lugar, debes decir sí a la familia de tu pareja, tal como es. Esto es complicado. Obviamente, es problemático que tu pareja esté cercana a su familia pero que a ti no te guste dicha familia. Me han dicho muchas veces: «Marine, amo a mi marido, pero odio a su familia» (habiendo, casi siempre, una relación difícil con la suegra en el trasfondo). Esto es imposible. Tu pareja es fruto de su sistema familiar. Si rechazas a su familia, la rechazas a ella. Es probable que tu pareja aún comparta, en cierto grado, los valores y las creencias de su familia de origen. Sin embargo, si rechaza a su familia, eso no significa que tú debas hacer lo mismo. De nuevo, si haces esto, estás rechazando a tu pareja. Pero las cosas son especialmente complicadas en este caso, porque no debes intentar forzar a tu pareja a reconciliarse con su familia; esto sería meterte donde no te llaman. Esta contención puede ser difícil para las personas que tenemos una relación cercana con nuestra familia y pensamos que nuestra pareja sería más feliz si hiciera las paces con su padre o si tuviese un vínculo estrecho con su madre. Nos vemos como el héroe o la heroína que arreglará su historia y restaurará el orden en su sistema. Pero este no es nuestro papel. Decir sí a la familia de tu pareja tal como es significa decir sí a la relación que tiene con su familia.

En tercer lugar, y por último, debes decir sí a tu propio camino y al camino de tu pareja. Te será más fácil hacer esto si has aceptado sinceramente a tu pareja y a su familia tal como son. Una vez que has dicho sí a todo lo indicado, tu anclaje en la realidad es sólido. Tu visión no está nublada y ves con mayor claridad por dónde debes ir. Y a veces, por doloroso que sea, decir sí al propio camino y al camino de la pareja significa reconocer que ambos se están separando, se están alejando.

He visto sufrir a muchos de mis clientes por estar aferrándose a una relación que ya no les hace bien ni a ellos ni a su pareja. Las razones de este aferramiento son, como siempre, muy personales, pero también universales: miedo a la soledad, no querer «tirar por la borda» todo lo invertido en la relación, hijos en común, la incapacidad de soportar el conflicto, etc. Pero cuando permanecemos en una relación que ya no aporta nada a nuestro camino, dejamos de tener el control de nuestra propia vida. Perpetuamos dinámicas disfuncionales y nos encaminamos hacia el fracaso. A veces, cuidar una «buena» relación significa saber cuándo ponerle fin y cómo: con respeto y amor.

Recuerda que, como dije, decir sí es difícil. Poner fin a una relación, incluso a una relación muy perjudicial, con respeto y amor es una manera de decir sí. No significa estar de acuerdo con los motivos por los que la relación fue dolorosa ni con las maneras en que pudo haberte hecho daño tu pareja (o tú a ella). Respeto significa *respetar lo que habéis vivido como pareja*. Significa que debes asumir la responsabilidad que te corresponde por tu papel en la relación y reconocer que a través de ella has llegado al punto en el que estás ahora; significa reconocer todo lo que has aprendido, todo lo que te llevas de la relación. Cuando ponemos fin a una relación con respeto, aceptamos la realidad y lo que no podemos controlar: a las otras personas.

Cuando hablo de amor, quiero decir *amor consciente*. Recuerda que cuando amamos conscientemente vemos a las personas tal como son, sin juzgarlas; somos capaces de reconocer no solo sus defectos sino también lo que nos han dado. Cuando salimos de una relación con amor, no nos dedicamos a reprender a nuestra expareja (ni a nosotros mismos) ni a vivir perpetuamente enojados.

Cuanto más rechazamos a una expareja, más nos rechazamos a nosotros mismos. Rechazamos esa versión anterior de nosotros, que buscó ese amor por algún motivo. Rechazamos nuestra vulnerabilidad y nuestros errores; rechazamos nuestra propia historia y lo que tiene por ofrecernos. No es muy distinto de la dinámica que tiene lugar con los padres: cuanto más podemos aceptar y respetar a nuestros padres, más capaces somos de aceptarnos y respetarnos a nosotros mismos. En lo que a las relaciones se refiere, cuanto más puedas respetar tu pasado –es decir, cuanto más respetes la prioridad, lo que vino primero–, más podrás vivir en el momento presente, más capaz serás de elegir a una pareja que te respete y acepte, y más aceptarás y respetarás a tu próxima pareja.

He tenido clientes que sienten que trataron a su expareja con respeto y amor al terminar la relación, pero que aún albergan una ira profunda hacia ella. Esto es engañarse a uno mismo: no es posible haber puesto fin a una relación con respeto y amor y seguir sintiendo una rabia intensa hacia la expareja. Es posible seguir el protocolo del respeto y el amor y tener un comportamiento externo impecable, pero si aún estamos muy enojados con una expareja, la realidad es que todavía estamos enredados en esa relación, lo que significa que no terminó correctamente. Y cuando todavía estamos enredados en una relación anterior, no hay manera de que podamos estar disponibles para nuestra pareja actual al cien por cien, o abiertos a tener una nueva pareja. En el otro extremo, también tengo clientes que aseguran no sentir nada hacia su expareja. Pero lamento decir que esto tampoco es posible. Estamos hechos de sentimientos. Cuando creemos que no sentimos nada, estamos usando un mecanismo de defensa para protegernos del dolor. Cuando ponemos fin a una relación con respeto y amor, no ocurre que no sentimos nada: sentimos paz. Estamos en paz con lo que fue, con nuestras decisiones y con la que ha sido nuestra pareja.

Una relación puede terminar técnicamente después de la ruptura, pero puede seguir viva dentro de nosotros durante bastante tiempo. Después de todo, una relación es algo separado de quienes la iniciaron. La relación que has tenido es lo que habéis creado entre las dos personas. No desaparece sin más cuando el otro miembro de la pareja sale de tu vida o cuando pasa a tener un nuevo rol en ella (como ocurre cuando pasa a haber una custodia compartida). En última instancia, poner fin a una relación con respeto y amor es ponerle fin *dentro de uno mismo*. En efecto, debes hacer lo posible por finalizar la relación con amor y respeto en el momento, pero no hay nadie que pueda conseguir la paz de inmediato. Tienes que hacerle espacio permitiéndote llorar, aceptando la realidad tal como es y amándote conscientemente a ti primero. Y recuerda que tu capacidad de elegir el respeto y el amor no depende del comportamiento de tu expareja. Muchos de nosotros hemos tenido exparejas que no son ni respetuosas ni amorosas, sino que parecen vivir con el objetivo de hacernos sufrir después de la separación. Cuando ocurre esto, tenemos que poner todos los límites necesarios. Nadie tiene derecho a controlar nuestros sentimientos.

He visto ambas situaciones (la ira no resuelta o la ausencia de emoción) después de relaciones especialmente dolorosas sobre todo; por ejemplo, cuando hubo infidelidad o, peor aún, maltrato emocional o físico. Nunca diré que sea fácil abandonar una relación de este tipo con amor y respeto; puede requerir mucho tiempo llegar a este punto. Lo sé; yo lo he vivido. Y es comprensible que cuestionemos el planteamiento en sí: «¿Por qué debería querer hacerlo?». En el próximo capítulo profundizaremos en el asentimiento a la realidad –decir sí a esta– después de una vivencia traumática.

Por ahora, quiero que recuerdes esto: cuando pones fin a una relación con amor y respeto, de la manera que hemos visto, estás diciendo sí a tu camino, te estás eligiendo a ti. El problema que hay en muchas relaciones es que elegimos a nuestra pareja antes que a nosotros, la ponemos primero. Con este comportamiento estamos optando por el desorden, literalmente. Tú vienes primero en tu propio sistema. Hazte feliz a ti primero, y luego podrás compartir esa felicidad con una pareja. En cambio, lo que sucede el noventa por ciento de las veces es algo mucho más transaccional: ponemos a nuestra pareja primero con la esperanza de que, al hacerla feliz, ella nos hará felices a nosotros. «Te voy a ver para que tú me veas. Te voy a amar para que tú me ames». Esto no es amor. Es codependencia.

Antes que nada, tienes que sentir que el amor que experimentas hacia ti es sólido para gozar de tranquilidad. La relación que mantienes contigo tiene que proporcionarte seguridad antes de pedirle a una pareja que te la proporcione. El problema es que cuando ponemos esta responsabilidad en nuestra pareja, estamos más lejos de conocer y entender nuestros propios límites. Por no hablar de que es casi seguro que terminaremos decepcionados. Nuestra manera de sentirnos seguros en una relación probablemente será diferente de la de nuestra pareja, porque crecimos en hogares distintos en los que las expresiones del amor eran diferentes.

La forma de expresar amor de nuestra pareja puede parecernos extraña y, por tanto, insatisfactoria; el objetivo es llegar a un entendimiento mutuo en cuanto a lo que necesita cada uno y encontrarnos ahí. Cuando solo una forma particular de expresar amor es aceptable, cuando exigimos que el otro se sujete a nuestra norma en lugar de abrirnos a la realidad tal como es, la relación se vuelve frágil. Ocurre que nuestro niño interior herido, a quien no llenó el amor que pudieron ofrecerle sus padres (amor que era el único adecuado para él o ella, ya que era el único que había), ha tomado el control. En relación con esto vuelve a entrar en juego la aceptación de nuestros padres y de los hechos como son: cuando practicamos esta aceptación, cuando trabajamos para sanar las heridas de nuestro niño interior, aprendemos a estar seguros con nosotros mismos. Aprendemos a establecer unos límites saludables. Nos amamos primero. Nos elegimos primero.

Si no experimentas seguridad y protección en la relación que mantienes contigo, puede ser que pases por alto las primeras señales de una relación abusiva. Estas suelen manifestarse muy pronto, aunque al principio de formas poco estridentes, que pueden ser fáciles de ignorar o aceptar. Tu pareja podría insultarte diciéndote: «¿En serio no sabías X? ¡Qué tonto/a!». Tu manera de reaccionar dependerá de tu sentido del yo, de cómo estés contigo. Una persona que se sienta segura y protegida en su interior podría responder: «Mira, quizá según tú debería saberlo, pero te pido que me respetes». Esta persona está lo bastante segura de sí misma como para saber que no es estúpida por no saber algo. Esto es amor a uno mismo. Esta persona se está diciendo a sí misma y le está diciendo a su pareja: «¡Un momento! Esta es mi vida. Yo respeto mi vida. Y eso es exactamente lo que te pido a ti también: que respetes mi vida». En cambio, cuando respondemos «¡Oh!, qué tonto/a soy, perdóname», no nos estamos eligiendo a nosotros mismos: estamos eligiendo a nuestra pareja y su «seguridad» primero.

Mi primer marido me conquistó totalmente cuando yo era joven, ingenua y vulnerable. Nuestros dos meses de noviazgo fueron una vorágine de sexo intenso, declaraciones de pasión eterna y la sensación de que alguien estaba locamente enamorado de mí, literalmente: había una locura, una insania, una inestabilidad y un desequilibrio en el «amor» de mi marido, que se parecía más a una obsesión. Unos meses después de nuestra irreflexiva boda en Las Vegas, sus comportamientos controladores, dominantes y celosos se habían transformado en una violencia total. Aunque todas las señales estaban ahí desde el principio (una bandera roja tras otra), yo estaba cegada por una necesidad mucho mayor de sentirme vista y deseada, y la relación me hacía sentir vista y deseada en un grado que nunca había experimentado antes. Mi autoestima había sido completamente aplastada bajo el peso del rechazo de mi padre a principios de ese año. Aunque, para ser honesta, mi padre siempre se había mostrado distante, lo cual era un enigma para mí, incluso habiendo vivido a su lado durante veintidós años. En cuanto a mi marido, al principio ni siquiera cuestioné su amor; no pensaba que sus comportamientos fueran raros ni que yo estuviera en peligro. Siempre lo elegía primero para que él me eligiera a mí. No estaba segura ni protegida en mi relación conmigo misma.

Ahora entiendo que mi marido tenía sus propios problemas sin resolver con los que lidiar. Era el hijo mediano de tres hermanos, y su hermano pequeño, a quien quería mucho, había vivido con una discapacidad grave, hasta su muerte con doce años. A pesar de su amor, también sentía celos y resentimiento hacia él: estaba increíblemente enojado con su madre, que tuvo que dedicar gran parte de su vida a cuidar a su hermanito y luego quedó destrozada por el dolor cuando él murió. Una vez me contó una historia sobre cómo tuvo que ser hospitalizado tras sufrir un accidente en su infancia. Mientras estaba durmiendo, su madre tuvo que salir un rato del hospital para volver a casa y cuidar de su hermanito. Se quitó la pulsera que siempre llevaba puesta y la dejó sobre su cama, junto con una nota en la que le decía que lo quería y que volvería pronto, para que fuera lo primero que viera al despertar. Cuando me contó esta historia, sentí mucha tristeza por su madre. Pensé en lo difícil que debió de haber sido dejar a su hijo en el hospital, en el conflicto que debió de sentir, en la culpa. Pero mi marido lo veía como una traición imperdonable, incluso después de todos esos años. «¿Quién deja a su hijo solo en un hospital? –dijo–. ¿Qué tipo de madre era?».

En el fondo, mi marido creía que todas las mujeres lo traicionarían y lo abandonarían, como hizo su madre. Era un individuo celoso que quería que lo dejaran para poder demostrar que tenía razón al rechazar a su madre –y, por extensión, al rechazar a todas las mujeres–. Unos años después de nuestro divorcio, intentó disculparse.

–Ahora veo que tú eras todo lo que buscaba, pero tenía miedo –dijo.

–Tú no tenías miedo –respondí–. Tu niño tenía miedo. Pero la situación era entre tú y tu madre, no entre tú y yo.

Te cuento todo esto no para disculpar a mi marido (no hay excusa, y nunca la habrá, para lo que hizo) ni para insinuar que debas sentir lástima por él. Yo no la siento. Es adulto y responsable de sus actos. Pero llegar a comprender lo que nos impulsaba a ambos me ha ayudado a aceptar esa relación. Me ha liberado de la vergüenza que sentía por haber permanecido con él. Me ha ayudado a soltar la ira y finalmente, ¡finalmente!, a dar por terminada la relación con amor y respeto. Respeto por mi historia y amor consciente por lo que aprendí de ella. Éramos dos personas rotas cuyos problemas familiares no resueltos se complementaban perfectamente, lo que nos llevó a alimentar un ciclo de soledad y rabia. Decir sí me ha ayudado a elegirme a mí primero, y a sentirme segura y protegida en mi relación conmigo misma.

Aunque nunca hayas estado en una relación abusiva, casi todos hemos tenido relaciones en las que ha habido problemas, desde leves hasta graves. Todas las relaciones tienen momentos difíciles. Pero independientemente de la calidad de la relación y de cómo sea o haya sido nuestra pareja, hay algo invariable: debemos decirle sí. En el nivel más básico, esto significa aceptar que nosotros elegimos entrar en la relación; no fue algo que nos sucedió sin más. Siempre somos responsables de estar en la relación. En una relación relativamente «saludable», esto implica aceptar que jugamos (en el pasado o ahora mismo) un papel en sus elementos disfuncionales o puntos de fricción. En una relación dañina o tóxica, significa reconocer de qué maneras nos fue útil al principio la relación, aunque nos resulte doloroso abordar esta cuestión. Practicar este reconocimiento no significa que mereciésemos el trato recibido. Tampoco es sinónimo de aprobar lo que nos sucedió. Ni excusa el comportamiento de la otra persona. Solo significa que estamos viendo el cuadro completo para estar mejor preparados para elegirnos a nosotros mismos en el futuro.

Tú eres responsable de tu vida. No eres responsable de lo que te pasó en la infancia. Pero en la adultez tienes, en gran medida, la posibilidad de elegir lo que quieres para ti, y esto incluye tus relaciones. Puede que te haya faltado autoconocimiento, puede que hayas experimentado una implicación sistémica, puede que hayas estado intentando sanar viejas heridas inconscientemente, pero tus elecciones siempre han sido tuyas. Por más incómodo que te resulte admitirlo, es una verdad que debes aceptar. Cuando evitamos la verdad de que somos responsables de nosotros mismos y nuestros actos, pasamos por alto lo que tienen para enseñarnos sobre nosotros nuestras relaciones: lo que realmente necesitamos, lo que aceptaremos y lo que no. Perdemos la oportunidad de entender mejor nuestras motivaciones y de evitar comportamientos de autosabotaje. No puedes aprender de tu relación si insistes en que no tuviste ningún papel en ella. Después de todo, ¿qué puedes aprender sobre ti si no hiciste nada?

Cuando evitamos la verdad de que somos responsables de nosotros mismos, no podemos decir sí a nuestro camino, decir sí a elegirnos, porque no hemos dicho sí a la realidad. Sin embargo, cuanto más practiquemos elegirnos, más seguros y protegidos nos sentiremos en nuestra relación con nosotros mismos, y más probable será que encontremos y conservemos el gran amor que merecemos.

AFIRMACIONES

Digo sí a mi pareja tal como es.

Digo sí a la familia de mi pareja tal como es.

Digo sí a mi camino y al camino de mi pareja,
aunque sean diferentes.

EJERCICIO: Respetar vuestra historia compartida

Realmente detesto la frase «todo pasa por una razón». Todo el tiempo suceden cosas malas sin ninguna razón, y a menudo no hay nada que pueda aliviar el dolor derivado de lo ocurrido. Dicho esto, sí creo que cada experiencia, por dolorosa que sea, nos ofrece la oportunidad (en algún momento) de *aprender*: aprender sobre nosotros mismos, sobre los demás, sobre lo que significa ser humano. Lo que aprendemos nos moldea. Y las relaciones de pareja nutren este aprendizaje como pocas otras experiencias pueden hacerlo. Por eso escribo que respetar la historia de tu relación (una historia que compartes con tu pareja) significa reconocer que a través de esa relación has llegado al punto en el que estás ahora; reconocer todo lo que has aprendido, todo lo que te llevas de la relación.

Pero ¿por dónde empezar? Por medio de este ejercicio te ofrezco una manera concreta de pensar en lo que tienen para enseñarte sobre ti tus relaciones. Está pensado para ser el catalizador de una reflexión más larga y continua. Te animo a que abordes el ejercicio con una mirada amplia, pensando en la dinámica general de tus relaciones más que en una relación específica. Al fin y al cabo, como sentencia un dicho de la lengua inglesa, «si has conocido a un imbécil hoy, has conocido a un imbécil; si has conocido a tres imbéciles hoy, el/la imbécil eres tú». El método de las constelaciones familiares consiste en reconocer patrones.

¿Recuerdas el anterior ejercicio que has hecho, el de evaluar tus relaciones y sus dinámicas? Por supuesto que sí. Búscalo. Genial. Vamos a usar el trabajo que hiciste ahí. En el curso de este ejercicio, tómate tiempo para escribir tus respuestas sin darles demasiadas vueltas. De nuevo, opta por el grado de detalle o profundidad que desees o necesites; tal vez te sorprenderá lo que surja cuando empieces a escribir.

Primero, quiero que repases tus respuestas a la pregunta: «Cuando iniciaste esa relación, ¿cuáles eran tus expectativas respecto a ella?». ¿Ves temas recurrentes? ¿Cuáles? Las expectativas que tenemos sobre una relación pueden revelarnos para qué creemos que sirven las relaciones, es decir, las razones por las que tenemos esas expectativas. Una vez puestas al descubierto esas creencias, podemos evaluar si realmente están en sintonía con nuestros valores.

Mira de nuevo tus respuestas a la pregunta «¿Qué fue lo más difícil en esa relación? Es decir, ¿cuáles eran las principales causas de los conflictos que surgían entre vosotros?». ¿Experimentaste conflictos similares con más de una pareja? ¿Cuáles? El hecho de que el mismo conflicto se repita con distintas parejas puede arrojar luz sobre nuestros puntos débiles, como nuestra forma de comunicarnos o nuestro estilo de apego.

A continuación, revisa tus respuestas a la pregunta «¿Cuál sientes que era la principal carencia en vuestra relación? Es decir, ¿qué sientes que faltaba entre vosotros?». Lo que sentimos que falta en una relación (intimidad física, intimidad emocional, romanticismo, etc.) puede indicarnos cómo experimentamos el amor (lo que sentimos que es el amor, no lo que decimos que es). Una carencia recurrente podría revelar que estamos buscando el tipo de amor que imaginamos que es el único amor correcto y verdadero: el que sentimos que deberían habernos dado nuestros padres en la infancia.

La práctica de hacer frente a las partes menos agradables de uno mismo sin juzgarse es un acto de valentía y un ejercicio de aceptación de uno mismo y su camino. Aprovechar la oportunidad de aprender también es aprovechar la oportunidad de crecer. Al reconocer y aceptar cualquier contradicción entre nuestras creencias y nuestras acciones, adquirimos el poder de unificarlas y vivir en coherencia con nosotros mismos.

Capítulo 6

De la fragmentación a la integridad

El instinto de supervivencia

El trauma es una bestia difícil de domar. Si lo has vivido, sabes que afecta, incluso controla, nuestros pensamientos, sentimientos y comportamientos *–nuestro propio cuerpo–* sin nuestro consentimiento. Es decir, se hace presente cuando menos lo esperamos. Una imagen, un sonido o un olor, entre un millón de activadores posibles más –cada persona tiene los suyos–, puede desencadenar la respuesta traumática y lanzarnos fuera del tiempo tal como lo conocemos, desde el presente hacia el pasado, un pasado que nos parece tan real, aterrador e ineludible como siempre. Es tremendamente injusto y descorazonador, por decirlo con suavidad, no tener más remedio que revivir todo este miedo y este dolor.

Desde la perspectiva del modelo de las constelaciones familiares, el trauma es especialmente perjudicial para nuestro bienestar no solo por sus síntomas devastadores, sino también por la manera en que muchos de nosotros intentamos manejar esos síntomas: a través del impulso de borrar el pasado o examinarlo (o ambas cosas, a menudo), lo que nos impide vivir plenamente en el presente o avanzar hacia un futuro elegido por nosotros mismos, un futuro activo en lugar de reactivo. En cierto sentido, se podría decir que vivir con un trauma es como estar en un enredo (en una implicación sistémica) con uno mismo.

El impulso de borrar o examinar el pasado –de corregirlo o arreglarlo de alguna manera– es, en esencia, una forma de discutir con la realidad. Sabemos que no podemos cambiar el pasado. Sin embargo, comprensiblemente, permanecemos adictos a la necesidad de intentarlo.

¿Es una dinámica de la que no vas a poder salir? De ninguna manera. Las herramientas de las constelaciones familiares pueden ayudarte a obtener la claridad que necesitas para verte de una forma neutral y sin juzgarte, como algo separado de tu trauma. Una vez que tengas esa herramienta en tu kit, podrás manejar una de las «armas secretas» más potentes de las constelaciones familiares: *reconocer lo que es*, es decir, asentir a la realidad y liberarte del vínculo tóxico entre víctima y agresor.

La sanación resultante es profunda y potente. Lo sé por experiencia. Cuando uso la primera persona del plural en estas páginas, lo hago sinceramente. La violación que sufrí a los trece años me mantuvo atrapada en el trauma durante quince años. Las constelaciones familiares me ayudaron a liberarme. Y pueden liberarte a ti también.

El trauma es, por supuesto, un asunto extremadamente delicado y que debe manejarse con mucho cuidado en cualquier contexto terapéutico. Los terapeutas se forman durante años para especializarse en el tratamiento del trauma. Los principios de las constelaciones familiares son solo un arma en un arsenal de enfoques terapéuticos, pero creo que es un arma potente. Dicho esto, si has vivido una situación traumática, te animo a buscar la ayuda de un profesional capacitado en el trabajo con el trauma y a usar los principios de las constelaciones familiares como una herramienta complementaria en tu proceso de sanación.

Cuando mis padres me enviaron a Londres con trece años, lo hicieron porque me querían. Se suponía que mi estancia allí (tres semanas en un programa de inmersión lingüística) aseguraría mi futuro, que me abriría esas puertas que solo un buen dominio del inglés permitía abrir. El hecho de ser bilingüe incrementaría mis posibilidades académicas y profesionales en Francia, me permitiría dejar el país si quisiese hacerlo, podría estudiar en otro continente e incluso me abriría las puertas a vivir y trabajar en Estados Unidos en el futuro. El mundo sería mucho más grande para mí. Todo lo que querían mis padres era que tuviese más oportunidades.

No podían haber imaginado que hacia la mitad del programa, una tarde como cualquier otra en una callejuela cualquiera, un estudiante mayor que yo me agrediría sexualmente, ni que después de la violación me diría que me había gustado. Solo hacía unos meses que me había venido la regla por primera vez y aún jugaba con muñecas Barbie. No podían haber sabido que el futuro que habían previsto para mí quedaría secuestrado por el pasado. Y no podían haber sabido que aunque me fui a vivir a otro continente y me abrí camino ahí gracias a que mi dominio del idioma me abrió todas esas puertas que había imaginado, me pasaría los siguientes quince años atrapada en el mismo lugar, es decir, paralizada en un callejón gris y adoquinado de Londres. Y nunca lo sabrían, porque no se lo conté. Aunque estaba destrozada, asustada y confundida, y quería que mis padres vinieran a rescatarme, o al menos que me protegieran, como desearía cualquier niña, también quería proteger a mis padres: este es el amor loco de los niños. Después de todo, la agresión había tenido lugar durante un viaje que ellos me habían regalado como un obsequio destinado a transformar mi vida, como una prueba de su amor incondicional. ¿Cómo podría arruinarles la ilusión que pusieron en ese gesto? No podía hacerlo. Debido a un amor y una lealtad casi inconscientes al sistema familiar, guardé silencio.

La agresión sexual que sufrí se convirtió en mi secreto mejor guardado, incluso para mí misma. Nunca se lo conté a nadie. Inmediatamente después de que tuvo lugar el suceso, me quedé en blanco. Los momentos anteriores y posteriores quedaron borrados de mi memoria. No sé cómo llegué a la casa de la familia que me acogía ni adónde fue Alexandre, el violador. Lo único que recuerdo es haber «recobrado el sentido» en la casa de la familia con la que vivía cuando ya estaba hablando con mis padres (lo hacíamos cada día a las seis en punto); les estaba diciendo que estaba bien, a pesar de que estaba flotando en algún lugar por encima de mi cuerpo. A partir de ese momento estuve muchos años fuera de mi cuerpo, disociada de este y de mi sexualidad. En un instante, incluso antes de haber tenido la oportunidad de descubrir el sexo, el placer y la intimidad, pasé a verme a mí misma como un objeto, en lugar de verme como dueña de mi propia sexualidad. Este es uno de los rasgos característicos del trauma: nos disocia del cuerpo; no solo nos arrebata el placer sensual, sino que también nos priva del enraizamiento, de la conexión con lo físico y con la vitalidad misma.

Tómate un momento, ahora, para conectar con tu cuerpo. Lleva la atención a la respiración y siéntela en su recorrido. Estira y encoge los dedos de los pies y de las manos. Este es un trabajo duro, que requiere valentía y podría activar tu trauma. Pon los pies en el suelo, con firmeza. Haz otra respiración profunda. Haz un pequeño estiramiento. Conecta con los latidos del corazón.

La oscuridad de la pérdida de conciencia que experimenté llegó a cubrir casi por completo el suceso durante los años siguientes, hasta que pude fingir ser una adolescente normal y luego una joven adulta normal que llevaba una vida normal. No paré de fingir que estaba bien, hasta que «olvidé» lo ocurrido. Vivía tras una máscara, fragmentada, sin dejar que la agresión tocara el resto de mi vida. Pero no estaba bien. El trauma había superado mi capacidad para afrontarlo, así que si bien al principio logré esconderlo –una respuesta clásica al trauma–, este insistió en manifestarse. Tenía temblores regularmente. Cada vez que oía hablar de violaciones o abusos sexuales, el pánico se apoderaba de mi cuerpo. Mi burbuja de negación era perforada de forma intermitente por fantasías obsesivas y violentas de venganza que me enfermaban. Mis relaciones de pareja fueron tóxicas y abusivas. Durante toda mi adolescencia y la mayor parte de mi veintena, no viví plenamente. Me limité a sobrevivir. Era lo mejor que podía hacer. Es lo mejor que muchos de nosotros podemos hacer tras vivir una situación traumática.

Como facilitadora de constelaciones familiares, he conocido a muchos hombres y mujeres atrapados en la compleja red del trauma. Como sabemos, el trauma no es un suceso propiamente dicho, sino una *respuesta* a un suceso que ha rasgado brutalmente nuestro sentido del yo y de la seguridad. El suceso en cuestión puede ser una situación de guerra, un abuso, una violación, un accidente o algún otro tipo de hecho violento. Estos sucesos pueden ser incidentes aislados o recurrentes, y en cualquier caso han tenido un impacto demasiado grande para que podamos afrontarlos, lo cual nos deja con un sentimiento de indefensión permanente y limita nuestra capacidad para sentir el abanico completo de las emociones humanas. Los sucesos traumáticos amenazan la vida, y nuestro único objetivo mientras se producen y después de que se han producido es sobrevivir.

Nuestro instinto animal nos dota de tres estrategias de supervivencia básicas: luchar, huir o quedar paralizados. Podemos acudir a las tres estrategias en distintos momentos, pero independientemente de si luchamos, huimos o permanecemos inmóviles durante la experiencia, el trauma nos mantiene en el pasado. Nuestra fuerza vital se dedica a intentar reescribir lo que no puede ser borrado: el pasado no puede deshacerse por más que deseemos que así sea. De este modo, el trauma nos desconecta del fluir natural de la vida, que avanza en el tiempo. Con el trauma, giramos alrededor del pasado: podemos sentir el impulso de «corregir» el trauma y acabar en situaciones que se parecen a la experiencia original. Por ejemplo, ¿alguna vez te has encontrado buscando relaciones en las que han terminado por reproducirse temas que estuvieron presentes en una relación difícil o abusiva con uno de tus padres? Esta sería una estrategia correctiva. O quizá seas presa del miedo a experimentar de nuevo un suceso traumático muy similar y estés haciendo todo lo posible por evitar cualquier contexto o situación que te recuerde, aunque sea vagamente, la experiencia original. Piensa en tu vida: ¿alguna vez rechazas oportunidades que normalmente aprovecharías (un viaje, un empleo, un evento social...) porque el contexto te recuerda aunque solo sea ligeramente la situación traumática que viviste? Esta es una estrategia evasiva. (A pesar de vivir en Nueva York y ser ciudadana de la Unión Europea, no he vuelto a visitar Londres en todos estos años).

Por supuesto, no siempre está muy claro que estemos adoptando alguna de estas estrategias. Para tomar conciencia al respecto, es fundamental que te detengas a reflexionar sobre las maneras en que pudo haber influido en tus elecciones y decisiones el trauma, delimitando las posibilidades de tu vida, incluso si no estabas experimentando síntomas traumáticos evidentes.

El trauma nos desconecta del fluir de la vida porque también tiene una manera de separarnos de los demás. Así como yo nunca le hablé a nadie del abuso que sufrí, muchos de los hombres y mujeres con quienes trabajo tratan sus experiencias traumáticas como secretos que deben guardarse a toda costa. Pero cuando guardamos silencio, siempre pagamos un precio. Incluso si intentamos llevar o volver a llevar una vida «normal» («volver a la normalidad» es otra manifestación del instinto de supervivencia), el subconsciente y el cuerpo se niegan a cooperar, ya que se niegan a olvidar. El subconsciente sigue empleando estrategias de lucha, huida o parálisis, y el cuerpo manifiesta el estrés profundo que está experimentando por el hecho de que estamos viviendo constantemente en un estado de alerta máxima.

Las constelaciones familiares son una modalidad terapéutica integrativa, por lo que en mi práctica no solo escucho las palabras de mis clientes, sino que también estoy atenta a las señales físicas que denotan este tipo de estrés: unos ojos que exploran constantemente la habitación, unos puños apretados a causa de la ira sea cual sea el tema que estemos tratando, una espalda encorvada en postura defensiva... Veo este tipo de manifestaciones todos los días, pero mis clientes parecen no advertir los hábitos que tiene su propio cuerpo. (Ahora es un buen momento para que vuelvas a centrarte en tu cuerpo: ¿qué postura estás adoptando? ¿Tienes los músculos tensos? ¿Qué hacen tus manos? Intenta tomarte un momento para relajar y aflojar el cuerpo, si puedes).

Tarde o temprano, la mente y el cuerpo generan pesadillas, reviviscencias y síntomas físicos (desde temblores hasta enfermedades) para manejar el agobio. En esos momentos, a menudo se recurre al alcohol, los fármacos, las drogas o las conductas de riesgo a modo de «tratamiento» para adormecer el dolor. Sin embargo, cuando los efectos de la primera dosis o bebida desaparecen, la única solución es aumentar la cantidad la próxima vez, lo que puede llevar a una dinámica compulsiva en la que es muy difícil salir adelante y llevar una vida plena.

No todas las personas que experimentan un trauma se automedican o tienen comportamientos autodestructivos; aun así, el trauma puede y suele alterar la vida de una manera muy sustancial, durante largos períodos de tiempo. Una forma de afrontar el trauma puede ser cerrarse a la vida: la dificultad para seguir adelante en el día a día mientras se experimentan los efectos del trauma puede llevar a apartarse y a una ansiedad y una depresión graves.

Antes de que descartes la posibilidad de que puedas estar sufriendo una depresión, debes saber que esta puede manifestarse de formas que no siempre son evidentes para quien la padece. He visto a muchos clientes que aprenden a temer las emociones fuertes en general, lo cual es una manera de insensibilizarse y desconectar del propio yo. La razón de este temor es que las emociones potentes suscitadas por el trauma pueden ser aterradoras. Por ejemplo, en los años posteriores a la violación que sufrí, me volví extremadamente cautelosa al hablar, ya que las palabras habían sido uno de mis vehículos de expresión principales. Tenía que controlarlas para no revelar la verdad o hacer daño a mi familia o a mis amigos, o hacérmelo a mí misma. En esencia, silencié mi auténtico yo y dejé de vivir plenamente. Ese fue otro acto de disociación que me llevó a vivir deprimida durante cerca de una década, aunque en muchos momentos ni yo misma ni los demás podíamos apreciar que estaba sumida en una depresión.

Acuden a mí muchas personas que, si bien tienen un aspecto saludable, están albergando un dolor terrible. Una de mis clientas era una monitora de gimnasia y nutricionista de treinta años que, según lo que colgaba en Instagram, llevaba una vida envidiable; viajaba mucho y se cuidaba perfectamente. Ocurría sin embargo que sus padres habían muerto de cáncer en un lapso de diez años; primero su madre, cuando mi clienta tenía dieciocho años, y luego su padre, cuando tenía veintiocho. Mi clienta había iniciado su camino hacia el bienestar después de la muerte de su madre. Se interesó por el yoga y los viajes, luego por dietas cada vez más restrictivas, y finalmente se volvió una firme adepta a los zumos y el ayuno. Por fuera, parecía una mujer sana, aunque era notablemente delgada. Sus amigos y familiares aceptaron su delgadez como algo normal, habida cuenta de su profesión; además, desde el punto de vista de nuestra cultura, su aspecto era un logro digno de aplauso. Con el tiempo, supe que practicaba un ayuno extremo: ayunaba durante todo un mes cada dos meses. Su extrema delgadez reflejaba la de sus padres al final de su vida. Estaba eligiendo irse poco a poco, seguir a sus padres; estaba escogiendo la muerte, que aparecía disfrazada como un estilo de vida «saludable». Estaba recreando el trauma de la enfermedad y muerte de sus padres a la vez que intentaba superarlo a través de su obsesión con la dieta y el ejercicio. Paradójicamente, al ocuparse de su cuerpo se estaba disociando de él.

Otra clienta con la que trabajé se sentía atraída hacia relaciones que reflejaban la dinámica de su trauma; era como si le ofreciesen la posibilidad de volver a vivir la situación traumática para obtener un final diferente. Era una diseñadora que tenía mucho éxito y era dueña de sí misma en todos los aspectos. Necesitó varias sesiones para decidirse a contarme su verdadero problema (su motivo de consulta al principio era que quería mi ayuda para decidir los próximos pasos que iba a dar en el terreno profesional): aunque estaba hacia la mitad de la treintena, solo salía con hombres de sesenta y tantos y setenta y tantos años. Me explicó que si bien por lo general no mantenían relaciones sexuales (debido a la mecánica del envejecimiento y la biología), esos hombres la trataban «como a una princesa». En todo caso, ella no estaba particularmente interesada en el sexo ni en crear una familia, pero estaba empezando a considerar la posibilidad de salir con alguien que tuviese una edad más similar a la suya. Cuando hicimos su constelación, dijo que su padre había abusado de ella cuando era niña. En cierto sentido, sus relaciones con hombres que duplicaban su edad le permitían «corregir» esa relación, reconciliar a su niña interior con su padre. Sus relaciones con hombres mayores eran transaccionales, aunque no en el sentido tradicional del término. En lugar de intercambiar sexo por bienes materiales, intercambiaba su juventud por la sensación de estar protegida y amparada por un adulto, un hombre tan mayor que, por edad, podría ser su padre.

En todos los casos, el trauma nos atrapa en una dinámica circular por la que siempre volvemos una y otra vez al momento del suceso traumático. Tenemos la sensación de que no podemos eludir nuestro sino; estamos estancados y separados de nosotros mismos y de nuestro cuerpo, a pesar de las manifestaciones físicas, muy frecuentes, del trauma (las cuales, de hecho, solo fomentan la desconexión respecto del cuerpo). Más que vivir, nos limitamos a sobrevivir. Si te encuentras en esta situación, el primer paso que debes dar para sanar es elegir activamente una vida plena en lugar de limitarte a sobrevivir; tienes que elegirte a ti, elegir el presente. Para poder efectuar esta elección, lo primero que debes hacer es reconectarte con tu cuerpo. Este es un paso pequeño en apariencia, pero crucial. Cuando te reconectas con tu cuerpo, rechazas la disociación, y cuando rechazas la disociación, comienzas a salir del modo supervivencia. Puedes enseñarle a tu cuerpo que ya no tiene que estar en alerta máxima; que merece soltar esa tensión, esa carga; que por fin puede relajarse. Merece saber que estás a salvo. ¿Qué te proporciona placer? ¿Cuándo te sientes más en tu cuerpo? ¿Cuando experimentas la sensación de una camiseta de algodón recién lavada sobre tu piel?

¿Cuando te remojas en una fuente termal? ¿Cuando el viento pasa a través de tu cabello? ¿Cuando estás acariciando un animal al que quieres? ¿Cuando el sudor te empapa durante un entrenamiento exigente? ¿Cuando estás comiendo un pedazo del chocolate más exquisito que habrías podido encontrar? ¿Cuando estás caminando con los pies descalzos sobre la hierba? Sea lo que sea lo que te proporcione placer y te haga sentir especialmente en tu cuerpo, deja de lado el libro ahora mismo y hazlo. O determina cuándo lo harás exactamente. Luego hazlo otra vez. Comprométete a elegirte a ti, a elegir tu cuerpo, a ir más allá de la supervivencia.

AFIRMACIONES

Elijo la vida.

Elijo recuperarme.

Sanarme es mi prioridad.

EJERCICIO:
El espejo amoroso — Elegir la vida

El trauma puede dificultar que nos veamos de veras a nosotros mismos, envueltos como estamos en relatos sobre lo que nos ocurrió y en mecanismos diseñados para gestionar los efectos de esa experiencia. En este ejercicio, el objetivo es poco ambicioso pero potente: consiste en contar lo que te sucedió, los hechos solamente, procurando ser neutral (es decir, evitando abordar tus sentimientos sobre esos hechos), mientras te miras con amor y te das permiso para elegir sanar. Escribe lo que te pasó y, si puedes, mírate en el espejo (no es imprescindible) y lee en voz alta lo que has escrito. No hay nadie más ahí, y puedes parar cuando quieras. No hay prisa. Cuando pares, conéctate con tu cuerpo y con tu reflejo. Frótate los brazos, siente tu pulso, mírate a los ojos. Respira hondo y siente cómo el aire expande tu pecho. Aún estás aquí; tu corazón late y tu cuerpo está presente, es real en este momento. ¡Sigues con vida; tus experiencias difíciles no han podido contigo! Para terminar, puedes repetir las afirmaciones incluidas anteriormente. (También puedes hacer este ejercicio con un terapeuta, que puede hacer las veces de «espejo amoroso» para ti; es una buena opción si te aporta una sensación de mayor seguridad).

Asentir a lo que es

En el ámbito de las constelaciones familiares, el objetivo no es quitarle importancia al suceso traumático experimentado, que fue tremendamente significativo sin lugar a dudas, sino ayudarnos a liberarnos del control que ejerce sobre nosotros el pasado. Cuando nos liberamos de la fijación en el pasado, podemos volver a conectar con el fluir de la vida, decir sí a nuestra propia existencia.

El primer paso para liberarte del pasado es *reconocer lo que es*. Debes reconocer lo que te sucedió. Reconocer algo es admitir su existencia; no fingir que no está ahí. Y reconocer es escuchar. Escucha tu dolor, tus recuerdos y tus sentimientos y, al hacerlo, respétalos. Seguidamente, debes *asentir a lo que es*, a lo que sucedió. Esto significa aceptar que lo que pasó, pasó, y que no puedes hacer nada para cambiar esa realidad. *Asentir a lo que es* es uno de los principios fundamentales de las constelaciones familiares.

Pero asentir a lo que es puede ser especialmente confuso en relación con el trauma, y es natural resistirse a hacerlo. ¿Cómo se supone que vas a aceptar algo tan terrible? Pero asentir a lo que es no significa aceptar que lo que te pasó tenía que pasarte. Además, y esto es muy importante, no significa asentir a *tus sentimientos* sobre lo que pasó. En otras palabras: no se trata de que aceptes que eres una persona triste y rota cuya vida ha quedado dañada sin remedio. Estos son tus *sentimientos* sobre lo que pasó, no los hechos. Se trata de que aceptes *la realidad* en lugar de intentar discutir con ella. Muchas de las personas que estamos lidiando con el trauma nos encontramos inmersas en una discusión con la realidad; insistimos en que eso no debería habernos pasado. Por supuesto, no debería habernos pasado. Pero tuvimos esa experiencia. Gran parte de la respuesta al trauma es un deseo (natural y comprensible) de cambiar el pasado. Sin embargo, la realidad es que no podemos cambiar el pasado. Y debemos asentir a esta realidad.

Sin este asentimiento, nuestros deseos y temores (nuestras construcciones mentales) interfieren en nuestra percepción. Asentir a la realidad es reconocerla tal como es. Nos concentramos en los hechos, *no en nuestros relatos sobre esos hechos*. No nos enfocamos en lo que podría haber ocurrido, en lo que debería haber ocurrido o en lo que está claro que no ocurrirá. Renunciamos a tratar de encontrar la respuesta a la pregunta «¿por qué?», lo cual da lugar a una claridad de percepción que resulta ser liberadora: comprendemos que *lo que nos pasó no tuvo que ver con nuestra identidad; solo fue una experiencia*.

Este es el poder y la promesa de la actitud de asentir a lo que es: nos libera del yugo del suceso traumático porque nos separa de la experiencia traumática. Cuando aceptamos la realidad tal como es, dejamos de ponernos en el centro de todo y despersonalizamos el suceso: reconocemos que lo que nos pasó no tuvo que ver *con* nosotros, sino que nos ocurrió *a* nosotros. Sí, fue una experiencia que ha influido en nuestra visión del mundo. Pero por otro lado no es más que una experiencia entre muchas otras: es una parte de nosotros, pero no lo que define quiénes somos.

Puedes practicar el asentimiento a lo que es en situaciones menos exigentes todos los días, solo para ejercitar este «músculo». En serio, pruébalo con alguien a quien conozcas, con quien tengas una relación complicada pero no traumática. Podría ser tu padre, tu madre, una expareja, un amigo o amiga, un hermano o hermana..., ya entiendes la idea. Para nuestros fines aquí, esta práctica no debe alterarte; no debes sentir que asumes algún riesgo (elige a una persona apropiada).

Mira una foto de esa persona o mantén su imagen en la mente. Ahora prueba a decir: «Te reconozco como mi [hermana]; te acepto como mi [hermana]; asiento a lo que ha sucedido entre nosotras». Recuerda lo que significa realmente este proceso: la realidad nunca está equivocada, por más desagradable que pueda ser admitirlo. En este caso estás reconociendo que tu hermana es, efectivamente, tu hermana. Estás aceptando la realidad de que ella es tu hermana, independientemente de cómo te sientas respecto a esta realidad. Y estás asintiendo a la realidad de lo que ha ocurrido en el curso de vuestra relación; estás aceptando el hecho de que lo que sucedió, sucedió, y no puede deshacerse. Verás cómo te proporciona una especie de alivio decir la verdad sin más, sin añadirle relatos, después de todo el esfuerzo que probablemente has dedicado a tratar de cambiar la realidad.

No estoy tratando de quitar importancia a los efectos del trauma; yo misma los sufrí durante quince años, pero cuando asentimos a lo que es estamos mostrándonos un respeto enorme a nosotros mismos. Así como el modelo de las constelaciones familiares nos pide que respetemos el sino de las otras personas presentes en nuestro sistema familiar, incluidas las que han tenido caminos difíciles, debemos respetar nuestra propia estrella.

Cuando respetamos nuestra suerte –cuando reconocemos los hechos como son y asentimos a la realidad, a las cartas que se nos han dado sin que tengamos la culpa–, somos libres para forjar nuestro propio destino. Nos convertimos en los autores de nuestras propias historias. Los hechos que vivimos son solo los componentes básicos de esas historias. De nosotros depende cómo estructurar y moldear nuestro relato. Una de mis clientas es escritora y lleva muchos años enseñando a escribir historias. Mientras hablábamos de los conceptos de asentimiento y sino, tuvo una comprensión súbita: «¡Ah! –dijo–, es como cuando les doy a un grupo de alumnos una serie de indicaciones para escribir un relato. Todos reciben los mismos componentes (a todos les doy los mismos personajes, los mismos contextos o las mismas situaciones), pero cada uno escribe una historia distinta».

Nuestro futuro está por escribirse. Somos los autores de nuestra propia vida. Cuando estamos atrapados en una lucha mortal con el pasado, cerramos la posibilidad del futuro. A través del asentimiento a lo que es, las constelaciones familiares nos ayudan a reducir el dominio del pasado sobre nuestro presente. No reducen la magnitud del evento, pero nos ayudan a sanar sus efectos al disminuir su poder continuo y devolverlo al contexto más amplio de nuestra vida, en lugar de que siga siendo el contexto en el que se desarrolla el resto de nuestra vida.

El evento traumático es un hecho de la vida. Sin embargo, no tiene por qué someterte a una condena perpetua. Aunque nunca olvidarás el hecho traumático –ni deberías hacerlo–, eres más que un reflejo de tus circunstancias. La felicidad es un logro del alma. Por mi parte, asentir a lo que es me ayudó a hacer las paces, de manera radical, con esa parte de mi historia. La claridad de percepción que obtuve iluminó una nueva realidad; o quizá, mejor dicho, me permitió ver la realidad que siempre había estado ahí: mi trauma no me define. Soy yo quien me defino. Aceptar la realidad del pasado prescindiendo de los juicios me liberó de su hechizo y me dio la libertad para contar una nueva historia.

Tu trauma no te define. Eres tú quien te defines. Deja de luchar contra la realidad, deja de pelear con la situación traumática. No vas a «ganar». No va a desaparecer. Entrégate a lo que es. Suelta lo ocurrido con amor y aceptación, y finalmente vuelve a incluir este episodio en el lugar que le corresponde en el pasado.

Liberémonos del miedo, la vergüenza, la culpa y la ira. Veámonos con precisión: como individuos empoderados con libre albedrío, que seguimos avanzando a pesar de –o incluso gracias a– los obstáculos que encontramos en el camino que vamos forjando nosotros mismos.

AFIRMACIONES

No volveré a discutir con la realidad; asiento a lo que es.

Mi trauma no me define. Soy yo quien me defino.

No estoy hundido/a; me amo más que antes.

EJERCICIO:

Nuevas perspectivas, nuevas historias. Reformular tus relatos

---

Este ejercicio está inspirado en la clienta que tuve que era profesora de escritura creativa y en su observación de que ante un mismo conjunto de indicaciones cada alumno contaba una historia diferente, filtrada a través de la lente que era su relación particular con el mundo: su cultura, su educación y sus experiencias, entre muchas otras influencias. En otras palabras: las historias que elaboraban dependían de sus perspectivas.

El suceso traumático es solo uno de los muchos factores presentes en tu vida que han moldeado tu perspectiva: cómo te ves, cómo entiendes la dirección de tu vida y cómo eso influye en la relación que tienes con el mundo que te rodea. No podemos reescribir el suceso traumático; pretenderlo sería discutir con la realidad. Pero podemos desarrollar la habilidad de soltar nuestros viejos relatos y escribir otros nuevos y diferentes sobre cómo nos vemos a nosotros mismos y cómo entendemos la dirección en la que va nuestra vida, aunque el conjunto de condiciones previas siga siendo el mismo. Esta habilidad consiste en interpretar estas condiciones de otra manera, es decir, en transformar una percepción negativa en otra positiva. Podemos aprender a ver a través de una lente diferente; podemos cambiar nuestra perspectiva. Esta habilidad no solo es valiosa para integrar y aceptar los sucesos traumáticos. También lo es para reformular muchos tipos de experiencias, como pueden ser nuestros fracasos y éxitos personales, profesionales y académicos. En esta reformulación, pasamos a verlos como fuentes de desarrollo personal que nos llevan a percibir más claramente lo que necesitamos y a conocernos mejor a nosotros mismos; favorecen nuestro crecimiento.

Este ejercicio está pensado como una forma suave de practicar el cambio de perspectiva. Apunta al desarrollo de la habilidad en sí. Para fortalecer los «músculos» implicados en el levantamiento de pesos pesados que es el trabajo relacionado con el trauma, empezaremos abordando un pequeño problema que tengas actualmente. Piensa en un asunto concreto de tu vida diaria que te esté frustrando y delimita tres columnas en una hoja («El problema», «Perspectiva» y «Alternativas).

En la primera columna, identifica el problema de manera breve y basándote en los hechos. Ejemplo: «Tengo un trabajo prestigioso en el que me pagan bien, pero ya no me siento motivada ni realizada en este empleo». En la segunda columna, expresa tu perspectiva actual sobre la situación, enfocándote en tus sentimientos (no los que puedas sentir hacia otras personas). Ejemplo: «Soy demasiado mayor/he invertido demasiado tiempo en esta carrera para cambiar de rumbo ahora». En la tercera columna, anota tres perspectivas alternativas sobre la situación (podría resultarte útil pedirle ayuda a un amigo o familiar). Ejemplo: «1. Esta es una oportunidad para explorar si realmente me siento infeliz con mi carrera o si solo me siento así en relación con este empleo. 2. El tiempo pasará de todas formas, y en dos o tres años seré mayor en cualquier caso, y posiblemente seguiré siendo infeliz. Podría volver a estudiar/aprender una nueva habilidad/hacer un curso de formación. 3. Mi apego a mi empleo tiene que ver con el prestigio –con la aprobación externa– y no nace de mis valores personales, internos».

Ahora elige una de las perspectivas alternativas. Practica mantenerla presente en tu mente –casi como un mantra– durante los próximos tres días. Puedes meditar en esta perspectiva alternativa durante un minuto al despertarte, antes de acostarte y a lo largo del día cuando surja el problema. Al final de los tres días, haz una evaluación. ¿Cómo ha cambiado tu perspectiva? ¿Qué lección has aprendido? ¿Tienes una historia diferente que contar sobre tu situación actual?

Soltar la culpa

Voy a arriesgarme y suponer que te han dicho o has oído que el perdón es una de las claves para sanar tu trauma. Hay muchas maneras de entender qué es el perdón, pero en general creo que es oportuno afirmar que en el ámbito de la cultura terapéutica el perdón no es solamente un acto que realizamos por otras personas, sino también (y sobre todo) un servicio que nos hacemos a nosotros mismos, una forma de liberar la ira y seguir adelante con nuestra vida. Según la teoría, con el perdón soltamos el apego al pasado –a lo que sucedió– y dejamos de estar obsesionados con quien nos hizo daño, lo cual nos permite llevar la atención al presente y mantenerla ahí. A primera vista, el perdón no parece muy diferente del asentimiento a lo que es...

Oí hablar del perdón muchas veces mientras recorría mi camino hacia la sanación, antes de conocer las constelaciones familiares. E intenté perdonar al chico que me agredió. Esperaba que el perdón pudiera ser una herramienta sanadora, idea que entonces, como ahora, está muy presente en la psicología popular, promovida por muchos terapeutas como un bálsamo para las almas heridas (por no hablar de que es una idea presente en muchas religiones también... ¡Después de todo, procedo de un entorno católico!).

¿Cómo te ha ido con el perdón? Honestamente, yo lo pasé mal trabajando con él. Era difícil de aprehender y de precisar. ¿Qué le estaría concediendo a mi agresor al perdonarlo? Probé prácticas relacionadas con el perdón que leí en libros o revistas, o que encontré en actividades que tenían un enfoque espiritual: ejercicios como «dejar ir», «enviar amor» a mi violador y «verlo como el niño que fue». Pero fuese cual fuese la práctica que intentara y por más que me esforzase por perdonar, nunca terminaba en un estado de paz. Mi mente se quedaba atrapada en un ciclo interminable de pensamientos acelerados. Sentía resentimiento y malestar en el estómago, como si no pudiera procesar el incidente definitivamente. Sobre todo, me sentía atrapada e incómoda, como si estuviera haciendo un papel. Y en cierto sentido esto era así. El perdón requiere que seas la versión «más grande» de ti, alguien fuerte que tiene el poder de otorgar algo valioso a alguien inferior (aunque la motivación de la acción sea el interés propio).

En el fondo, el perdón es menos una acción que una dinámica. De hecho, es una dinámica de poder. El perdón requiere que una persona esté en lo cierto (la víctima) y que otra persona esté equivocada (el agresor). Solo quien está en lo cierto tiene poder para perdonar a quien está equivocado. Una persona tiene poder; la otra no. Mi ansiedad y mi malestar respecto al perdón estaban íntimamente ligados a esta dinámica, aunque no lo sabía en ese entonces. La incomodidad que sentía al ser «la persona más grande», esa sensación de estar atrapada, se debía a que *realmente* estaba atrapada.

El hecho de haber sido agraviados nos hace tener la razón. Pero el hecho de aferrarnos a nuestra «razón», y al poder de perdonar que conlleva, solo alimenta nuestra fijación en el daño que se nos hizo. Da energía a nuestro trauma y nos mantiene estancados. Por eso el perdón, un juicio moral, es totalmente opuesto al asentimiento a lo que es, que está centrado en los hechos, no en los relatos, y resulta ser liberador. El perdón se basa en la culpa. En cambio, cuando asentimos a lo que es dejamos en suspenso cualquier juicio moral. Esto no significa que aprobemos lo que pasó. Significa que renunciamos a nuestro relato sobre lo que ocurrió para liberarnos de dicho relato. Cuando soltamos la inculpación, *no estamos eximiendo al agresor de su culpa*. Estamos soltando *nuestro apego* a la inculpación. Nos liberamos a nosotros mismos de esta dinámica. El agresor sigue siendo plenamente responsable de lo que hizo, pero su sino no es nuestra responsabilidad. Esto no significa que no podamos o no debamos buscar justicia o denunciar lo ocurrido ante las autoridades, sino que debemos hacerlo pensando en un bien futuro (es decir, para evitar que otras personas sufran abusos o crímenes similares) y asumiendo que no podemos controlar el resultado.

Cuando te liberas de la dinámica de la culpa (o de su contraparte implícita, el perdón), respetas tanto tu sino como el de la persona que te hizo daño. Ahora, respira hondo: esto de ninguna manera significa que apruebes lo que hizo. *Significa que reconoces y aceptas que no puedes ser responsable del sino de otro individuo.* Significa que no asumes la responsabilidad por las consecuencias con las que pueda tener que lidiar esa persona por sus acciones. Reconoces que su suerte está más allá de lo que puedes controlar. Cuando aceptas esto, el vínculo con tu agresor se rompe, y puedes dejar de intentar cargar con esa persona en tu camino. ¡Imagina la sensación de ligereza y libertad que experimentarás cuando sueltes ese peso! Si ya no tienes que seguir esforzándote en llevar esa carga, ¡imagina de cuánta energía podrás disponer para avanzar con determinación!

Cada uno de nosotros es responsable de sí mismo solamente; esto está implícito en el asentimiento a la realidad. Tus acciones –*tus elecciones*– son tuyas. De la misma manera, las acciones de tu agresor, que provienen de sus decisiones, le pertenecen a esa persona solamente. Podemos estar atrapados en implicaciones sistémicas o tener mala suerte con nuestro sino, pero no por eso dejamos de tener libre albedrío. Esta es una de las razones por las que es tan gratificante trabajar con las constelaciones familiares: al requerir este trabajo que nos hagamos responsables de nosotros mismos, pone de relieve que tenemos la capacidad de asumir esta responsabilidad y, por tanto, que tenemos opciones. Nos devuelve nuestro propio poder.

Una de mis clientas, una mujer de cuarenta y tantos años, había sufrido malos tratos por parte de su padre durante toda su infancia, y su madre, que también había sido objeto de ellos por parte de él, nunca intervino. Su madre había insinuado muchas veces que el comportamiento agresivo de su marido era culpa de su hija, porque ella, la madre, se había quedado embarazada fuera del matrimonio, lo que «enojó» al padre, quien se «vio obligado» a casarse. Ahí empezaron los malos tratos. Incluso con más de cuarenta años, mi clienta se identificaba con su madre y empatizaba con ella; creía literalmente que era la responsable del sino de su madre. Aunque la culpaba por no protegerla, sentía que no había tenido elección. Quería perdonarla para poder centrarse en trabajar con los problemas que tenía con su padre, el agresor. Sin embargo, al trabajar juntas, pudimos reconocer que su padre no había sido el único agresor, sino que su madre también había tenido este papel. Para asentir a la realidad y respetar el sino de su madre, mi clienta adoptó este «mantra»: «No soy ni fui responsable de las decisiones de mi madre. Tuvo opciones y eligió no protegerme. No tengo nada que pagar por estar viva». No la perdonó; aceptó la realidad de los hechos. Reconocer las elecciones de su madre le hizo ver que todos tenemos opciones, lo cual tuvo un efecto liberador en ella.

El desequilibrio de poder inherente al perdón también refuerza y perpetúa una dinámica de víctima-agresor enredada dentro del sistema familiar, además de dificultar el asentimiento a lo que es. En cierto sentido, cada vez que una víctima y un agresor interactúan, se crea un vínculo energético entre ellos. Y cada uno de los dos se convierte en parte del sistema familiar extendido del otro a través de ese vínculo. Es una parte que queda ubicada en la periferia del sistema, pero que está ahí de todos modos. (Si el agresor es un familiar, pierde los derechos inherentes a su rol, pero nunca pierde su lugar en el sistema. Recuerda que si esa persona es excluida, y deja así un «vacío» en el sistema familiar, otra persona se verá atraída a ocupar su lugar, y se reproducirá la dinámica).

Como sabemos, los sistemas familiares buscan el orden, mientras que el desequilibrio inherente a la dinámica víctima-agresor genera desorden.

Si estamos dentro de una dinámica víctima-agresor, es casi seguro que violaremos la regla de la pertenencia al excluir al agresor, con lo que fomentaremos aún más el desorden. Para que un sistema esté en orden, todos sus miembros deben ser aceptados en el lugar que les corresponde; incluso el asesino, el violador o el maltratador. Solo así podemos tener paz nosotros.

En este punto, tal vez estés pensando: «Pero Marine, ¿¡cómo podemos aceptar a quienes nos han hecho daño!?». Si en este momento tienes ganas de lanzar este libro al otro lado de la habitación, te comprendo. Pero piensa en esto: la paz es una modalidad de *orden*; es la falta de lucha, de ruido. Aquellos a quienes intentamos silenciar insistirán con más fuerza para hacer notar su presencia; quieren que se los escuche y alzarán la voz. Cuando reconocemos y aceptamos a una persona que falta, su necesidad se ve satisfecha y puede guardar silencio. Cuando cada miembro de un sistema se halla en su lugar, estamos en paz. El sistema está en orden.

Recuerda que cada miembro de tu sistema familiar, entendido como tu sistema familiar extendido, tiene derecho a pertenecer a él, independientemente de lo que haya hecho. Esto no significa que debas abrazar calurosamente (o abrazar siquiera) a alguien que te ha hecho daño. Debo insistir en que no se trata de perdonar. Se trata de reconocer la realidad de la presencia de esa persona. En el contexto de una constelación familiar, por ejemplo, la víctima tiene que decir «te veo», pero no «te perdono». Esta es una manera de respetar profundamente los hechos como son y de aceptar *el propio* sino. El agresor tendrá que cargar con su culpa y su vergüenza; este no es tu problema. Si adoptas este enfoque, encontrarás la paz.

Sé que es una idea muy incómoda la de incluir a un agresor en el propio sistema familiar extendido. Pero recuerda que el derecho a pertenecer es neutral en cuanto a los valores. Piensa en el sistema familiar como una estructura cuya integridad depende de cada componente de su armazón. Si se quita un componente, la integridad ya no será completa, por lo que la estructura pasará a tener problemas importantes e incluso podría venirse abajo. Las personas que no están ahí son como esos componentes que faltan. Cuando las volvemos a incluir (es decir, cuando todo el mundo está en el lugar donde debe estar), se restablece el orden. Cuando todos permanecemos en el lugar que nos corresponde, ya no estamos enredados en implicaciones sistémicas. Entonces, el vínculo entre la víctima y el agresor se rompe, y con ello llega el alivio.

Cuando puedes ver a tu agresor en el lugar en el que debe estar (dentro de tu sistema familiar extendido), estás reconociendo lo que es, implícitamente: la realidad que es la presencia del agresor en tu vida. Ahora tienes la imagen completa de la realidad y, por lo tanto, puedes verla con mayor claridad, lo cual posibilita que asientas a ella plenamente. Después de todo, es bastante difícil asentir a lo que es si no se puede reconocer lo que es. Cuando eres capaz de reconocer el lugar que ocupa el agresor en tu sistema familiar extendido, puedes dejar de centrarte en su sino para pasar a hacerlo en tu camino. Para practicar esta perspectiva, puedes visualizar a tu agresor muy lejos detrás de ti, como una manchita en el horizonte de tu pasado. Está allí, en su lugar; lo has reconocido. Tú estás en tu lugar, y ambos estáis claramente separados.

En mi caso, una vez que pude ver a mi agresor en el lugar que le correspondía dentro de mi sistema familiar extendido, mi capacidad para asentir a lo que es aumentó de una manera muy significativa. Durante quince años había estado alimentando el vínculo que nos unía. Aunque oscilaba entre la hipervigilancia que experimentaba cuando estaba en «modo alerta» y la flojera que sentía cuando era presa de la desgana, mi mente recreaba fantasías de venganza. Estas no se limitaban al castigo que le infligiría a mi violador, sino que quería herir y destrozar a todos los hombres. Los hombres en quienes concentraba mi rabia y mi desconfianza (*todos los hombres*, de hecho) venían a ser sustitutos de mi agresor. Constituían una masa homogénea y no diferenciada que era una especie de pantalla que atenuaba mi capacidad de ver a la persona que me había herido. De este modo, no tenía que mirar o reconocer directamente a ese individuo, lo que me ayudaba a sentirme «segura».

Después de reconocer a mi agresor, incluirlo en el lugar que le correspondía y asentir a lo que es, entendí que no podía construir nada significativo para mí misma a partir de la venganza o la ira: lo único que podría crear con ellas sería más ira y agresividad, que engullirían todo mi ser. No quería convertirme en una persona amargada que usase su dolor como arma en lo que había percibido que era la batalla de la vida. Comprendí que mi dolor no me definía. No era mi identidad. Era el resultado de una situación que había acontecido hacía mucho tiempo y que, en mi caso, probablemente señalaba mi verdadero propósito.

Asentir a lo que es no tiene nada de fácil, en efecto, pero es la expresión de una valentía formidable y tiene un efecto muy sanador. Y al sanarnos a nosotros mismos –y restablecer el orden en nuestro sistema familiar– estamos siendo generosos con quienes vienen después de nosotros; estamos haciendo algo amoroso por ellos.

Sabemos que el sistema familiar siempre busca la completud y el orden. También sabemos que el método principal que emplea con este fin, la implicación sistémica o enredo, agrava aún más el desorden presente en el sistema. Víctima y agresor son energías gemelas. Cuando nos aferramos a la energía de la víctima (o a la del agresor), alimentamos un desequilibrio que perturba el orden del sistema familiar y da lugar a un ciclo en el que alguien de una generación posterior se verá arrastrado a restablecer el equilibrio, a actuar por nosotros a través de un enredo. De hecho, cuando nos empeñamos en despreciar a nuestros agresores, a menudo estamos fomentando, sin quererlo, conductas agresivas en hijos o nietos nuestros, quienes sentirán que su ira está justificada mientras buscan venganza en nombre de las personas con las que mantendrán la implicación sistémica. También perpetuamos la energía del agresor a través de la exclusión. Como sabemos, la ausencia de miembros del sistema es una de las grandes causas de enredos. Un miembro ausente es un punto débil en la estructura del sistema. El sistema familiar buscará reparar esa vulnerabilidad reemplazando a la persona ausente por un miembro de una generación posterior, que se identificará con la persona excluida y se verá impelido a ocupar su lugar. O podemos transmitir la energía de la víctima y provocar una implicación sistémica con un niño o niña que revivirá escenarios como el traumático para intentar cambiar su desenlace. En todos estos sentidos, el enredo es en muchos aspectos una especie de respuesta traumática generacional. Lo que no ha sido atendido y reconocido volverá a suceder. Cuando reconocemos la realidad y asentimos a ella –más específicamente, en este caso, cuando incluimos a nuestros agresores en nuestro sistema familiar–, acortamos el ciclo de la violencia y evitamos traumas posteriores. Este es un regalo extraordinario que podemos elegir dar a nuestros hijos y a los hijos de nuestros hijos.

Sobre todo, es un regalo extraordinario que puedes hacerte. No puedes perdonar lo imperdonable. Pero puedes elegir dejar a tu agresor a su propia suerte mientras avanzas por un camino maravilloso. Puedes renunciar a la pesada carga de la culpa –de una responsabilidad que no te pertenece y que no te corresponde gestionar– y, libre de ese peso, avanzar con una nueva desenvoltura en la dirección que hayas elegido. Todos merecemos vivir con la libertad y la alegría derivadas de mirar hacia delante con esperanza mientras nos sentimos en paz en el momento presente.

AFIRMACIONES

Lo que me pasó no fue culpa mía.

Hago las paces conmigo mismo/a.

Tu lugar es ese y el mío es este.

Estoy a salvo.

EJERCICIO:
La vida fluye hacia delante — Afirmar el futuro

Esta práctica no es tanto un ejercicio como un acto simbólico dedicado a afirmar y confirmar el movimiento hacia delante –un movimiento fundamental– y la energía generadora de la vida, así como tu capacidad para conectar con esa energía y fomentarla. Tienes varias opciones para hacer esto; la naturaleza es la protagonista en todas ellas.

- Muchas ciudades tienen huertos comunitarios a disposición de los ciudadanos. Trabajar en un huerto comunitario no solo es una manera fantástica de ensuciarte las manos y, literalmente, conectarte con los ciclos de la vida, sino que también es un modo de conectar con algo más grande que tú: tu comunidad. Esta es una excelente forma de practicar una visión sistémica del mundo.

- ¿No quieres desplazarte para nutrir tu vínculo con la vida a través de la conexión con la naturaleza? Elegir y cuidar una planta de interior es una gran forma de tener en tu hogar un recordatorio visual de tu compromiso con la sanación y el crecimiento.
- Si no tienes mano para las plantas, puedes hacer voluntariado en una organización dedicada a plantar árboles. Podrías ejercer este voluntariado una sola vez, aunque la experiencia podría resultarte tan gratificante que podrías repetirla cada año.
- ¿No crees tener tiempo para hacer voluntariado? Haz una donación a una organización benéfica que plante un árbol en tu nombre o en nombre de uno de tus ascendientes. Al hacer clic en el botón de «pagar ahora», visualiza ese árbol, allá fuera en el mundo, creciendo y mostrándose resiliente. Ese árbol estará allí adondequiera que vayas y dondequiera que estés.

Conclusión

La sanación es un acto de fe

Mis clientes son mis héroes y heroínas. Las constelaciones familiares exigen ser brutalmente sincero con uno mismo. Se necesita mucho valor para mirarse con honestidad –para abandonar los propios relatos y reconocer lo que es– y comprometerse con la sanación. Porque sanar no es llegar a un lugar en el que todo está bien y en el que todos nuestros sentimientos negativos han desaparecido. No. Sanar es un proceso, un viaje; un camino que no se puede recorrer sin hacer frente a las propias sombras. Sanar requiere coraje.

Aunque nos provoquen dolor, nos sentimos seguros y a gusto con nuestros patrones tóxicos y comportamientos adictivos por un motivo: porque estamos familiarizados con ellos. Es mucho más fácil permanecer estancado que cambiar y enfrentarse a lo desconocido. Elegir emprender un camino de sanación es un acto desafiante que requiere mucho valor. Es optar por el optimismo frente al miedo. Es un acto de fe en uno mismo. Supone abrirse a lo desconocido, al futuro. Un futuro que podemos escribir. *Tú puedes escribir tu futuro.*

El camino de sanación que propone el modelo de las constelaciones familiares requiere que nos hagamos responsables de nuestra vida. En este modelo, la sanación es una expresión máxima del libre albedrío. Sanar es decir: «Soy adulto/a; soy responsable de mi vida. Estoy al mando». Sanar es saber por fin qué es lo que queremos y qué es lo que no queremos, y tener la determinación para hacer lo necesario a fin de deshacernos de lo segundo y traer a la realidad lo primero. Creo que es bastante genial decir «bueno, déjame ocuparme de mis aspectos turbios». Cuando tomamos esta decisión, de algún modo sabemos que merecemos mucho más; estamos reconociendo nuestra grandeza. Nos estamos eligiendo a nosotros mismos en primer lugar. Estamos eligiendo la esperanza.

Cada vez que recibo la notificación de una nueva cita, sé que esa persona está en camino hacia algo más grande, hermoso y armonizado. Y aunque es probable que tú y yo no nos conozcamos, tú también eres mi héroe, mi heroína. En el momento en que abriste este libro te elegiste a ti primero. Elegiste la esperanza. La esperanza de una vida diferente, más libre y auténtica.

Nunca es demasiado tarde para elegir sanar. He tenido el privilegio de acompañar a muchos de mis clientes en su recorrido, en cualquier etapa de su vida. La entrega de mi clienta Carrie a su camino me conmovió profundamente. Carrie llegó a mí a los sesenta años, después de que su hija adulta participara en uno de mis talleres. Me dijo que tenía curiosidad por el método, aunque su posición rozaba el escepticismo. No parecía tener muy claro qué hacía en mi consulta.

Carrie fue la única niña entre cuatro hermanos. Sus padres eran inmigrantes irlandeses, católicos convencidos y muy estoicos. Su padre era extremadamente autoritario y su madre, ama de casa, se había desvivido por él y por sus tres hijos varones, que eran como los príncipes del lugar. El rol de Carrie había sido principalmente ayudar a su madre en las labores domésticas y cuidar de los hombres de la casa, escucharlos. Finalizada la educación secundaria, no fue a la universidad y se casó muy joven, siguiendo los pasos de su madre. Tuvo seis hijos: dos niñas y cuatro niños.

Cuando conocí a Carrie, ella y su marido llevaban casados treinta y cinco años. Me contó que su relación con sus hijos, con sus hijas especialmente, era tensa (todos se habían ido ya de casa). Debido a ello, era muy infeliz, porque los quería mucho. Pero todos tenían el sentimiento de que su padre había sido demasiado controlador y severo y de que Carrie debería haber intervenido, lo cual no hizo nunca. Carrie entrelazaba los dedos mientras hablaba y se miraba las manos. «No sentía que tuviera voz –me dijo–. Hice todo por mis hijos. Mi marido nunca me ayudó. Él era el proveedor. No hablaba de sus emociones. Siento que lo hice lo mejor que pude, pero quiero ofrecer algo diferente a mis hijos, a mis hijas sobre todo».

Durante dos años, Carrie trabajó con valentía para hacer las paces con su infancia y su herencia cultural. Se necesita valor para liberarse de algo tan profundamente arraigado. Logró conectar con su esencia femenina más allá de la maternidad y asumir una posición de autoridad en relación con sus propios sentimientos para expresar sus verdaderas emociones. Fue hermoso verla tomar lo mejor de su herencia irlandesa y su verdadera esencia como mujer, y aceptar a sus padres y lo que tenían para ofrecer. Su relación con sus hijas cambió drásticamente; por fin pudieron hablar entre ellas y conectar desde su ámbito emocional íntimo. En cierto modo, Carrie se reconcilió con la maternidad, una identidad que nunca había elegido activamente, y con la feminidad, con la que antes se sentía resentida por las limitaciones que le imponía en su vida. Con sus hijas descubrió cómo las mujeres pueden unirse para construir algo grande. Y por fin sentía que tenía un papel central en su familia, que su rol no consistía en estar subordinada a su marido. A medida que fue mostrando su vulnerabilidad, su relación con él cambió. Carrie conectó con la libertad que le permitía ser ella misma: ahora podía expresar sus pensamientos y sentimientos, experimentarse plenamente como mujer en todas sus dimensiones. En el momento en que apareció en mi consulta, eligió sanar, eligió la esperanza, eligió la libertad.

Sanar significa conseguir la libertad. La libertad de crear la vida que uno quiere realmente, a partir de sus propios términos, creencias y valores. Sin miedo a no agradar a todos, al rechazo o al abandono por pensar o sentir de una manera diferente. Sanar es amarse. Sanar es enamorarnos locamente de nuestro verdadero yo, sea lo que sea esta esencia en realidad. Sanar es sentirnos seguros con nosotros mismos y experimentar la pertenencia en el alma.

Todos queremos pertenecer. Las constelaciones familiares nos muestran lo absolutamente natural, universal y humana que es esta necesidad; esta es una de las razones por las que son tan valiosas. Como niños y recién nacidos, sabemos que lo primero que debemos hacer es asegurar nuestra pertenencia. Nuestra supervivencia depende de ello. Cuando no pertenecemos, no somos vistos, escuchados ni valorados. El rechazo y la exclusión niegan el yo. Una década como terapeuta me ha demostrado que casi todos nuestros problemas, dificultades y conductas tóxicas tienen su raíz en la pertenencia; no tengo ninguna duda al respecto.

Desafortunadamente, en ocasiones vivimos una situación traumática que nos aleja de nuestro sentimiento de pertenencia, o nuestros padres o cuidadores no pudieron o no quisieron vernos, escucharnos o valorarnos. (A veces, demasiadas veces, ocurren ambas cosas). Los niños son astutos; harán lo que sea necesario para ver satisfechas sus necesidades. De niños, buscamos otras maneras de que nos vean, nos escuchen y nos valoren; es decir, buscamos otras maneras de pertenecer. Tal vez tu padre sufría depresión, así que adoptaste un rol cómico. Quizá tu madre bebía, así que aprendiste a cuidarla y justificarla, a volverte codependiente de ella. De estas formas te aseguraste de tener valor para los demás.

Y he aquí la parte más complicada y aterradora del proceso de sanación, la que exige en mayor medida que seamos valientes: llega el momento en que la sanación parece amenazar nuestra autoestima, y tememos que este sea un precio demasiado alto que pagar. En tu camino de sanación experimentarás una auténtica resistencia; es probable que ya la hayas sentido al leer estas páginas. Sin embargo, estos momentos de resistencia son indicativos de un avance. Muestran que está empezando a producirse un cambio en tu interior, un cambio que te asusta porque sientes que es una amenaza para la pertenencia tal como la has conocido.

Cuando comenzamos a soltar los mecanismos en los que hemos confiado para asegurar nuestra pertenencia, por así decirlo (adicciones, trastornos alimentarios, gastos compulsivos, adicción al trabajo, relaciones abusivas...), corremos el riesgo, o sentimos que corremos el riesgo, de alejarnos de nuestros seres queridos. Podemos tener la sensación de que ya no nos aceptarán. Cuando elegimos restablecer una pertenencia saludable basada en el amor y el respeto acompañado de la aceptación, podemos preguntarnos si nuestra familia nos acogerá bajo estos nuevos términos. En esos momentos dudamos entre seguir adelante o quedarnos donde estamos por miedo a que nuestra familia no nos acepte con la forma de pertenecer que queremos manifestar para ser fieles a nosotros mismos.

Este conflicto interno es totalmente normal. De hecho, es más que normal; es bastante común. No pasa nada por tener miedo. Recuerda que todo lo que has estado haciendo con el fin de sanar ha sido un acto de servicio a tu niño interior. Se necesita valentía para liberarse del relato de la familia, del desorden del propio sistema familiar, y se necesita coraje para decir en voz alta: «Sí, quiero mejorar, quiero sentirme mejor, quiero sanar. Quiero expandirme, quiero florecer. Quiero tener éxito y una vida plena». Se necesita mucho coraje.

Por eso digo que sanar es enamorarse locamente de uno mismo. Cuando te amas, te eliges a ti. Para estar en armonía con tu ser y sentirte feliz, necesitas amarte. No hay otra manera. Por supuesto, cuando digo que necesitas amarte, no quiero decir que nunca más experimentarás inseguridades. No estarás todo el día pensando «¡Dios mío!, ¡me amo, me amo, me amo!». Seguirás teniendo tus altibajos, seguirás teniendo tus días difíciles, pero siempre encontrarás la fuerza y el coraje que te permitirán regresar a tu felicidad. Frente a una decisión difícil, elegirás tu mayor bien. Siempre te elegirás a ti, porque sabrás que al hacerlo podrás resolver la situación.

Mi camino de sanación ha girado en torno a mi elección de amarme a mí misma, que ha sido indisociable de la elección de sanar mi relación con mi padre, con los hombres, con mi cuerpo, con mi sexualidad, con el amor mismo. Cuando era niña, mi «felices para siempre» consistía en conocer a mi príncipe azul, casarme, ser madre de dos o tres hijos y tener un perro grande y caballos, todo antes de los treinta años. Y... bueno, las cosas no han ido así exactamente. No he conocido al «elegido» y mis treinta años ya quedaron atrás. Cuando emprendí mi camino con las constelaciones familiares, creía que ya había superado esa fantasía infantil. Pero la verdad es que seguía atrapada en la creencia, profundamente arraigada, de que necesitaba una pareja para sentirme amada y deseada. Incluso después de muchos años de trabajo, no es un asunto que haya dominado del todo (la sanación es un proceso, al fin y al cabo), pero las constelaciones familiares me han ayudado a asumir la realidad de que el amor empieza conmigo.

El trauma derivado de haber sido agredida sexualmente y violada a los trece años me despojó del sentimiento de pertenencia a mi propio cuerpo y a mí misma. Me disocié y me anestesié para sobrevivir. Solo era una niña, pero al mirar atrás me asombra lo fuerte que fui. Ahora puedo ver que desde entonces he recurrido a esa resiliencia, incluso durante –especialmente durante– algunos de los momentos más difíciles de mi vida. Pude empezar a verme con claridad y reconocer mi resiliencia una vez que fui capaz de aceptar plenamente la realidad de mi trauma. Este ha sido uno de los mayores beneficios que he obtenido de las constelaciones familiares. Valorar esta resiliencia me ha ayudado a aceptarme tal como soy, sin pedir perdón por ello. Siempre me sentí presionada a empequeñecerme; ahora soy yo, sin complejos.

Mi felicidad, tu felicidad, nuestra felicidad, no depende de una pareja, de cierto tipo de profesión ni de lucir un aspecto ideal. No. Se trata de amar la vida; de saber que la vida importa y que, por eso mismo, nuestra vida importa y *nosotros importamos*. Si renunciamos a nosotros mismos, si vamos en contra de nuestra propia voluntad, tarde o temprano cualquier malestar o dificultad que hayamos alejado o sumergido temporalmente volverá a salir a la superficie. No podemos huir de nuestras sombras para siempre.

El trabajo con las constelaciones familiares es muy potente porque cuando reconocemos lo que es arrojamos luz sobre nuestras sombras. Las sombras desaparecen, o, mejor dicho, desaparece la vergüenza que las rodea, y pasan a formar parte de nuestros puntos fuertes. Es útil recordar que, de alguna manera, nuestras sombras –nuestras resistencias– están aquí para protegernos. En mi caso, albergaba mucha ira y agresividad justo detrás de mi fachada, y se manifestaban en mis relaciones. Me avergonzaba de ello y trataba de reprimirlas con más fuerza aún..., pero solo eran mecanismos de defensa. Tenía miedo de que me hiriesen, así que atacaba primero (emocionalmente). *Me protegía haciendo daño al otro antes de que esa persona pudiese hacérmelo a mí.* Pero detrás de esta actitud estaba mi miedo al amor. El hecho de arrojar luz sobre esa ira y reconocerla me permitió comenzar a entenderla y a canalizarla. Cuando elegimos sanar, cuando escogemos hacer frente a nuestra oscuridad, dejamos entrar la luz; nos volvemos más empáticos con nosotros mismos y comprendemos las motivaciones que hay detrás de nuestros actos. Ahí empieza el cambio.

Elegirse a uno mismo primero nunca es un comportamiento egoísta. De hecho, creo que lo egoísta es estar poniendo siempre nuestros problemas sobre la mesa y descargarlos sobre nuestros amigos y familiares en cada desayuno, almuerzo o cena. ¿Cuántas personas se presentan constantemente como víctimas y repiten una y otra vez todas las formas en que han sido agraviadas? Es agotador. Esta sí es una conducta egoísta. Es más fácil quejarse; es más fácil culpar a los demás y al entorno. Por supuesto, a veces yo también lo hago, pero ahora no tardo en darme cuenta de lo que estoy haciendo. Y asumo la responsabilidad. Me detengo y me digo: «¿Qué quieres hacer? ¿Qué quieres crear? Deja de engañarte».

Lo único que se interpone entre el punto en el que te encuentras ahora y el punto en el que te gustaría estar es todo lo negativo que no paras de decirte, el torrente de pensamientos tóxicos que permites. En las constelaciones familiares no hay lugar para esta toxicidad; esta es una de las razones por las que me sentí tan atraída por el modelo al principio. Como facilitadores, aprendemos que el solo hecho de que alguien nos cuente su historia no significa necesariamente que quiera encontrar una solución. La historia puede ser una excusa, una adicción... y nada más. Es cuando alguien comienza a hablar de sus sentimientos, emociones y sensaciones cuando sabemos que esa persona está lista para empezar a quitarse, por fin, su armadura protectora. Entonces ha llegado el momento de decir a esos pensamientos tóxicos, a esa vieja historia repetitiva:

«¿Sabéis qué? Muchas gracias, pero nuestra relación acaba de terminar. Me elijo a mí».

Sanar es reconciliar el pasado y el presente, la realidad pasada y la realidad actual. Sanar significa volver a unir lo que ha estado separado. Muy a menudo, esto significa volver a unir a las personas. Nos conocemos mejor a nosotros mismos a través de lo que activan en nosotros los demás; a través de la dinámica de las relaciones que tenemos con los amigos, los compañeros de trabajo, el jefe, la familia, la pareja, los hijos. Todos participamos en la sanación de los demás, aunque no lo parezca. No estamos solos en nuestro proceso de sanación. Cuando yo sano, te ofrezco mi sanación. Lideramos con el ejemplo, y eso es hermoso. Sanamos juntos.

No hay duda de que la sanación es un proceso continuo, para toda la vida. Es un proceso difícil y que requiere valentía, en efecto, pero creo que también puede ser divertido. Es divertido conocerse y comprenderse a uno mismo. No deberías tener miedo de conocerte; probablemente sea una de las mejores cosas que puedes hacer para cultivar la alegría. Haz el trabajo, pero disfruta la vida mientras tanto. Al fin y al cabo, el trabajo que harás solo tendrá sentido si vives la vida al máximo y entras en tu interior sin miedo. Apuesta por ti y asume riesgos. No debes tener miedo de empezar de nuevo porque verás este inicio como un nuevo capítulo, una próxima aventura. Tendemos a liarnos o a pensar demasiado, pero cuanto más trabajo con mis clientes y conmigo misma, más veo que la simplicidad es clave para la sanación. Cuando somos honestos con nosotros mismos, verbalizamos nuestras emociones, asumimos la responsabilidad por la vida que queremos, asentimos a lo que pasó y aceptamos y respetamos a nuestra familia tal como es. La sanación empieza cuando nos amamos con locura tal como somos.

Todo el mundo merece sanar sus heridas y ser feliz. Todo el mundo merece ser optimista y mirar al futuro con esperanza. Ten fe en ti. Ten fe en que siempre hay una solución disponible para ti en tu interior. Si crees en ti, el estancamiento no prevalecerá. Como escribió mi poeta favorito, René Char, quien también fue miembro de la Resistencia francesa durante la Segunda Guerra Mundial: *Impose ta chance, serre ton bonheur et va vers ton risque. À te regarder, ils s'habitueront* ('Reclama tu oportunidad, aferra tu felicidad y atrévete a arriesgarte. Al verte hacerlo, se acostumbrarán').

Lecturas recomendadas

Si quieres leer más sobre la terapia de las constelaciones familiares y el trauma, estos son algunos de los libros que recomiendo:

Por Bert Hellinger (creador del modelo de las constelaciones familiares):

Love's Own Truths: Bonding and Balancing in Close Relationships (Zeig, Tucker & Theisen, Inc.).

Love's Hidden Symmetry: What Makes Love Work in Relationships (Zeig, Tucker & Theisen, Inc.).

Mirar al alma de los niños. La pedagogía Hellinger en vivo (Grupo Cudec).

No Waves without the Ocean: Experiences and Thoughts (Carl-Auer-Systeme-Verlag und Verlangsbuchhandlung GmbH).

¡Ay, mis ancestros! El legado transgeneracional y los lazos ocultos en el árbol familiar, por Anne Ancelin Schützenberger (Taurus).

Family Constellations: A Practical Guide to Uncovering the Origins of Family Conflict, por Joy Manné (North Atlantic Books, U.S.).

Este dolor no es mío. Identifica y resuelve los traumas familiares heredados, por Mark Wolynn (Gaia).

Notas

Capítulo 3

1. Bert Hellinger. (2014). *Looking into the Souls of Children: The Hellinger Pedagogy in Action*. Berchtesgaden, Alemania: Hellinger Publications.
2. Joy Manné, PhD (2009). *Family Constellations: A Practical Guide to Uncovering the Origins of Family Conflict*. Berkeley (California), EUA: North Atlantic Books.

Capítulo 4

3. Bert Hellinger y Gabriele ten Hövel. (1999). *Acknowledging What Is: Conversations with Bert Hellinger*. Phoenix (Arizona), EUA: Zeig, Tucker & Theisen, Inc.
4. *Ibid.*
5. *Ibid.*

Índice temático

D

E

F

G

H

I

J

L

M

X

Z

Agradecimientos

Como ya sabes, soy francesa y el inglés no es mi lengua materna. Así que quiero empezar por dar las gracias al fantástico equipo que me ayudó a materializar el sueño que es para mí este libro, publicado originalmente en lengua inglesa.

Libby: no solo eres mi mano derecha, sino también la persona que me entendió completamente. Muchas gracias por nuestras largas conversaciones sobre las constelaciones familiares y la vida. Gracias por encontrar las palabras justas para que pudiese compartir de la mejor manera mi pasión por las constelaciones familiares.

Coleen, mi agente: gracias por respaldarme cuando era presa de las emociones. Y, sobre todo, gracias por confiar en mí.

Melody: gracias por haber aceptado ser mi editora en Hay House. Ha sido una aventura maravillosa trabajar juntas.

Y Hay House..., ¡guau! ¡Un sueño hecho realidad! Estabas en primer lugar en mi lista de editoriales con las que soñaba publicar. Gracias por confiar en mi trabajo. Me siento muy honrada de ser tu primera autora francesa.

Y por último, pero no menos importante, gracias a mi familia, mis amigos, mis clientes, a todos quienes aportasteis algo tremendamente significativo a mi vida con una palabra, un momento, un paseo, un baile... Como sabéis, tengo una memoria extraordinaria, así que nunca olvidaré vuestro apoyo, ayuda y amor incondicional.

A mi madre, la mujer de mi vida, mi fundamento, mi roca, mi *mamounette*: ¡sin ti no estaría en este mundo! Y no me diste la vida una vez solamente, sino muchas más, al proporcionarme la fuerza para seguir adelante en mis momentos más difíciles. Gracias por tu amor inquebrantable.

A mi padre: debido a ti emprendí el viaje con las constelaciones familiares, pues quería entenderte, fuese como fuese. Gracias por los momentos que vivimos como padre e hija, especialmente esas noches en las que me contabas cuentos para dormir; siempre estarán en mi corazón. Gracias por haber tenido el valor de regresar a mi vida (y, por supuesto, a la de mamá y Titou) después de estar años separados.

A mi hermano, por decir siempre lo que piensas y empujarme más allá de mis límites: sabes cuánto te quiero y sé cuánto te molesta, pero al fin y al cabo, como dijiste, «aunque no te lo demuestre, te quiero, hermana». Gracias, mi pequeño Titou.

A mis abuelos por su protección. A mis tías, tíos y primos por su amor.

A la familia que he ido escogiendo a lo largo de los últimos veinte años: nuestra amistad es uno de mis tesoros más preciados. Os quiero mucho a todas y todos: Laetitia, Céline, Elodie, Leslie, Priscilla, Laurence, Pierre, mis dos Estelles, mis tres Claires, Victoria, Jessica, mis dos Megans, Denise, Marie, Maeva, Cecilia, Côme, Gabrielle y Jenny. Desde lo más profundo de mi corazón, gracias por vuestro apoyo y amor incondicional. Cuando llegue el momento, nos despediremos del mundo con las manos entrelazadas.

A mi fabuloso «pueblo» de sanadoras y sanadores: Samantha, Melanie, Kirsten, Susana, Amy, Georgette, Ben, Nina, Emmanuelle,

Mimi, Julia, Ludovic, Lily y Stephanie. Gracias por cuidar de mí y enseñarme a confiar en vuestro apoyo.

A mi maestra Suzi Tucker y mi maestro Mark Wolynn.

A mis clientes: llevamos diez años juntos... Sois mis héroes y heroínas. Gracias por vuestra confianza y por contarme vuestras historias. Para mí es un honor hacer sesiones con vosotros.

Y a Medhi: mi mejor amigo; decías que eras el segundo hombre de mi vida. Tu partida violenta me dejó una herida de la que no creí poder recuperarme, pero de forma lenta y segura me mostraste el camino para reconectar con el amor y, finalmente, abrir el corazón para recibir el amor del hombre con el que soñaba. Gracias por ponerlo en mi camino. Te amo.

Finalmente, a vosotros, mis lectores. Esta es la historia de una niña muy sensible. Es la historia de una adolescente que perdió su inocencia a los trece años. Es la historia de una joven que perdió su principal sostén a los veintidós años a causa del divorcio de sus padres. Es la historia de una joven que se sintió abandonada y rechazada por su padre porque él no pudo sobrellevar el divorcio. Es la historia de una joven que creyó encontrar el amor en los brazos de su primer marido, pero que se vio devorada por los celos y la violencia. Es la historia de una mujer que siempre presintió que viviría en el extranjero y recorrería un camino extraordinario e imprevisible. Es la historia de una mujer que no juega según las reglas, sino que crea las suyas propias.

Soy yo. Eres tú. Somos nosotras, nosotros.

He escrito este libro para todos esos niños y niñas que siempre tuvieron una visión más grande, un sueño mayor en el que nunca dejaron de creer, por muy loco que les pareciera a los demás. Te ruego que nunca te disculpes por ser «demasiado», te ruego que nunca te conformes con menos de lo que quieres, te ruego que siempre priorices tu felicidad sobre la de los demás y te exhorto a que te enamores locamente de tu propia historia. Tienes el poder de forjar tu propio destino; no temas confiar en tu voz interior y seguir su dictado.

Que este libro sea un faro y un mensaje de esperanza para ti: no eres un caso perdido de ninguna de las maneras. Únicamente necesitas entregarte a la realidad, pues el verdadero amor solo mora en ella.

Con todo mi amor,

Marine Sélénée

Sobre la autora

Marine Sélénée es terapeuta de constelaciones familiares, así como autora y conferenciante en este ámbito; trabaja en Nueva York y Miami. Ofrece sesiones privadas y talleres tanto presenciales como virtuales. También participa en mesas redondas y conferencias, donde ofrece charlas motivacionales. Su enfoque único de las constelaciones familiares ayuda a sanar heridas con origen en la familia y a identificar bloqueos que tienen su raíz en el sistema familiar. Sus clientes pueden acceder a la causa de su dolor para sanarse no solo a sí mismos, sino para sanar también a las generaciones anteriores y futuras. Su mayor pasión es compartir el poder transformador de las constelaciones familiares.

Para saber más sobre Marine y las constelaciones familiares, visita:

www.marineselenee.com